D1191584

Seminar on the Acquisition of Latin American Library Materials

Bibliography and Reference Series, 13

This series is edited in the SALALM Secretariat, Memorial Library, University of Wisconsin-Madison, Madison, Wisconsin 53706. Suzanne Hodgman, Executive Secretary. Barbara G. Valk, Chair, Editorial Board.

JORGE MAÑACH

BIBLIOGRAFIA

por

DOLORES F. ROVIROSA

TABLA DE CONTENIDO

INTRODUCCION

Nuestro propósito es presentar una bibliografía del Dr. Jorge Mañach Robato que facilite la localización de información a profesores, bibliotecarios, estudiantes y toda persona que concurra a un centro de información a documentarse sobre la materia.

Comienza la obra con una breve reseña de la vida del Dr. Mañach, autor de la biografía <u>Martí, el apóstol</u> (1933), cuyo cincuenta aniversario conmemoramos en 1983.

Incluímos la producción de y sobre el Dr. Mañach, que hemos podido localizar, desde 1916 hasta el 31 de diciembre de 1984.

La bibliografía ha sido agrupada en tres secciones: Activa, Pasiva y Complementaria, con un Suplemento al final de cada sección. Cada sección ha sido subdividida a su vez. Para facilitar el manejo de la obra, hemos incluído: Cronología del Dr. Mañach; Lista de abreviaturas utilizadas; Lista de publicaciones periódicas; Indice de materias e Indice onomástico. En el Indice onomástico, los números romanos refieren a las páginas y los números arábigos refieren a las fichas.

En las fichas que corresponden a la Bibliografía Activa hemos incluído autor, título, nombre de la sección en la publicación, en forma abreviada: G=Glosas, R=Relieves; nombre de la publicación, volumen, número, fecha, páginas, notas, materia en forma abreviada: /FIL/=FILOSOFIA y número de la ficha. En las fichas que corresponden a las Bibliografías Pasiva, Complementaria y Suplemento hemos suprimido la indicación de materia.

En las anotaciones informamos objetiva y sintéticamente sobre el contenido y alcance de las obras anotadas, sin incluir juicios críticos.

Hemos ilustrado la obra con tres cartas de Jorge Mañach al poeta cubano Agustín Acosta; una caricatura del "Bobo" de Eduardo Abela; un retrato de Mañach, por Jorge Arche y un retrato de Amadeo Roldán, por Mañach.

Queremos hacer llegar nuestro sincero agradecimiento a la Sra. Consuelo Díaz Vda. de Acosta por habernos facilitado las tres cartas de Mañach incluídas en la obra. Al Dr. José Ignacio Rasco por habernos invitado a hablar del tema en el programa "La Universidad del Aire" de la radioemisora WRHC Cadena Azul, Miami. Y al Círculo de Cultura Panamericano, Miami, que preside la Dra. Raquel Fundora de Rodríguez Aragón, por habernos invitado, también, a disertar sobre el Dr. Mañach y su obra. Finalmente, hacemos llegar también nuestro agradecimiento a la Otto G. Richter Library de la Universidad de Miami y a nuestras colegas, las Dras. Ana Rosa Núñez y Elena V. Peraza, bibliotecarias de dicha Institución, por haber tenido la gentileza de ayudarnos en la revisión final de nuestro manuscrito.

JORGE MAÑACH: EL HOMBRE Y SU OBRA

por la

Dra. Dolores F. Rovirosa

Jorge Mañach Robato nació en Sagua la Grande, Las Villas, Cuba, el 14 de febrero de 1898. Realizó sus primeros estudios en Cuba y en 1907 salió para España en compañía de su familia. En sus glosas "Sagua la Máxima" y "Tierra del sol amada", publicadas en Glosas (1924),[1] nos habla de su ciudad natal. De 1908 a 1913 estudió en las Escuelas Pías, en Getafe, España y en el Colegio Español de Madrid, donde, entre otras materias, estudió pintura con el maestro Alejandro Ferrant y Fischermans. Regresó a Cuba y después de breve permanencia en la Habana, vino a los Estados Unidos, en 1914. Se graduó del Cambridge High and Latin School, Boston, en 1917.

Según él mismo refirió en una entrevista,[2] lo primero que publicó fue en inglés, allá por el año 1916, en una revista del Cambridge High. Entre esas primeras publicaciones se encontraba un cuentecito intitulado "Little Diego." Años más tarde, recordando esos años en Cambridge, escribió "Evocación de la maestra amada,"[3] artículo dedicado a Elizabeth Flanders, su maestra inolvidable.

JORGE MAÑACH

Obtuvo una beca y continuó sus estudios en la Universidad de Harvard, de donde se graduó, Magna Cum Laude, de Bachellor in Arts, después de recibir dos veces el Premio "Susan Anthony Porter" por sus trabajos: "La influencia francesa en la literatura hispanoamericana" y "Las interpretaciones del Quijote" (Mercurio Peruano, 1920)[4] Después de tomar un curso en Lenguas Romances, obtuvo la Beca Sheldon que le permitió estudiar dos años de Derecho en la Sorbonne de París. Regresó a Cuba en 1922. En 1924 se graduó de Doctor en Derecho Civil y en 1928 de Doctor en Filosofía y Letras de la Universidad de la Habana, con la tesis: "La ley de los tres estados de Augusto Comte."

Jorge Mañach comenzó su carrera periodística en 1922. Su primera colaboración fue el 13 de octubre de 1922, para el Diario de la Marina, Habana, con el título de "San Cristóbal de la Habana." A partir de ese momento continuó colaborando regularmente en el periódico con su columna: "Impresiones": oct. 13 y 14, 1922; "Glosas trashumantes": oct. 16, 1922-enero 13, 1923; "Glosas": enero 16, 1923-dic. 13, 1925 y "Ensayos breves": dic. 15, 1925-marzo 22, 1926, fin de su primera colaboración en el Diario de la Marina. Muchas de estas crónicas las recogió en su primer libro Glosas (1924). De esta época es también su novelita Belén, el Ashanti (1924). En sus crónicas: "Glosas trashumantes"[5] y "Glosas"[6] publicadas en el Diario de la Marina, explica por qué escogió estos títulos para su sección.

"Glosas trashumantes": crítica de esto y de lo otro, con
cierta rebeldía; "Glosas": la misma idea, pero con un
título más sencillo, al alcance de todos. La mayor parte
de estas crónicas son de crítica literaria y pictórica,
viajes, costumbres, semblanzas, política, cultura general
y algunas entrevistas interesantes, entre ellas, una con
Amelia Martí, la hermana del Apóstol, intitulada "La hermana
de Martí."[7]

Entre 1925 y 1933, publicó sus "Glosas" en el periódico El País, de la Habana. Algunas de estas publicaciones
integraron Estampas de San Cristóbal (1926) y Pasado vigente
(1939). También de esta época son sus valiosos ensayos La
crisis de la alta cultura en Cuba (1925), conferencia leída
en la Sociedad Económica de Amigos del País; La pintura en
Cuba (1925), obra publicada inicialmente en Cuba Contemporánea, La Habana (sept. y oct. 1924) y traducida al inglés y
publicada bajo el título de "Painting in Cuba" en la revista
Inter-America, New York (dic. 1925); y el cuento "O.P. No.4",
Primer Premio del Concurso Literario que organizó el Diario
de la Marina en 1926.[8]En 1932, para el Número Centenario del
Diario de la Marina escribió (a petición) un ensayo intitulado
"Esquema histórico del pensamiento cubano."

Mañach alternaba sus tareas de escritor con otras
actividades muy variadas. En 1923, se hizo miembro del
"Grupo Minorista" agrupación de jóvenes escritores, poetas
y artistas cubanos empeñados en realizar una completa reno-

vación nacional. Esta hermandad se organizó en 1923 y duró
hasta 1928. El nombre le fue puesto por Jorge Mañach. El
18 de mayo de 1923, Mañach tomó parte, con doce "minoristas"
más, en lo que se llamó "la protesta de los trece" contra
la deshonestidad pública del régimen imperante en Cuba. De
1925 a 1926, fue nombrado Fiscal de la Audiencia de La Habana.
Y en 1928, se unió a la firma publicitaria García, Sisto y Cía.

En 1927 fundó la famosa Revista de Avance, con Francisco
Ichaso, Juan Marinello, Alejo Carpentier y Martín Casanovas.
Más tarde Carpentier fue sustituído por José Zacarias Tallet
y Casanovas por Félix Lizaso. La Revista de Avance, defensora
del vanguardismo, doctrina artística de tendencia renovadora,
se publicó del 15 de marzo de 1927 al 30 de septiembre de 1930.
En ella colaboraron los intelectuales más distinguidos de la
época: Miguel de Unamuno, Américo Castro, Eugenio D'Ors,
César Vallejo, Jaime Torres Bodet, Fernando de los Ríos,
Benjamín Jarnés, Francisco Ayala, Miguel Angel Asturias,
Rufino Blanco Fombona y Mariano Azuela. El Indice de la
Revista de Avance, por Carlos Ripoll, fue publicado en New
York, en 1969. Mañach aportó 68 trabajos a la Revista, dos
de ellos notables: "Vanguardismo" e "Indagación del choteo".
En la Revista de Avance también aparecen numerosos retratos
pintados por él, los de José Martí, Alfonso Hernández Catá,
Eugenio Florit, Amadeo Roldán y otros. La afición pictórica
de Mañach se reflejó siempre en su estilo literario.

Publicó tres obras en 1928: Goya, conferencia en el
Instituto Hispano Cubano de Cultura; la preocupación cívica

aflora en esta obra. La intención política se hace evidente en _Tiempo_ _muerto_, segundo premio en el Concurso Teatral de Obras Cubanas ofrecido por la Secretaría de Instrucción Pública y Bellas Artes, por iniciativa de la actriz argentina Camila Quiroga. Y su famoso ensayo sobre algunas peculiaridades del carácter cubano de entonces, intitulado _Indagación_ _del_ _choteo_. Este ensayo logró un éxito sin precedentes en trabajos de este tipo debido, posiblemente, a la oportunidad de su publicación y a la elegancia del lenguaje, tan característica de su autor. De esta obra se han publicado tres ediciones: 1928, 1940 y 1955. En 1969, en Miami, se reimprimió la edición de 1940.

En 1931, la organización secreta ABC inició sus actividades revolucionarias. Integraban la misma: Joaquín Martínez Sáenz, Emeterio Santovenia, Carlos Saladrigas, Francisco Ichaso, Jorge Mañach, Ramón Hermida, Alfredo Botet y otros. Mañach fue uno de los redactores de _El_ _ABC,_ _al_ _pueblo_ _de_ _Cuba:_ _manifiesto-programa_ (1932), junto con Martínez Sáenz, Ichaso y Juan Andrés Lliteras. Mañach dibujó también el emblema del ABC. El _Manifiesto-Programa_ del ABC enfocó, por primera vez, desde el punto de vista político, económico y social, el problema cubano y muchos de sus puntos fueron recogidos por la _Constitución_ _de_ _1940_.

Jorge Mañach, con la gentil cooperación de don Federico Edelmann, entrevistó a Amelia Martí, la hermana aun viva del Apóstol, en 1924. Estas entrevistas fueron publicadas en

el _Diario_ _de_ _la_ _Marina_. Todo parece indicar que este fue
el origen de _Martí_, _el_ _apóstol_, la biografía de José Martí
y la obra cuyo Cincuenta aniversario conmemoramos en 1983.

A principios de 1933, la editorial Espasa-Calpe de
Madrid publicó, en su colección "Vidas españolas e hispa-
no-americanas del Siglo XIX", la primera edición de _Martí_,
_el_ _apóstol_, el libro más famoso de Mañach. Nueve años después apareció la segunda edición. La "Colección Austral"
ha publicado seis veces este clásico, la última reimpresión
en 1975. Esta obra fue traducida al inglés por Coley Taylor
bajo el título: _Martí_: _Apostle_ _of_ _Freedom_ y publicada, con
un prefacio por Gabriela Mistral, por la editorial Devin-
Adair de New York, en 1950. La tercera edición, escrita
en 1961, unos meses antes de morir el autor, fue publicada
por Las Américas Pub. Co. en 1963. Esta edición inclu-
ye el prefacio (en español) que escribió Gabriela Mistral
para la traducción al inglés de esta obra. El Republic
National Bank de Miami reimprimió la segunda edición de
Martí, _el_ _apóstol_ en 1983.

En 1934, en el gabinete del presidente Carlos Mendieta, el Dr. Mañach fue nombrado Secretario de Instrucción
Pública y Bellas Artes (nombre que cambió a Secretaría de
Educación). Fundó la Dirección de Cultura y renunció meses más tarde al cargo, pasando a ser director de _Acción_,
diario oficial del ABC. También en este año, ganó el Premio Justo de Lara por el mejor artículo publicado en Cuba,
en 1934. El artículo fue: "El estilo de la revolución"

y apareció en el periódico Acción.

Vino otra vez a los Estados Unidos en diciembre de 1934,[10] cuando el periódico Acción dejó de publicarse debido a problemas políticos en Cuba. En los Estados Unidos fue profesor de la Universidad de Columbia hasta 1939 y más tarde del Middlebury College. Así mismo, desempeñó el cargo de Director de Estudios Hispanoamericanos del Instituto de las Españas y colaboró en la Revista Hispánica Moderna de Nueva York, de la que fue uno de sus redactores, y a la que contribuyó con numerosos artículos, entre ellos: "Gabriela: alma y tierra"[11] sobre la gran poetisa chilena Gabriela Mistral.

Regresó a Cuba en 1939 y pasó a ser, de nuevo, director del periódico Acción. En este mismo año publicó: El militarismo en Cuba: recopilación de artículos publicados en el diario Acción y el ya mencionado Pasado vigente.

Fue electo delegado a la Convención Constituyente de 1940 por la provincia de las Villas. Nombrado Vice-Presidente de la misma, pronunció el "Discurso de apertura de la Asamblea Constituyente."[12] En 1940 también, y por concurso-oposición, obtuvo la cátedra de profesor de Historia de la Filosofía en la Facultad de Filosofía y Letras de la Universidad de la Habana. En el homenaje que se le rindió con ese motivo, pronunció otro elocuente discurso: "El mundo tiene que recobrar su voz verdadera, que es la voz del espíritu, la voz de la razón y de la cultura."[13]

Por el título, tal parece que este discurso fue pronunciado ayer.

Electo Senador de la República de Cuba de 1940 a 1944,
por la Provincia de Oriente, sigue dedicando parte de su
tiempo a investigar y a escribir. Publica El pensamiento
político y social de Martí; discurso en el Senado (1941);
La Universidad nueva (1942); La Nación y la formación histórica; discurso de ingreso en la Academia de la Historia
de Cuba (1943); Miguel Figueroa (1943); La posición del ABC
(1943) e Historia y estilo (1944). Esta última obra con-
tiene: La nación y la formación histórica. Esquema histórico del pensamiento cubano. El estilo de la Revolución.
El estilo en Cuba y su sentido histórico; trabajo de ingreso en la Academia de Artes y Letras y su ensayo literario
más importante.

En 1944, el Dr. Mañach fue nombrado Ministro de Estado en el gabinete del presidente Fulgencio Batista. Renunció a los pocos meses. En diciembre de ese mismo año fue
nombrado director-editorial interino del Diario de la
Marina.[14]

En 1945, comenzó a colaborar de nuevo en el Diario
de la Marina, con "Glosas", feb. 11, 1945-jun. 14, 1950 y
"Relieves", sept. 14, 1950 hasta su última colaboración,
en diciembre 13, 1959. A partir de 1956, también colaboró,
ocasionalmente, en la sección "Aguja de marear." También
en este año 1945, comenzó a colaborar, por primera vez, en
la revista Bohemia de la Habana. En el Diario de la Marina

publicó, entre otros artículos, varias interesantes series:
"Perfil de nuestras letras" (1947, 1948 y 1956); "Filosofía
del quijotismo" (1947); "En el umbral del centenario /de
José Martí/" (1952); "Resplandor de San Agustín" (1954 y
1955) y "Universalidad de Alfonso Reyes" (1955). En Bohemia
publicó, entre otros trabajos, las series: "El pulso de la
Isla" (1945); "Para un curso de lecturas formativas" (1947)
y "Programa para después" (1952-1953).

Entre 1945 y 1948 publicó: "Lo histórico en la obra
de Chacón y Calvo" (1945),[15]Filosofía del quijotismo (1947)
y en 1948, Luz y "El Salvador", interesante ensayo sobre
José de la Luz y Caballero y El Ismaelillo, bautismo poético. Los trabajos martianos de Mañach son numerosísimos,
Martí fue siempre una cantera inagotable para él.

Siguiendo su tradición de actividades muy variadas,
en 1945 fundó el Pen Club de la Habana,[16]en 1948 comenzó
a formar parte del Partido del Pueblo Cubano (Ortodoxo) y
fundó la "Sociedad de Amigos de la República."

En enero de 1949, el Dr. Mañach reanudó la Universidad del Aires del Circuito CMQ (programa que había fundado
en diciembre de 1932 en la emisora de los hermanos Salas
y que duró, en aquella ocasión, hasta noviembre de 1933).
Estos programas fueron publicados en Cuadernos de la Universidad del Aire. Fue coordinador de los programas de
cultura de la misma emisora de radio y televisión, así
como fundador y moderador del programa Ante la Prensa.

En 1953 ganó el Premio José I. Rivero con su artículo "Varela, el primer revolucionario".[17] En 1955 se retiró del Partido del Pueblo Cubano[18] y organizó y presidió el "Movimiento de la Nación," gestión encaminada a encontrar una solución pacífica al problema político de Cuba.[19] En 1956, cuando el "Movimiento de la Nación" fracasó, el Dr. Mañach salió de Cuba para Europa. Allá colaboró en numerosas revistas importantes: ABC, Cuadernos hispanoamericanos e Insula en Madrid; Cuadernos del Congreso por la Libertad de la Cultura en Paris, etc.

Entre 1949 y 1960, Mañach publicó varias obras más sobre Martí: /Discurso del 24 de febrero de 1949/ y Espíritu de Martí (1952). En 1953, Significación del Centenario y "Discurso en el homenaje en memoria de José Martí y Zayas Bazán."[20] Entre sus otras obras se encuentran: Semblante histórico de Varona (1949); Examen del quijotismo (1950), ensayo de interpretación de la novela cervantina y su protagonista. Este es su ensayo de más profundidad ideológica y alcance universal. Para una filosofía de la vida (1951), colección de temas filosóficos y sociológicos. Este libro marca la cúspide de su filosofía materialista. El pensamiento de Dewey y su sentido americano (1953). En 1954, "Correspondencia con Alfonso Reyes"[21] y "Carta a Agustín Acosta"[22] En 1956, Imagen de Ortega y Gasset, su mejor ensayo en el campo de la filosofía, y Universalidad de Alfonso Reyes. En 1957, "Evolución de las ideas y el pen-

samiento político en Cuba"[23] y "Heredia y el romanticismo".[24]
En 1959, Paisaje y pintura en Cuba y El sentido trágico de
la "Numancia", un estudio crítico interpretativo de la obra
de Cervantes.

Mañach regresó a Cuba en febrero de 1959 y salió de
Cuba, esta vez para siempre, el 2 de noviembre de 1960,
después que el gobierno monopolizó los medios de expresión
públicos de la Isla y después que se le impuso una jubilación forzosa en la Universidad de la Habana. Su última
colaboración para el Diario de la Marina fue "Dos americanos" (dic. 13, 1959).[25] Su último artículo en Bohemia fue
"La Universidad y la Revolución" (jul. 10, 1960).

El último artículo del Dr. Jorge Mañach, "José Martí,
rompeolas de América" fue publicado en Combate, San José
Costa Rica, en mar./abr., 1961. Su último libro fue Visi-
tas españolas (Madrid, 1960). Aunque su obra póstuma es
Teoría de la frontera (Río Piedras, Puerto Rico, 1970).
Esta obra ha sido traducida al inglés con el título de
Frontiers in the Americas (1975).

El Dr. Mañach desempeñó, en los últimos meses de su
vida, el cargo de profesor de la Universidad de Puerto
Rico y murió en San Juan, el 25 de junio de 1961, a los
63 años de edad. Estaba casado con la Sra. Margot Baños
y Fernández Villamil y tuvo un sólo hijo, Jorge Mañach
Baños.

Como escritor, político y educador, Jorge Mañach se

destacó por la cantidad y la alta calidad de su producción
literaria, por ser un hombre político idealista y honesto
y un itelectual cubano de pensamiento responsable y progre-
sista, cuya cátedra, a través de prensa, radio, televisión
y universidad, fue todo el pueblo de Cuba.

NOTAS

[1] Jorge Mañach. Glosas. 1 vol. (Habana: Ricardo Veloso,
     1924), pp. 63-67 y 69-72.

[2] Luis Gutiérrez Delgado. "El libro, la cultura, la filo-
     sofía y la política, sopesados por la proverbial
     agudeza del doctor Jorge Mañach." El Mundo de los
     libros, Diario de la Marina, jul. 22, 1956, p. 6-D

[3] Jorge Mañach. "Evocación de la maestra amada." Bohemia,
     oct. 2, 1949, pp. 57 y 88.

[4] _____ "Las interpretaciones del Quijote." Mercurio
     peruano, Lima, III, no. 30, dic. 1920, pp. 443-462.

[5] _____ "Glosas trashumantes." Diario de la Marina, maña-
     na, 2a. sec., nov. 2, 1922, p. /13/

[6] _____ "Glosas." Diario de la Marina, tarde, enero 17,
     1923, p. /1/

[7] _____ "La hermana de Martí." Diario de la Marina, tar-
     de, enero 11 y 12, 1924, p. /1/

[8] _____ "O.P. No. 4." Cuba contemporánea, La Habana, XLI,
     1926, pp. 289-295.

[9] _____ "Dos aniversarios." Relieves, Diario de la Mari-
     na, jun. 18, 1959, p. 4-A.

[10] The New York Times, N.Y. "Heads of Cuban ABC Depart for
      Miami." Dic. 20, 1934, p. 12:5.

[11] Jorge Mañach. "Gabriela: Alma y tierra." La literatura
      de hoy, Revista Hispánica Moderna, N.Y. Sec. Esco-
      lar, año III, no. 1, oct. 1936, pp. /106/-110.

[12] _____ "Discurso de apertura de la Asamblea Constituyen-
      te." Diario de la Marina, feb. 10, 1940, p. 12.

13 _____ "El mundo tiene que recobrar su voz verdadera, que es la voz del espíritu, la voz de la razón y de la cultura." Acción, La Habana, dic. 25, 1940.

14 The New York Times, N.Y. "Dr. Mañach to Head Cuban Paper." Dic. 15, 1944, p. 3:1.

15 Jorge Mañach. "Lo histórico en la obra de Chacón y Calvo; discurso." Chacón y Calvo, José María. Discursos leídos en la recepción pública del Dr. José María Chacón y Calvo la noche del 1º de marzo de 1945. Contesta en nombre de la Corporación el Dr. Jorge Mañach y Robato. La Habana: Impr. "El Siglo XX", 1945, pp. /87/-104.

16 _____ "El Pen Club." Glosas, Diario de la Marina, sept. 23, 1945, p. 4.

17 _____ "Varela, el primer revolucionario." Bohemia, mar. 22, 1953, pp. 52 y 74.

18 _____ "Recado final a la Ortodoxia." Bohemia, mar. 13 1955, pp. 75 y 96.

19 Movimiento de la Nación. "Manifiesto." Bohemia, abr. 10, 1955, pp. 77-79.

20 Jorge Mañach. "Discurso." Martínez Sáenz, Joaquín. Homenaje en memoria de José Martí y Zayas Bazán, celebrado en sesión pública el día 28 de mayo de 1953. Palabras iniciadoras por el Dr. Emeterio S. Santovenia. Discursos por los doctores: Joaquín Martínez Sáenz /y/ Jorge Mañach y Robato. Habana: Impr. "El Siglo XX", 1953. 49p.

21 _____ "Correspondencia con Alfonso Reyes." Relieves, Diario de la Marina, sept. 8, 1954, p. 4-A.

22 _____ "Carta a Agustín Acosta (En el cincuentenario de sus primeros versos)" Bohemia, dic. 1954, pp. 38, 95-96.

23 _____ "Evolución de las ideas y el pensamiento político en Cuba." Diario de la Marina, Habana. Siglo y cuarto, 1832-La Habana, 15 de septiembre de 1957; número extraordinario. Habana, 1957, pp. 59-64.

24 _____ "Heredia y el romanticismo." Cuadernos hispano-americanos, Madrid, XXX, no. 86, feb. 1957, pp. 195-220.

25 _____ "Dos americanos." Relieves, Diario de la Marina dic. 13, 1959, p. 4-A.

JORGE MAÑACH

CRONOLOGÍA

1898

Febrero 14. Nace en Sagua la Grande, provincia de
las Villas, Cuba, Jorge Mañach Robato, hijo de Eugenio
Mañach y Couceiro, español y Consuelo Robato y Turró,
cubana.

1907

Sale para España en compañía de su familia.

1908

Estudia en las Escuelas Pías de Getafe, España y en
el Colegio Español de Madrid.

1913

Regresa a Cuba y continúa sus estudios en el Colegio
de los Padres Agustinos en la Habana.

1914

Viaja a los Estados Unidos.

1916

Publica su primer cuento intitulado "Little Diego"
en una revista del Cambridge High and Latin Schools, Boston.

1917

Gradúase del Cambridge High and Latin Schools, Boston.

1920

Obtiene el título de Bachelor of Arts, cum laude,

como alumno eminente, en la Universidad de Harvard, de donde es miembro de la Sociedad honoraria Phi Beta Kappa (capítulo de Harvard).

***

Profesa como instructor en el Departamento de Lenguas Romances de la Universidad de Harvard.

***

Becado en Europa por la Universidad de Harvard, inicia sus estudios de Derecho en la Sorbonne de París.

1922

Regresa a Cuba.

***

Octubre 13. Publica "San Cristóbal de la Habana," su primera colaboración en el Diario de la Marina.

1923

Se hace miembro del "Grupo minorista," hermandad que duró hasta 1928.

***

Mayo 18. Toma parte, en la Habana, con doce "minoristas más, en lo que se llamó "la protesta de los trece" contra la deshonestidad administrativa del régimen imperante en Cuba.

1924

Publica Glosas, su primer libro, una recopilación de artículos publicados en el Diario de la Marina.

***

Se recibe de Doctor en Derecho Civil en la Universidad de la Habana.

1925

Desempeña el cargo de Fiscal de la Audiencia de la Habana hasta 1926.

1926

Marzo 22. Fin de su primera colaboración en el Diario de la Marina.

***

Contrae matrimonio, en la Habana, con Margot Baños y Fernández Villamil, con quien tuvo un sólo hijo.

***

Es nombrado Miembro de la Academia Cubana de la Lengua correspondiente a la Real Academia Española de la Lengua.

1927

Marzo 15. Funda la Revista de avance, con Francisco Ichaso, Juan Marinello, Alejo Carpentier y Martín Casanova. Esta revista se publicó hasta el 30 de septiembre de 1930.

1928

Se recibió de Doctor en Filosofía y Letras en la Universidad de la Habana.

***

Se une a la firma publicitaria García, Sisto y Cía.

1931

Organiza el Partido ABC con Joaquín Martínez Saénz, Emeterio Santovenia, Carlos Saladrigas, Francisco Ichaso, y otros.

1932

Colabora en la publicación del <u>Manifiesto-Programa</u>
del ABC con Joaquín Martínez Sáenz, Francisco Ichaso y
Juan Andrés Lliteras.

***

Funda y dirige el programa de divulgación cultural
por radio "La Universidad del Aire" en la emisora de los
hermanos Salas. Primer intento de su índole en la América
Latina.

1933

Publica el ensayo-biográfico <u>Martí el apóstol</u>, su
obra más famosa.

1934

Es nombrado Embajador de Cuba en Alemania, puesto
al que renuncia para ocupar la cartera de Instrucción
Pública y Bellas Artes.

***

Es nombrado Secretario de Instrucción Pública y
Bellas Artes en el gabinete del Presidente Carlos Mendieta.

***

Cambia el nombre de la Secretaría de Instrucción
Pública y Bellas Artes a Secretaría de Educación.

***

Funda la Dirección de Cultura de la Secretaría de
Educación de Cuba.

***

Es nombrado director de <u>Acción</u>, diario oficial del

partido ABC, cuando renuncia a su cargo de Secretario de Educación.

**

Gana el Premio Justo de Lara por el mejor artículo publicado en Cuba en 1934. El artículo fue "El estilo de la revolución", y fue publicado en el periódico Acción.

**

Diciembre. Viene otra vez a los Estados Unidos.

1935

Se incorpora a la Facultad de Lenguas y Literaturas Hispánicas de la Universidad de Columbia, en New York, donde desempeña, además, el cargo de Director de Estudios Hispanoamericanos en el Instituto de las Españas de dicha Universidad.

1936

Colabora en la Revista Hispánica Moderna de New York, de la que fue uno de sus redactores.

1937

Se incorpora, también, a la facultad del Barnard College de la Universidad de Columbia.

1939

Regresa a Cuba.

**

Es nombrado, otra vez, director de Acción.

1940

Es electo Delegado a la Convención Constituyente por la provincia de las Villas.

CRONOLOGIA

Electo Vice-Presidente de la Convención, pronuncia el "Discurso de apertura de la Asamblea Constituyente."

***

Es electo Senador de la República de Cuba de 1940 a 1944, por la Provincia de Oriente.

***

Gana, por concurso-oposición, la cátedra de profesor de Historia de la Filosofía en la Facultad de Filosofía y Letras de la Universidad de la Habana.

1943

Febrero 11. Es nombrado miembro de la Academia de la Historia de Cuba.

1944

Es nombrado Ministro de Estado en el gabinete del presidente Fulgencio Batista y renuncia a los pocos meses.

***

Es nombrado Miembro de la Academia Nacional de Artes y Letras.

***

Diciembre. Es nombrado director-editorial interino del Diario de la Marina, La Habana.

1945

Febrero 11. Comienza a colaborar, de nuevo, en el Diario de la marina con sus "Glosas" y las mantuvo hasta 1950.

***

Junio 17. Comienza a colaborar, por primera vez,

en la revista Bohemia.

***

Septiembre. Funda el P.E.N. Club de Cuba.

***

Noviembre. Sufre un accidente aéreo volando sobre Uruguay.

1948

Comienza a formar parte del Partido del Pueblo Cubano (Ortodoxo).

***

Funda la "Sociedad de Amigos de la República."

1949

Enero 9. Reanuda la Universidad del Aire del Circuito CMQ, programa que había fundado en diciembre de 1932 en la emisora de los hermanos Salas.

1950

Septiembre 14. Cambia el título de su sección en el Diario de la Marina de "Glosas" a "Relieves".

***

Funda el Programa de Televisión "Ante la Prensa" del Circuito CMQ

1952

Febrero. Acepta postulación senatorial por la Provincia de la Habana por el Partido del Pueblo Cubano (Ortodoxo).

1953

Gana el Premio José I. Rivero con su artículo

"Varela, el primer revolucionario" publicado en la revista
Bohemia.

1955

Marzo 13. Se retira del Partido del Pueblo Cubano
(Ortodoxo).

Abril 10. Organiza y preside el "Movimiento de la
Nación".

1956

Comienza a colaborar, también, en la sección "Aguja
de marear" en el Diario de la Marina.

***

Sale para España al fracasar el "Movimiento de la
Nación".

1958

Enero 20. Comienza a colaborar en el ABC de Madrid.

1959

Febrero. Regresa a Cuba.

***

Reanuda su labor en la revista Bohemia.

***

Marzo 7. Reanuda su labor en el Diario de la Marina.

***

Diciembre 13. Publica "Dos americanos" su última
colaboración en el Diario de la Marina.

1960

Publica Visitas españolas. Lugares, personas, recopilación de artículos que escribió en Madrid para el

Diario de la Marina, ABC e Insula. Este es su último libro.

***

Julio 10. Publica "La Universidad y la Revolución",
su último artículo en Bohemia.

***

Septiembre. Se le impone una jubilación forzosa en
la Universidad de la Habana.

***

Octobre. Se le ofrece restituirlo en su cargo en la
Universidad de la Habana pero Mañach declina la oferta.

***

Noviembre 2. Sale de Cuba, esta vez para siempre,
rumbo a San Juan, Puerto Rico, dejando atrás su gran sueño
de justicia social con libertad política.

***

Es nombrado profesor de la Universidad de Puerto
Rico donde, dicta un curso sobre José Martí y cuatro conferencias en las que, con el título de "Teoría de la frontera", enjuicia las relaciones internacionales e inter-
culturales en el área del Caribe.

1961

Marzo/Abril. Publica en Combate, San José, Costa
Rica, "José Martí, rompeolas de América", su último artículo.

***

Junio 25. Muere en San Juan, Puerto Rico, a los
63 años de edad.

ABREVIATURAS UTILIZADAS

A.M.	Aguja de Marear.
ART	ARTE.
Boh	Bohemia, La Habana
COS	COSTUMBRES.
CUL	CULTURA.
DiaMar	Diario de la Marina, La Habana.
E.B.	Ensayos breves.
FIL	FILOSOFIA
G	Glosas
G.M.	Glosas de los Martes.
G.T.	Glosas Trashumantes.
G.V.	Glosas de Viajes.
LIT	LITERATURA.
MAR	JOSE MARTI.
PER	PERIODISMO.
POL	POLITICA.
R	Relieves.
R.H.M.	Revista hispánica moderna, New York.
RevAvance	Revista de avance, La Habana.
S.A.R.	Sociedad Patriótica de Amigos de la República.
SEM	SEMBLANZAS.
v.	Véase.
v.t.	Véase también.
VIA	VIAJES

BIBLIOGRAFIA

ACTIVA

BIBLIOGRAFIA ACTIVA

I

Libros y folletos

Belén, el Ashanti; novela. Ilus. de Eduardo Abela. (Nuestra novela; director: A.G. Riancho, no. 5) Habana: Impr. Prado, 1924. 40 p. (LIT)   (1)

La crisis de la alta cultura en Cuba; conferencia leída en la Sociedad Económica de Amigos del País y publicada por acuerdo especial de dicha Corporación. Habana: Impr. y Papelería "La Universal" /1925/. 44 p. (CUL)   (2)

Dewey y el pensamiento americano. (Cuadernos Tauros, 20) /Madrid: Tauros Ediciones, 1959/. 52 p. (FIL)   (3)

Discurso pronunciado por el Dr. Jorge Mañach Robato, en el acto de inauguración del Rincón Martiano, en el Parque de los Mártires de la ciudad de Santa Clara, construído por el "Grupo de los Mil", 24 de febrero de 1949. La Habana: /Editorial Lex/, 1949. 15 p. /MAR/   (4)

Discursos leídos en la recepción pública del Dr. Jorge Mañach y Robato la noche del 11 de febrero de 1943. Contesta en nombre de la Corporación el Dr. Emeterio S. Santovenia, académico de número. (Publicaciones, 33) La Habana: Impr. "El Siglo XX", 1943. 74 p. /Título alternativo: La nación y la formación histórica. A la cabeza del título: Academia de la Historia de Cuba/ /CUL/   (5)

El espíritu de Martí; curso de 1951. Habana: Cooperativa Estudiantil E.J. Varona /1952/ 255 p. /A la cabeza del título: Presentación de Máximo Gómez Mirás. Cátedra Martiana. Ed. mimeografiada/ /MAR/   (6)

_____ Estudio preliminar y notas por Anita Arroyo. San Juan, P.R.: Ediciones San Juan, 1973. 231 p. /MAR/   (7)

Estampas de San Cristóbal. Ilus. de Rafael Blanco. La
Habana: Editorial Minerva, 1926. 283p. /Estas impresiones habaneras se escribieron y se publicaron dia-
riamente en El País, de la Habana, durante los meses
de julio y agosto de 1925/ /COS/ (8)

Examen del quijotismo. (Colección Ensayos breves) Buenos
Aires: Editorial Sudamericana /c1950/ 161 p. /Ensayo
de interpretación de la novela de Cervantes y su protagonista. Es su ensayo más profundo y universal//LIT/ (9)

Filosofía del quijotismo. /Habana, 1947/ 57 p. /Confe-
rencia... en la Universidad de la Habana, en la serie
organizada por la Facultad de Filosofía y Letras para
honrar el Cuarto Centenario del nacimiento de Cervantes.
Separata de la Revista de la Universidad, t. XXV, nos.
76 al 81./ /FIL/ (10)

La formación por la lectura, Jorge Mañach. Notas sobre una
formación humana, Medardo Vitier. San Juan, P.R.:
Editorial San Juan, 1974. 189p. (CUL) (11)

Glosas. I Habana: Ricardo Veloso, Editor, 1924. 380p.
/Título de la cubierta: Glosario/ (LIT) (12)

Goya. Habana: Ed. Revista de Avance, 1928. 57 p. /ART/ (13)

Historia y estilo. La Habana: Editorial Minerva, 1944.
206p. /Contenido: La Nación y la formación histórica.
(Trabajo de ingreso en la Academia de la Historia de
Cuba)--Esquema histórico del pensamiento cubano.--
El estilo de la revolución.--El estilo en Cuba y su
sentido histórico (Trabajo de ingreso en la Academia
de Artes y Letras. Su ensayo más importante en el
campo de la literatura) (CUL) (14)

Imagen de Ortega y Gasset. Habana: Instituto Nacional
de Cultura, 1956. 24p. /Separata de la Revista
Cubana de Filosofía/ /FIL/ (15)

Indagación del choteo. La Habana: Revista de Avance, 1928.
88p. /Conferencia pronunciada en 1928 en la Institución Hispano Cubano de Cultura, Habana/ /CUL/ (16)

_____ 2a. ed. /La Habana/ La Verónica /1940/ 82p. (17)
/CUL/

_____ 3a. ed. rev. /La Habana/ Editorial Libro Cubano
/1955/ 58p. /CUL/ (18)

_____ 2a. ed. /Miami, Fla.: Mnemosyne Pub., 1969. 82p.
/Reimpreso de la edición publicada en La Habana, 1940/ (19)
/CUL/

El Ismaelillo, bautismo poético. La Habana: Impr. El Siglo
    XX, 1948. 35p. /A la cabeza del título: Academia de
    la Historia de Cuba/ (MAR)   (20)

José Martí. (Comprensión de Cuba). 2 Vols. La Habana:
    Ediciones Nuevo Mundo /1960/ /MAR/   (21)

Luz y "El Salvador"; discurso leído por el académico de
    número Dr. Jorge Mañach en la sesión pública celebrada
    el 27 de marzo de 1948, conmemorativa del centenario
    de la fundación del Colegio "El Salvador," de José
    de la Luz y Caballero. La Habana: Impr. "El Siglo XX",
    1948.   /CUL/   (22)

Martí, el apóstol. la. ed. (Vidas españolas e hispano-
    americanas del siglo XIX, 32) Madrid: Espasa-Calpe
    /c1933/ 319p. /MAR/   (23)

_____ /2a. ed./ (Biblioteca básica de cultura cubana)
/Lima, Perú/: Segundo Festival del Libro Cubano /1941/
252p. /MAR/   (24)

_____ /la. ed./ (Colección Austral. 252) Buenos Aires-
México: Espasa-Calpe Argentina /1942/ 265p. /MAR/
                          (25)

_____ 2a. ed. (Colección Austral. 252) Buenos Aires-
México: Espasa-Calpe Argentina /1944/ 265p. /MAR/
                          (26)

_____ 3a. ed. (Colección Austral. 252) Buenos Aires-
México: Espasa-Calpe Argéntina, /1946/ 265p. /MAR/
                          (27)

_____ 4a. ed. (Colección Austral. 252) Buenos Aires-
Mexico: Espasa-Calpe Argentina /c1952/ 259p. /MAR/
                          (28)

_____ (Biblioteca Básica de cultura cubana: 2a. ser., 16)
/Lima/: Impr. Torres Aguirre /1959/ 252p. /MAR/(29)

_____ (Biblioteca Básica de cultura cubana: 2a. ser.
no. 16) (Biblioteca Básica de cultura latinoameri-
cana. 115) /La Habana: Organización Continental de
los Festivales del Libro, 1960?/, 252 p. /MAR/ (30)

_____ Pról. de Gabriela Mistral. /la. ed./ New York:
Las Américas Pub. Co. /1963/ 292p. /MAR/   (31)

_____ Pról. de Gabriela Mistral. Ed. definitiva/ San
Juan, P.R.: Ediciones Mirador, 1963. /MAR/   (32)

_____ Pról. de Gabriela Mistral. 3a. ed. New York:
Las Américas Pub. Co. /c1963/ 292p. /Tirada especial
de Ediciones Mirador, México, D.F., para Las Américas
Pub. Co. Consta de 1,000 ejemplares/ /MAR/   (33)

———— 5a. ed. (Colección Austral, 252) Madrid: Espasa-
Calpe /1968, c1945/ 248 p. /MAR/ (34)

———— 6a. ed. (Colección Austral, 252) Madrid: Espasa-
Calpe /1975/ 248 p. /MAR/ (35)

———— 6a. ed. /Cortesía del Republic National Bank of
Miami/ Madrid: Espasa-Calpe /1983, c1942/ 248 p. (35.1)

MARTI, EL APOSTOL - TRADUCCIONES - INGLES.

Martí: Apostle of Freedom. Tr. from the Spanish by Coley
Taylor. With a pref. by Gabriela Mistral. New York:
Davin-Adair /c1950/ 363p. /MAR/ (36)

MARTI, EL APOSTOL - ADAPTACIONES.

Douglas, Frances. José Martí (January 28, 1853-May 19, 1895).
Prepared by Frances Douglas... from "Martí, el apóstol"
by Jorge Mañach... (/Pan American Union/ Pan American
Patriots, no. 17) /Washington, D.C.: The Pan American
Union, 19--?/ 9p. /MAR/ (37)

Manduley, Lyn Smith. José Martí. /Washington, D.C.: Pan
American Union, 1954/ 19p. /Based on the biography
Martí: Apostle of Freedom, by Jorge Mañach/ /MAR/ (38)

Miguel Figueroa, 1851-1895; discurso leído por el académico
de número Dr. Jorge Mañach Robato, en la sesión solem-
ne celebrada el 6 de julio de 1943, en conmemoración
de su muerte. La Habana: Impr. "El Siglo XX", 1943.
37p. /A la cabeza del título: Academia de la Historia
de Cuba/ /SEM/ (40)

El militarismo en Cuba; recopilación de artículos publicados en el diario "Acción" de la Habana. La Habana
Seoane, Fernández, 1939. 18p. (POL) (41)

Paisaje y pintura en Cuba. Madrid: Artes Gráficas Ibarra,
1959. 18p. (ART) (42)

Para una filosofía de la vida y otros ensayos. Habana:
Editorial Lex, 1951. 203p. (FIL) (43)

Pasado vigente. (Ensayo cubano, 4) La Habana: Editorial
Trópico, 1939. 268p. /Algunas de estas crónicas
fueron publicadas en el periódico El País de la Habana entre 1925 y 1939/ /POL/ (44)

El pensamiento de Dewey y su sentido americano. (Comisión
Nacional Cubana de la Unesco, 9) Habana, 1953. 31p.
(FIL) (45)

El pensamiento político y social de Martí; discurso que leyó
    en la sesión solemne del Senado, conmemorativa del nata-
    licio del Apóstol, la noche del 28 de enero de 1941, el
    Dr. Jorge Mañach. Ed. oficial del Senado. La Habana,
    1941. 37p. /MAR/
                                                    (46)

La pintura en Cuba. (Biblioteca del Club Cubano de Bellas
    Artes. Primera Serie de Conferencias: El Arte y la
    Literatura en Cuba. 1) /La Habana: Grabado e Impreso
    en el Sindicato de Artes Gráficas, 1925/ 45p. /Estas
    conferencias han sido traducidas al inglés y publica-
    das en la revista Inter-America, de Nueva York,IX, no.2,
    de dic. 1925/ /ART/
                                                    (47)

LA PINTURA EN CUBA - TRADUCCIONES - INGLES.

"Painting in Cuba" Inter-America, New York, IX, no. 2 ,
    dic. 1925, pp. /165/-195. /Contiene: I. From its
    beginning to 1900. II. From 1900 until the present
    time./ Publicado también en Biblioteca del Club
    Cubano de Bellas Artes, Habana, Cuba, 1925 y Cuba
    Contemporánea, sept. y oct. 1924/ /ART/
                                                    (48)

La posición del ABC. La Habana: /Edit. Cenit/ 1943. 7p.
    /POL/
                                                    (49)

Semblante histórico de Varona; discurso leído en la sesión
    solemne celebrada el 28 de abril de 1949, para conme-
    morar el primer centenario del nacimiento del ilustre
    prócer cubano. (Publicaciones). Habana: Impr. "El
    Siglo XX", 1949. 34 p. /A la cabeza del título:
    Academia de la Historia de Cuba/ /FIL/
                                                    (50)

El sentido trágico de la "Numancia." /Conferencia/ (Pu-
    blicaciones de la Academia Cubana de la Lengua, corres-
    pondiente de la Real Española) Habana, 1959. 30p.
    /Estudio crítico interpretativo de la obra de Cervan-
    tes/ /LIT/
                                                    (51)

Significación del Centenario Martiano. La Habana: /Edi-
    torial Lex/ 1953. 27p. /Separata de la Revista
    Lyceum/ /MAR/
                                                    (52)

Teoría de la frontera. Introd. por Concha Meléndez. /Río
    Piedras/: Editorial Universitaria, Universidad de
    Puerto Rico, 1970. 171p. /Obra póstuma. Ensayo
    sobre la problemática puertorriqueña/ /POL/   (53)

TEORIA DE LA FRONTERA - TRADUCCIONES - INGLES.

Frontiers in the Americas: A Global Perspective. A tr. by
    Philip H. Phenix. (Publications of the Center for Edu-

JORGE MAÑACH

cation in Latin America). New York: Teachers College
Press, Teachers College, Columbia University, 1975.
108 p. /POL/   (54)

Tiempo muerto. La Habana: Cultural /c1928/ 195p. /Esta
obra obtuvo el segundo premio, ofrecido por la Secretaría de Instrucción Pública y Bellas Artes, en el
Concurso Teatral de Obras Cubanas, celebrado en enero
de 1928, por iniciativa de la insigne actriz argentina
Camila Quiroga/ /LIT/   (55)

Universalidad de Alfonso Reyes. México: Universidad Nacional Autónoma de México, 1956. /LIT/   (56)

          México: Dirección General de Difusión Cultural,
1957. /LIT/   (57)

La Universidad nueva. (Publicaciones Universidad de La
Habana) La Habana: /Impr. y Papelería "Alfa", /1942/
19 p. /CUL/   (58)

Visitas españolas: Lugares, personas. Fotografías de
Nicolás Muller. Madrid: Revista de Occidente /1960/
374 p. /Ultima obra publicada por Mañach/ /VIA/ (59)

Artículos varios, Glosas, Relieves, Cartas,

Discursos, Entrevistas, etc.

A

"A Dora Musette, en Sagua." G, DiaMar, jul. 6, 1923, p./1/
/COS/
(60)

"A lo largo del muro." G, DiaMar, abr. 1, 1945, p.4. /COS/
(61)

"A los treinta y cinco años, en Nueva York." Alerta, La
Habana, enero 28, 1950, p. 4. /MAR/
(62)

"A media asta." G, DiaMar, tarde, agosto 4, 1923, p. /1/
/Sobre Warren Harding/ /SEM/
(63)

"A propósito de los humoristas." G.T., DiaMar, mañana,
2a. sec., mañana, nov. 24, 1922, p. /13/ /ART/ (64)

"A propósito de Rogelio Dalmau." G, DiaMar, tarde, marzo
25, 1924, p./1/ /ART/
(65)

"A propósito de Sagua y Viñales." DiaMar, mayo 8, 1959,
p. 4-A. /VIA/
(65.1)

"A propósito de una exposición." R, DiaMar, abr. 12, 1953,
p. 56. /Sobre José Ignacio Bermúdez/ /ART/ (65.2)

"A propósito del Congreso Azucarero." La Actualidad, Dia
Mar, mayo 29, 1953, p. 1 y 32. /POL/ (65.3)

"A Sopo Barreto en Matanzas." G, DiaMar, tarde, jul. 27,
1923, p. /1/ /COS/
(66)

"El aborrecible vacío." G, DiaMar, marzo 31, 1948, p.4.
/Sobre la Sociedad de Amigos de la República/ (67)

"La abuela y el benjamín." G, DiaMar, marzo 22, 1923, p./1/
/Sobre la Sociedad Económica de Amigos del País//CUL/
(68)

"Acaba la réplica a Aristigueta." G, DiaMar, tarde, enero
29, 1925, p. 1. /ART/
(69)

"Acabar con la sangre." R, DiaMar, marzo 12, 1959, p.4-A.
/POL/
(70)

"La acción inmediata." G, DiaMar, dic. 16, 1949, p.4./CUL/
(71)

"Acciones y reacciones." Boh, mayo 1, 1960, pp. 73 y 78/POL/
(72)

"El ácido en el anca." G, DiaMar, tarde, feb. 21, 1925,
p. 1. /Sobre la novela cubana/ /LIT/
(73)

JORGE MAÑACH

"Aclaraciones del 24 de Febrero." Boh, marzo 4, 1956, pp.
    50 y 114. /POL/ (74)

"Acordes de la tierra." G, DiaMar, tarde, oct. 9, 1923,
    p. /1/ /Sobre Ernesto Lecuona y Gonzalo Roig/ /ART/
    (75)

"El acoso de una raza." G, DiaMar, jul. 26, 1946, p.4.
    /Sobre los judíos/ /POL/ (76)

"El Acta de Chapultepec." G, DiaMar, marzo 6, 1945, p.4.
    /POL/ (77)

"La actividad transigente." G. del M., DiaMar, tarde, jul.
    29, 1924, p. /1/ /LIT/ (78)

"Acto de cortesía." G, DiaMar, tarde, enero 6, 1925, p.1.
    /Sobre Radda/ /ART/ (79)

"Actualidad artística." Grafos, XII, oct., 1945, p.18.
    /Sobre Servando Cabrera Moreno/ /ART/ (80)

"Actualidad y destino de Cuba. Introducción a un nuevo
    curso de la Universidad del Aire." Boh, oct. 9, 1949,
    pp. 92 y 142. /Opiniones muy interesantes sobre los
    cubanos/ /CUL/ (81)

"La actualidad y la niña fea." R, DiaMar, dic. 12, 1952,
    p.4. /COS/ (82)

"Acuse de recibo a Angel Lázaro." G, DiaMar, jun. 21,
    1945, p. 4. /LIT/ (83)

_____ Grafos, La Habana, jun. 1945, pp. /12/-/13/ /LIT/
    (84)

"Adiós a García Serrato." G, DiaMar, sept. 19, 1948, p.36.
    /Sobre Nelson García Serrato (Uruguay) /POL/ (85)

"Adoquines del infierno." G, DiaMar, tarde, jun. 6, 1923,
    p. /1/ /Academia de Pintura San Alejandro/ /ART/(86)

"'La agonía antillana', de Luis Araquistaín." RevAvance,
    III, no. 23, jun. 15, 1928, p. 159. /CUL/ (87)

"Agonía del teatro en Cuba." Boh, dic. 3, 1950, pp. 67
    y 91. /ART/ (88)

"Agravio de uno, agravio de todos. (Palabras en el home-
    naje al Juez /Waldo/ Medina." Boh, oct. 22, 1950,
    pp. 51 y 108. /POL/ (89)

"Aguilas y cotorras." G, DiaMar, tarde, feb. 10, 1923,
    p. /1/ Glosas, pp. 189-193. /CUL/ (90)

"Aguja de marear. Definición /por/ J.M." DiaMar, enero
  20, 1956, p. 4-A. /CUL/   (91)

"Aguja de marear /por/ J.M." DiaMar, marzo 17, 1959, p.4-A.
  /CUL/   (92)

"El ahogo y el respiro" A.M., DiaMar, mayo 8, 1956, p. 4-A.
  /LIT/   (93)

"Ahora, dejémosle descansar." R, DiaMar, enero 29, 1954,
  p.4. /MAR/   (94)

"Aire de la Coruña." R, DiaMar, oct. 16, 1951, p. 4.
  /Visitas españolas, pp. 29-33/ /VIA/   (95)

"Aires de antaño y de hogaño." G, DiaMar, jun. 5, 1945,
  p.4. /PER/   (96)

"La aislada Colina." G, DiaMar, mayo 26, 1948, p. 4.
  /CUL/   (97)

"El ajeno disentimiento." G, DiaMar, mar. 29, 1950, p. 4.
  /César García Pons y Octavio R. Costa critican al
  crítico/ /LIT/   (98)

"Al margen de Castelao." G, DiaMar, tarde, mayo 17, 1923,
  p. /1/ /COS/   (99)

"Al margen de 'La comedia femenina'" G, DiaMar, tarde,
  abr. 21, 1923, p. /1/ /Sobre la obra de León Ichaso/
  /LIT/   (100)

"Al margen de la exposición rusa." II G, DiaMar, tarde,
  enero 9, 1924, p. /1/ /Comienza en: "La exposición
  de arte ruso." I (1924) /ART/   (101)

"Al margen de un discurso." G, DiaMar, tarde, sept. 1,
  1923, p. /1/ /Sobre Charles Evans Hughes//POL/ (102)

"Al pie de la Catedral." R, DiaMar, jun. 3, 1951, p. 50,
  /Sobre "Juana de Arco en la hoguera" de Paul Claudel,
  presentada en la Plaza de la Catedral. Este artículo
  provocó la polémica con Luis Orlando Rodríguez, después de la muerte de Eduardo Chibás/ /ART/   (103)

"El Alcalde y su tarea." G, DiaMar, sept. 11, 1946, p. 4.
  /Sobre Manuel Fernández Supervielle/ /POL/   (104)

"La aldea a flor de agua." G, DiaMar, tarde, jul. 14,
  1923, p. /1/ Glosas, pp. 73-76. /Sobre Isabela de
  Sagua/ /VIA/   (105)

"/Alejo/ Carpentier en La Habana." A.M, <u>DiaMar</u>, jun. 3, 1959, p. 4-A. /LIT/   (106)

"Alemania." G.T., <u>DiaMar</u>, 2a. sec., oct. 16, 1922, p./11/ /VIA/   (107)

"Alerta en la provincia." G, <u>DiaMar</u>, dic. 10, 1947, p.4. (VIA)   (108)

"/Alfred North/ Whitehead." G, <u>DiaMar</u>, enero 2, 1948, p.4. /SEM/   (109)

"/Alfredo M./ Aguayo, el juvenil anciano." G, <u>DiaMar</u>, mayo 5, 1948, p.4. /SEM/   (110)

"Algo, alguien, nadie." G, <u>DiaMar</u>, mayo 16, 1947, p.4. /Sobre Ramón Vasconcelos/ /POL/   (111)

"Algo de Mauriac para el domingo Pascual." G, <u>DiaMar</u>, dic. 26, 1948, p.34, /LIT/   (112)

"Algo más sobre El Canal y la soberanía. (Con vista de unas declaraciones del general Batista)." <u>Boh</u>, enero 23, 1955, pp. 57 y 73. /POL/   (113)

"Algo más sobre la exposición del Lyceum." <u>Boh</u>, feb. 14, 1954, pp. 57, 97-98, 118. /ART/   (114)

"Algo más sobre las universidades." G, <u>DiaMar</u>, jun. 6, 1948, p. 36. /CUL/   (115)

"Algo más sobre un premio." G, <u>DiaMar</u>, abr. 10, 1945, p.4. /Acerca de si el "José I. Rivero" debe ser literario o periodístico/ /PER/   (116)

"Algo más sobre una cuestión personal." <u>Boh</u>, sept. 23, 1951, p.46-47. /Sobre polémica con L.O. Rodríguez/ /POL/   (117)

"¡Algo! sobre las 'Crónicas volanderas'" G, <u>DiaMar</u>, tarde, mayo 16, 1925, p.1. /Sobre libro de Luis Somines/ /LIT/   (118/

"El alguacil alguacilado." G, <u>DiaMar</u>, abr. 24, 1949, p.36. /Sobre Pelayo Cuervo Navarro) /POL/   (119/

"Alguaciles alguacilados." G, <u>DiaMar</u>, abr. 27, 1947, p.4. /CUL/   (120)

"Algunos remedios a la crisis de la cultura." II G, <u>DiaMar</u>, tarde, jun. 24, 1925, p./1/ /CUL/   (121)

"El alma española." R, DiaMar, feb. 14, 1951, p.4. /MAR/
(122)

"Alma Mater." G, DiaMar, jul. 4, 1923, p./1/ /Continúa
en "Más sobre el Alma Mater"/ /CUL/
(123)

"Almanaque." RevAvance, III, no. 22, mayo 15, 1928, p.133.
/Sobre Francisco de Goya/ /ART/
(124)

"Almanaque de las artes y las letras, de Gabriel García
Maroto." RevAvance, III, no. 19, feb. 15, 1928, p. 58.
/LIT/
(125)

"El allanamiento de la Universidad." Boh, abr. 29, 1956,
pp. 45 y 83. /POL/
(126)

"El ambiente del mundo y la conciencia ciudadana." Boh,
feb. 19, 1956, pp. 35 y 82. /CUL/
(127)

"'Ambito de Martí'" R, DiaMar, abr. 28, 1954, p.4. /Sobre
la obra de Guillermo de Zéndegui/ /MAR/
(128)

"Amelia Peláez, o El absolutismo plástico." Revista de la
Habana, III, sept. 1943, pp.32-38. /ART/
(129)

"La amistad a la cultura francesa." R, DiaMar, feb. 26, 1954,
p.4. /Sobre Descartes y el cartesionismo/ /FIL/ (130)

"El amor y la Historia." G, DiaMar, feb. 15, 1950, p.4.
/Sobre Albert Einstein/ /CUL/
(131)

"Los amores y el amor en Martí." Boh, marzo 4, 1951,
pp. 64-65, 93. /MAR/
(132)

"Ampliación a un comunista eminente." Boh, enero 24, 1954,
pp. 56-57 y 95. /Ampliación a la carta a Juan Marinello,
Boh, enero 17, 1954/ /POL/
(133)

"Ana María Borrero." G, DiaMar, mar 19, 1947, p.4. /SEM/
(134)

"Analfabetismo." A.M., DiaMar, mar. 13, 1956, p. 4-A. /CUL/
(135)

"Análisis de la indecencia." Boh, agosto 16, 1953, pp.78 y 80.
/COS/
(136)

"Andrés Eloy Blanco." R, DiaMar, mayo 29, 1955, p.4-D.
/SEM/
(137)

"Andrés Segovia." G, DiaMar, tarde, marzo 21, 1923, p./1/
Glosas, pp. 371-375. /ART/
(138)

"Una anécdota de Bidault." G, DiaMar, jun. 21, 1946, p.4.
/POL/
(139)

JORGE MAÑACH

"El ángel con pies de plomo." G, DiaMar, oct. 19, 1949, p.4.
   /POL/ (140)

"El ángel de Fidel /Castro/" R, DiaMar, abr. 4, 1959, p.4-A.
   /POL/ (141)

"El ángel y el diablo." G, DiaMar, feb. 26, 1950, p.34.
   /POL/ (142)

"Angelitos negros." R, DiaMar, marzo 30, 1951, p.4. /María
   Luisa Ríos/ /ART/ (143)

"Animalización directa." G.T, DiaMar, mañana, 2a. ser., nov.
   30, 1922, p. /13/ /COS/ (144)

"Aniversario del P.E.N." G, DiaMar, sept. 29, 1946, p.35.
   /LIT/ (145)

"Ante el Congreso Eucarístico." G, DiaMar., feb. 21, 1947,
   p.4. /CUL/ (146)

"Ante el Macbeth de Orson Welles. (Palabras ante el Departamento de Cinematografía de la Universidad de la Habana)."
   Boh, abr. 23, 1950, pp.65 y 94. /ART/ (147)

"Ante el Verlaine de Carrière." Social, VIII, jun., 1923,
   p.14./Glosas, pp. 329-332/ /ART/ (148)

"Ante la Conferencia de Caracas." Boh, feb. 28, 1954, pp.
   56-57 y 98. /POL/ (149)

"Ante la muerte de Don Cosme /de la Torriente/" DiaMar,
   dic. 30, 1956, p. 2-D. /SEM/ (150)

"Ante la muerte de /Jan/ Masaryk." G, DiaMar, mar. 14, 1948,
   p. 36. /SEM/ (151)

"Ante la reforma de la enseñanza, I." Boh, sept. 27, 1959,
   pp. 63 y 84. /CUL/ (152)

_____, II. La formación mental." Boh, oct. 18, 1959, pp.
   69 y 86. /CUL/ (153)

_____, III y final. La educación para la sociedad." Boh,
   nov. 15, 1959, pp. 57 y 106. /CUL/ (154)

"Ante la tragedia de Chile." Boh, jun. 5, 1960, pp. 50 y 79.
   /POL/ (155)

"Ante las elecciones francesas." G, DiaMar, nov. 13, 1946,
    p.4. /POL/   (157)

"Ante una carta y sus temores." R, DiaMar, mayo 14, 1954,
    p.4. /POL/   (158)

"Antiguo y moderno." A.M., DiaMar, agosto 26, 1959, p.4-A.
    /Sobre "Cantigas de novo xeito," del Padre Rubinos/ /LIT/
                                                        (159)
"La Antología del modernismo." Tierra firme, no.4, 1935,
    p.55. /Sobre la Antología de la poesía española e his-
    panoamericana de Federico de Onís/ /LIT/   (160)

"/Antonio/ Maceo y la calidad humana." R, DiaMar, dic. 6,
    1953, p.50. /Comparación con Benito Juárez/ /SEM/(161)

"El anuncio y los libros." G, DiaMar, tarde, feb. 8, 1923,
    /p./1/ /CUL/   (162)

"Anuncios en los cines." R, DiaMar, abr. 26, 1956, p.4-A.
    /POL/   (163)

"Un año de dictadura." Boh, mar. 15, 1953, pp. 60-61, 161.
    /POL/   (164)

"Una apelación a la espiritualidad de los músicos de la
    Filarmónica." DiaMar, jun. 22, 1950, p.1. /CUL/ (165)

"La apelación indefraudable." R, DiaMar, jun. 14, 1959,
    p. 4-A. /MAR/   (170)

"Apertura sobre una apertura." I R, DiaMar, oct. 28, 1959,
    p. 4-A. /Continúa en "Para alusiones..." DiaMar, oct.
    29, 1959/ /CUL/   (171)

"Apolo-Febo (Epístola)." G, DiaMar, tarde, agosto 10, 1923,
    p. /1/ /ART/   (172)

"Apología del franqueo." A.M., DiaMar, enero 31, 1956,
    p.4-A. /CUL/   (173)

"Apostilla a Koestler." R, DiaMar, abr. 4, 1954, p.48. /POL/
                                                        (174)
"El Apóstol y el habitante." G.T., DiaMar, mañana, 2a. ser.,
    nov. 5, 1922, p./15/ /MAR/   (175)

"'Apuntes', de Renée Méndez Capote de Solís." RevAvance,
    II, no. 18, enero 15, 1928, p.27. /LIT/   (176)

"Aquel limpio criollo de Regla." G, DiaMar, nov. 26, 1948,
    p.4. /Sobre Miguel Coyula/ /SEM/   (177)

"Aquél que se llamó /José Joaquín/ Palma." R, DiaMar, abr.
   17, 1951, p.4. /SEM/   (178)

"Aramburu." G, DiaMar, tarde, sept. 15, 1923, p./1/ /PER/
                                            (179)

"El árbol y la semilla." R, DiaMar, dic. 31, 1955, p.4.
   /Sobre el Patronato del Museo Nacional) /ART/   (180)

"Arbolito y nacimiento." R, DiaMar, dic. 23, 1951, p.50.
   /COS/   (181)

"Arcadas otra vez." R, DiaMar, sept. 10, 1959, p.4. /ART/
                                          (182)

"El arcano de cierta poesía nueva. (Carta abierta al poeta
   José Lezama Lima) Boh, sept. 25, 1949, pp. 78 y 90.
   /LIT/   (183)

"La Argentina, etcetera." A.M., DiaMar, jun. 12, 1958,
   P.4-A. /POL/   (184)

Los argonautas." G, DiaMar, tarde, mayo 27, 1924, p./1/
   /Sobre la obra de José María Uncal/ /LIT/   (185)

"Argudín y su obra." I, G, DiaMar, tarde, mayo 11, 1923,
   p./1/ /ART/   (186)

      _____ II. G, DiaMar, tarde, mayo 12, 1923, p./1/ /ART/
                                            (187)

"Arqueología sentimental." El Fígaro, a. XLII, no. 11,
   mayo 3, 1925, p. 230. /LIT/   (188)

"El arribismo herrumbre democrática." R, DiaMar, enero 19,
   1952, p.4. /POL/   (189)

"El arte chino y la canción cubana." G, DiaMar, marzo 15,
   1945, p.4. /ART/   (190)

"El arte de José Creeft." R.H.M. Sec. escolar, Año 4, no.1
   oct. 1937, pp. /81/-/85/ /LIT/   (191)

"El arte de Pablo Picasso." R.H.M., Sec. escolar, Año III,
   no. 3, abr. 1937, pp. /31/-39. /ART/   (192)

"El arte de Radda." II. G, DiaMar, tarde, dic. 27, 1924,
   p.1. /Primera parte, "Radda y la ingenuidad."/ /ART/
                                            (193)

"Arte de Ricardo Marín." G, DiaMar, agosto 4, 1946, p.35.
   /ART/   (194)

"Arte en el Capitolio." G, DiaMar, feb. 18, 1949, p.4.(ART)
                                          (195)

"Arte retrospectivo." G.T., DiaMar, mañana, 2a. sec.,
   nov. 11, 1922, p. /13/ /ART/   (196)

"El arte y la sociabilidad." G, DiaMar, enero 25, 1950,
    p.4. /ART/
                                                 (197)

"Arte y necesidad de ceder." Boh, mayo 31, 1953, pp. 58 y 89.
    /POL/
                                                 (198)

"Articulación de contrarios." G, DiaMar, nov. 3, 1946,
    p.39. /POL/
                                                (199)

"El artista y sus imágenes (Jaime Valls)." RevAvance, V,
    no. 45, abr. 15, 1930, pp. 112-116. /ART/   (200)

"La asamblea de Cambridge." G, DiaMar, abr. 10, 1949, p.36.
    /CUL/
                                                 (201)

"¿Asistiré?" G.T., DiaMar, tarde, dic. 29, 1922, p.1.
    /ART/
                                                 (202)

"Los astros ilusorios de Ramón Rubiera." G, DiaMar, tarde,
    abr. 11, 1925, p. 1. /LIT/   (203)

"El ataúd por la calle." Bch, dic. 18, 1955, pp. 119-120.
    (POL/
                                               (204)

"El Ateneo de Sagua." G, DiaMar, tarde, oct. 17, 1923,
    p./1/ /VIA/
                                               (205)

"La atrofia del Congreso." G, DiaMar, mayo 10, 1946, p.4.
    /POL/
                                               (206)

"Aulas y más aulas." R, DiaMar, sept. 2, 1959, p.4-A.
    /CUL/
                                               (207)

"La ausente presencia de Sanín Cano." Revista Iberoameri-
    cana, XIII, 1948, pp. 291-295. /LIT/   (208)

_____ R, DiaMar, enero 30, 1949, p.36. /LIT/   (209)

"Auspicios a la Filarmónica." R, DiaMar, oct. 19, 1951,
    p. 4. /ART/
                                               (210)

"Autenticidad en el Lyceum." G, DiaMar, marzo 15, 1947,
    p.4. /CUL/
                                                 (211)

"El autenticismo no da para más." Boh, nov. 5, 1950, p.87.
    /POL/
                                               (212)

"/Autógrafo del album de Flora Mora/" El Fígaro, a. XLIII,
    no. 3, enero 17, 1926, p.59. /ART/   (213)

"El autor se defiende." R, DiaMar, feb. 12, 1955, p.4-A.
    /Carta de Antonio Núñez Jiménez/ /CUL/   (214)

JORGE MAÑACH

"La autoridad y el escándalo." G, <u>DiaMar</u>, oct. 20, 1948,
    p.4. /POL/   (215)

"Autoridad y responsabilidad." G, <u>DiaMar</u>, /marzo?, 1945?/,
    p./4/ /POL/   (216)

"Autoritarismo y deliberación." G, <u>DiaMar</u>, oct. 7, 1945,
    p.4. /POL/   (217)

"La aventura crítica." G, <u>DiaMar</u>, mar. 26, 1950, p.34.
    /Sobre "Manuel Sanguily: historia de un ciudadano", de
    Octavio R. Costa/ /LIT/   (218)

"Aventuras del presupuesto." G, <u>DiaMar</u>, dic. 6, 1946, p.4.
    /POL/   (219)

"Avila de los Caballeros." R, <u>DiaMar</u>, oct. 21, 1951, p.48.
    /Visitas españolas: pp. 45-48/ /VIA/   (220)

"Avispa por la ventana." <u>Boh</u>, marzo 27, 1949, pp. 55 y 96.
    /Sobre "un folleto mendaz que me quiere poner a mal con
    mis compatriotas negros."/ /POL/   (221)

"Ayer, hoy y mañana." <u>Boh</u>, nov. 1, 1953, pp. 66-67. /Sobre
    la Ley de Orden Público/ /POL/   (222)

"El ayer y la demanda de hoy." <u>Boh</u> , abr. 24, 1955, pp. 51
    y 83. /POL/   (223)

B

"B-02" G.T., DiaMar, mañana, 2a. sec., oct. 31, 1922, /p./13/
     Glosas, pp. 273-277 /COS/
                                                    (224)

"Balance de lo electoral." G, DiaMar, jun. 5, 1948, p. 4.
     /POL/
                                                    (225)

"Balance de una encuesta. En favor de los problemas." Boh,
     sept. 15, 1946, pp. 41, 58, 65. /PER/   (226)

"El banano y la conciencia." R, DiaMar, jul. 4, 1954, p.4-D.
     /POL/
                                                    (227)

"La Bandera y sus ideales. (Con recados para Cuba)." Boh,
     mayo 21, 1950, pp. 137 y 152. /Sobre la Bandera Cubana/
     /CUL/
                                                    (228)

"Una bárbara economía." G, DiaMar, tarde, jun. 22, 1923,
     p.1. /ART/
                                                    (229)

"Barbarie en Europa." G, DiaMar, mayo 3, 1945, p.4. /POL/
                                                    (230)
"Las barbas de Ponce de León." G, DiaMar, oct. 30, 1946,
     p.4. /Sobre Tampa/ /VIA/   (231)

"El barbero y la provincia." G., DiaMar, abr. 13, 1950, p.4.
     /COS/
                                                    (232)

"Las bardas del jardín de Cándido." Boh, jun. 25, 1950,
     pp. 69, 90. /POL/
                                                    (233)

"La barquilla de la Caridad del Cobre." Boh, jul. 4, 1948, p.24
     /Título de la Pt. I:"Sobre la discriminación racial"/
                                                    (234)

"Barreras, magistrado." G, DiaMar, abr. 30, 1950, p.34.
     /Sobre Antonio Barreras/ /CUL/   (235)

"Barú, Clavelito y Compañía." Boh, agosto 24, 1952, pp.54, 91.
     /COS/
                                                    (236)
"La batalla de las sombras." G, DiaMar, enero 19, 1947,
     p. 35. /POL/
                                                    (237)

"Becas, becables y becados." G., DiaMar, tarde, abr. 11,
     1923, p./1/ /ART/   (238)

"Becas de antaño y tiranos de hogaño." G, DiaMar, sept. 24,
     1949, p.4. /CUL/
                                                    (239)

"Benavente y al Premio Nobel." G, DiaMar, tarde, feb. 2,
     1923, p. /1/ /LIT/   (240)

"Benditos tiempos." G.T., <u>DiaMar</u>, mañana, 2a. sec., dic.1,
    1922, p./13/ /COS/   (241)

"Berta Singerman." G, <u>DiaMar</u>, tarde, mayo 6, 1924, p./1/
    (LIT/   (242)

"Beulah y los humores." A.M., <u>DiaMar</u>, jun. 20, 1959, p.4-A.
    /COS/   (243)

"El bien de los bienes." G, <u>DiaMar</u>, mayo 19, 1923, p./1/
    /LIT/   (244)

"El bien y el mal de la República." <u>Boh</u>, dic. 2, 1951,
    pp. 63 y 82. /POL/   (245)

"La 'bienpagada'." G., <u>DiaMar</u>, marzo 17, 1948, p.4. /Sobre
    las guaguas/ /COS/   (246)

"Bienvenida a Ernesto Ardura." R, <u>DiaMar</u>, mar. 31, 1954,
    p.4. /Elogio por haber ganado el Premio "Justo de Lara")
    /PER/   (247)

"Bienvenida al Cardenal criollo." G, <u>DiaMar</u>, abr. 28, 1946,
    p.4. /Sobre Manuel Arteaga, primer Cardenal cubano/
    /COS/   (248)

"Billete de ida y vuelta." <u>Boh</u>, Sept. 12, 1948, pp. 50,
    74-75. /Sobre los cubanos que van a los EE.UU./ /VIA/
                                                          (249)

"Biografía de /Antonio/ Maceo." G, <u>DiaMar</u>, jun. 14, 1945,
    p.4. /Sobre libro de L. Zarragoitia Ledesma/ /LIT/
                                                          (250)

"Biografía del Hombre. (El nuevo curso de la Universidad
    del Aire)." <u>Boh</u>, oct. 1, 1950, pp. 69 y 90. /CUL/(251)

"Blasco y los estudiantes." G, <u>DiaMar</u>, tarde, nov. 22, 1923,
    p./1/ /Sobre negativa estudiantil a oir a Blasco Ibáñez/
    /LIT/   (252)

"La bomba y el destino del mundo." <u>Boh</u>, apr. 11, 1954,
    pp. 58 y 93. /POL/   (253)

"El 'bombín' y sus adversarios." <u>Boh</u>, enero 22, 1950,
    pp. 61 y 107. /CUL/   (254)

"Las botijas del poeta." G, <u>DiaMar</u>, tarde, nov. 9, 1923,
    p./1/ /ART/   (255)

"Brasil y el futuro." G, <u>DiaMar</u>, nov. 14, 1945, p.4. /VIA/
                                                          (256)

"Breve réplica a Cintio Vitier." G, <u>DiaMar</u>, oct. 28, 1949,
    p.4. /Sobre "cierta" poesía nueva en Cuba/ /LIT/ (257)

"Bronces de libertad." G, DiaMar, tarde, agosto 16, 1923,
    p. /1/ /Sobre poemas de Ernesto Fernández Arrondo/
    /LIT/
                                           (258)

"'Burla burlando', de Alvarez Marrón." G, DiaMar, tarde,
    jun.13, 1925, p.1. /LIT/
                                           (259)

"Bustamante y la paz en la tierra." G, DiaMar, p.4. /Sobre
    Sánchez de Bustamante/ /CUL/
                                           (260)

C

"Un caballero." G, DiaMar, abr. 21, 1946, p.4. /En la muerte
de Nicolás Rivero Alonso/ /SEM/   (261)

"'El caballero que ha perdido su señora'" G, DiaMar, tarde,
nov. 15, 1923, p.3. /Sobre la obra de Emilio Roig de
Leuchsenring/ /COS/   (262)

"El caballito verde." A.M., DiaMar, feb. 9, 1956, p.4-A.
/LIT/   (263)

"Las cabezas blancas: Sanguily." G, DiaMar, tarde, enero 31,
1923, p./1/ /Sobre Manuel Sanguily/ /SEM/   (264)

"Las cabezas blancas: Una visita a Don Mariano Aramburu."
G, DiaMar, dic. 31, 1924, p./1/ /SEM/   (265)

"'Cabezota' y la novela cubana." Boh, oct. 3, 1948, pp.43,
66-67. /Sobre obra de Ramón A. Rodea/ /LIT/   (266)

"El caer de las hojas." G, DiaMar, tarde, nov. 8, 1924,
p./1/ /Sobre Boston/ /VIA/   (267)

"Caídos en el umbral." R, DiaMar, marzo 19, 1959, p.4-A.
/Sobre Luis Augusto Mestre/ /SEM/   (268)

"La cal y la arena." G, DiaMar, jul. 17, 1946, p.4. /POL/
(269)

"Caldo de cultivo." G, DiaMar, marzo 29, 1945, p. 4. /CUL/
(270)

"La Cámara vela por sus fueros." G, DiaMar, sept. 26, 1948,
p.36. /POL/   (271)

"El cameraman." RevAvance, IV, no. 32, mar. 15, 1929,
p.89. /Sobre Buster Keaton/ /ART/   (272)

"Camilo." A.M., DiaMar, nov. 6, 1959, p.4-A. /Sobre Camilo
Cienfuegos/ /SEM/   (273)

"El camino de la Revolución." R, DiaMar, abr. 15, 1959,
p. 4-A. /POL/   (274)

"Camino sin retorno." G, DiaMar, oct. 6, 1946, p.35.
/CUL/   (275)

"El camino y el paisaje." G, DiaMar, jun. 12, 1946, p.4.
/Sobre la Glosa "Caridad, filantropía, servicio.",
mayo 19, 1946/ /COS/   (276)

JORGE MAÑACH
GRAL. ARANGUREN 70. 2ª
LA HABANA

7 de febrero de 1928.

Mi querido y admirado Agustín:

Tienes tanto talento y eres tan mágico poeta, que dices con peligrosa persuasividad las más trágicas irrealidades. Aludo a tu conferencia que el Diario nos ha venido dando con cuentagotas, para medirnos la paciencia. No estoy de acuerdo con casi nada de lo que postulas; pero es un gusto --y un honor-- no estar de acuerdo contigo. Ya hablaremos.

El propósito de este telegrama es decirte que el número subsiguiente de "1 9 2 8" es nuestro Número-Aniversario. ¡Un año ya, Agustín! Un año de decencia intelectual y de inquietud verdadera, sin gritería de plazuela literaria.

Creemos que esto merece festejarse. Y creemos también que la manera digna es hacer un "extraordinario" compuesto exclusivamente de firmas cubanas. Por supuesto, la tuya para empezar.

Así que no me digas que no, ni te me hagas de rogar. Si dicen que no eres vanguardista, diles... No les digas nada: no vale la pena. Nosotros sabemos que eres de los nuestros.

Descuelga la péñola de "La Zafra". Manda al diablo las escrituras por unas horas (que eso te hará bien), y remíteme tu regalo de aniversario. Nada ocasional, claro. Tema libérrimo, para disonar con los tiempos que corren—sin avanzar.

Tuyo, admirándote y queriéndote de veras,

Jorge Mañach

Dime si hace o no hace, para saber a qué atenerme.

m.

JORGE MAÑACH
GRAL. ARANGUREN 70,21
LA HABANA

21 de mayo de 1928.

Mi querido Agustín:

Eres bueno, Agustín; bueno, bueno. Hay que reprocharles a los dioses el excesivo favoritismo con que, sobre haberte dado tanto talento, te han colmado de aquella leche que decía el inglés. Porque precisamente cuando yo me disponía a escribirte una carta llena de compunción, no: de atrición --ya ves que todavía me quedan resabios de catecúmeno!-- por parecerme que te había lastimado sin querer; precisamente cuando yo iba a abrir anchamente la espita de las excusas cordiales, para disculparme de no haber publicado tus versos en el Número Aniversario y de haberte aludido, además, en tono beligero; cuando todo esto iba a acontecer, me llega tu carta, tan bella y tan generosa. Y, casi simultáneamente con ella, me llega nuestro Juan --el más querido de los discípulos del Maestro--, que me cuenta cosas fraternales de tí y de tu hogar.

Querido Agustín! Voy creyendo que eres de los pocos que aún quedan de aquellos que ponían la otra mejilla! Y como si ya no te tuviese uno que admirar tanto por lo otro, hay que admirarte también por esto --por esto, que va siendo cada día más necesario en esta islita roída de pequeñas iras bufas, de pequeñas ferocidades mansas

Perdóname las frases, que suenan algo deliberadas-- la maldita costumbre de glosar! Pero Juan te habrá dicho cómo tenemos que ir haciendo cada día más apretado nuestro corrito, para defendernos de la insidia, de la zancadilla, de la represalia, de todo lo que contra nosotros concita el deseo de rigor y de claridad. ¡Cómo quisiéramos tenerte aquí!

Claro, claro, tienes sobrada razón en todo lo que niegas acerca de las nuevas posturas estéticas. Estoy seguro, segurísimo, de que lo que nuevo bueno te gusta tanto como a mí; y puedes estar convencido de que lo nuevo malo --que es, por lo menos, un 90% (perdona, te escribo desde la oficina de "Fin de Siglo")-- me revienta tanto como a tí. ¿Que por qué, pues, hacemos vanguardismo? En primer lugar, porque vamos detrás de lo nuevo bueno, y no es culpa nuestra no poderlo conseguir siempre. Pero la razón más entera es ésta: en nuestro país es imperioso, Agustín, imbuirle un poco de beligerancia a las preocupaciones espirituales todas y a las artísticas en particular. Se ha venido pecando de blandura, de fofez, de falta de filo y dirección. De ahí el confusionismo atroz que nos tiene invadidos; de ahí, también, el estancamiento en lo consagrado. Hay que desperezar esto; hay que meterle inyecciones de pituitrina a este provincial comatoso. Un ismo no es más que un credo utilizado como arma: el vanguardismo es la doctrina de la renovación afilada en punta. Deliberadamente queremos epatar, molestar, irritar, desconcertar. Dirás que de esto a dar gato por liebre, es decir, a favorecer la mixtificación tradicional, no hay sino ligeras diferencias.

Pero no. Lo que hacemos es atrevernos a poner gato en el menú e invitar a catarlo, a fin de arrancarle siquiera algunas bascas a estos paladares.

Las imágenes me están saliendo mal, como de costumbre. ¡Soy tan poco vanguardista en la técnica! Lo que quiero decir, y tú perspicacia ya lo habrá percibido, es que andamos en menester de una política cultural. Ya que no nos dejan hacer política política, porque no, hagamos siquiera bolcheviquismo estético. Algo saldrá de ahí. El desorden es siempre constructivo, porque cuando todo se ha deshecho, el espíritu siente la necesidad de construir de nuevo, y ya entonces edifica sobre la magnífica higiene de los escombros y sin el lastre de la veteranidad, que a nosotros nos tiene tan torpes y tan tardos.

Me mandaste bellos versos para "1 9 2 8". Para Tan bellos me parecieron, que durante una semana anduve con ellos en los bolsillos, leyéndolos a quienes tenían dignidad para oirlos. Recuerdo habérselos recitado a Lascano Tegui, el finísimo argentino, que a la sazón estaba de paso por la Habana. "Sensibilidad --dijo Lascano--; pero no nueva". Discutimos. Yo creo que en tu poesía hay la frescura directa de lo mejor de hoy; sólo que tu instrumento tiene todavía dejos de tu "nunca negado Rubén".

Y ese dejo fué, creo yo, el que movió al Cónclave a recatar tus versos, para no contrariar con su publicación la política agresiva, galvánica, electrificadora, de la Revista. Esta política está teniendo su momento, su período de virulencia higiénica -- valga la paradoja. Cuando lo remate, habrá logrado --esperémoslo-- lo que logró el Cubismo en la plástica, alebrestar los espíritus, ponerlos en trance de producción inédita, remover curiosidades. Entretanto, tú espéranos al pié de tu ceiba; ahí nos encontraremos. Tu ceiba es el símbolo de lo que tiene arraigo en la tierra y flor alta. ¿Dónde mejor puede estar atada una musa? Ahí nos encontraremos, te repito. Sólo que tú ya ganaste tu batalla, y nosotros estamos dando la nuestra.

No sé si me he explicado, porque te he escrito machina currente Y, además, hace un calor contra toda claridad. Pero creo haber subrayado bien estas dos cosas: que te profeso una admiración y un cariño cada día mayores (y tú sabes que no soy lisonjero): y que, en lo literario, yo estoy haciendo política y tú mirándola hacer. Pero acuérdate que ya escribí públicamente acerca del guiño de inteligencia...

Ir a Jagüey Grande? Pues, mira: puede!

Te abraza *Jorge*

Jorgito acepta tu bendición, aunque es de una voracidad completamente burguesa. Para mí que le va a interesar más Fin de Siglo que el vanguardismo.

Te mandé "Goya" y ahora te va "Triunfo muerto"; para que me digas qué te parecen. J.

1929

revista de avance

APARTADO 2228

La Habana

editores
frco. ichaso
felix lizaso
jorge mañach
juan marinello

16 de mayo. 1 9 2 9.

Mi querido Agustín:

La verdad es que no he tenido ninguna decencia e-
pistolar para contigo en los últimos meses. Soy todo atrición. Por
lo bajo de un montón de cartas pendientes al fondo de mi gaveta favo
rita, asoma la ancha rúbrica de tu firma -- esa faja milagrosa de t
ta que gozan haciendo tus plumas amaestradas--, ruborizándome, recor
dándome a diario que tienes todas las razones del mundo para pensar
atrocidades de mí.

Me escribiste, en efecto, sobre mi "Choteo", una carta que ahora
leo regodeado, preguntándome si será verdad tanta belleza, al fondo
de tu cariño. Y ahora, otra acusando lectura de mi rectificación al
Sr. González, que se dejó resbalar por la pendiente de las generali-
zaciones.

Esta última carta viene firmada "Agustín Acosta" (la primera la c
zaba un sencillo "Agustín"). Alarmado por esa mudanza, que denuncia
un incremento de ceremonia en tu cordialidad, salgo al fin de mi ma-
rasmo, de mi atolladero, de mi asfixiadero. Me urge decirte que detrás de ese mi silencio abyecto, si algo ha habido es, precisamente,
un abuso de confianza cariñosa. Ya sabes que el peor puesto es ése
el de la confianza cariñosa. El mejor en el corazón: el peor en la
gaveta. Porque, en las relaciones epistolares, el mejor amigo es sie
pre el que se chincha. Conste, pues, que yo he sido todo este tiem
po el mismo camarada fraternal de Jagüey Grande -- hermano casi de
sangre, por las muchas transfusiones recíprocas que de las nuestras
hicieron los mosquitos de la ciénaga.

En aquella carta primera me hablabas de cosas tremendas. De clasi-
cismo, de modernismo. ¿Diré que se echaba de ver en ella que no te
habían dejado incólume ciertas majaderías que por entonces dijeron
los "vanguardistas" de la otra orilla?. . . Hubiera querido yo entonces escribirte para decir: Agustín, no necesitas cohonestarte li-
terariamente. Tú eres tú: AGUSTÍN ACOSTA. Poeta genuino. De su época, naturalmente; pero genuino, es decir, de siempre. Y, además,es-
to que no se ha dicho todavía publicamente y que algún día habrá que
decir: Agustín --un precursor de lo que está viniendo ahora, aunque
el crea que no. Porque "Hermanita" fué, en efecto, algo nuncial a la
vez que nupcial.

Decididamente, aquella epístola era polémica. También te justifica-
bas por haber dicho en corrillos que mis cosas periodísticas estaban
resultando, últimamente, "difusas". Claro, claro,querido Agustín.
Uno se cansa. Mal atendido, mal leído, mal pagado y hasta malquisto
en los sectores donde se quiere mal a quien piensa honradamente, uno
se cansa un poco de sacarse casi a diario pepitas del meollo. Y de-
cide uno transigir un poco, en bien de la propia salud. Ya que de to

das maneras está uno poco menos que arando en el agua, al menos are-
mos sin mucho esfuerzo. Si el artículo sale claro, enjuto, sólido,
tanto mejor; si hay que desflecarse el alma para que resulte así,
es preferible que salga ahora "difuso". Esto tal vez es poco heroi-
co, tal vez hasta algo inmoral. Pero yo no soy ni héroe ni Savonarola
literario. Ya voy perdiendo el entusiasmo. Sé que sólo unos cuantos
me leen con ahínco; los demás, por encimita, en el tranvía, después
de haberse enbebido en la plana de sports y en la "Actualidad Política". A quoi bon?

Pero no me hace justicia --creo yo-- el amigo que juzgue de mis pobres facultades por lo que ellas dan de sí en la galera periodística.
Lo que yo espero del amigo es el beneficio de la duda: que porque me
vea dormir de vez en cuando, o modorrar todo el tiempo, no me suponga
incapaz de algunas claras vigilias. ¡Cómo ansío, Agustín, liberarme
del periodismo!

Otras cosas había en aquella carta tuya. RAMON -- que para mí sigue
siendo una cosa muy mayúscula. Sólo que, como alguien ha dicho, es
un caño en que el agua tarda siempre un poco en salir fría. Pero cuan
do sale, sale. - Y RAFAEL --que también se merece las mayúsculas,
pero que, como yo, como todos, dormita en la galera -- como otros en
la nave-- de cuando en cuando.

¿Cuándo sale BABILONIA? Me inquieta un poco. Ya sabes que no soy
muy adicto a los poemas de intenciones. El arte no suele producirse
en ellos sino --como en "La Zafra" -- a espaldas de la intención,
cuando ésta no prima. Porque lo estético es siempre contemplativo;
y lo intencionado es una movilización del arte para la militancia,
es decir, una frustración. Espero que el patriota Agustín, angustia-
do y airado por esta farsa y tragedia de nuestra vida nacional, no
logre silenciar cabalmente al poeta.

Bueno. ¿Cuándo nos mandas algo de prosa para la revista? Nunca me
he explicado tu desdén, o tu desgana, hacia la prosa, en vista de esas
cartas tuyas. No te pido verso, porque a lo mejor te da --como la
otra vez-- por acudir a tu gaveta-almacén, donde guardas torres de
humo y otras cosas de pareja evanescencia. Preferiría un poco de
caña concreta y ácida como la de "La Zafra". Si tienes alguna dispo-
nible, mándanosla, y no te pongas bravo si encontramos que contraría
la política literaria de la revista. Esto es algo serio--esto de la
política literaria. La única política seria que hay ya en Cuba.

Hemos pensado vagamente en ir a hacerte una visita durante estas
fiestas y simulacros patrióticos. Pero somos gente conyugal y paupé-
rrima. No va a cuajar.

Te manda un gran abrazo,

Jorge Mañach

"Campesinos en Filosofía y Letras." R, DiaMar, jul. 23,
   1959, p.4-A. /POL/
                                (277)

"El campo de Agramonte y el de Agramonte." Bohemia, jun. 14,
   1953, pp. 67 y 92. /POL/
                                (278)

"El Canal y la soberanía." Boh, enero 2, 1955, pp. 35 y 97.
   /POL/
                                (279)

"Canaricultura." A.M., DiaMar, sept. 26, 1959, p.4-A. /MAR/
                                (280)

"La canasta." A.M., DiaMar, jul. 5, 1956, p. 4-A. /COS/
                                (281)

"El caos de la verdad a medias." G, DiaMar, abr. 9, 1949,
   p.4. /COS/
                                (282)

"La capa de /Federico/ García Sánchez." G, DiaMar, abr. 7,
   1948, p.4. /CUL/
                                (283)

"Cárdenas-Sagua." G, DiaMar, tarde, oct. 16, 1923, p./1/
   /VIA/
                                (284)

"Caridad, filantropía, servicio." G, DiaMar, mayo 19, 1946,
   p. 4. /Fundación del Buen Vecino/ /COS/
                                (285)

"Cariz de la política rusa." G, DiaMar, marzo 6, 1949, p.36.
   /POL/
                                (286)

"Carlyle y Martí." Diario de Yucatán, Mérida, México, dic.5,
   1952, p. 3, 7. /MAR/
                                (287)

"Carmina /Benguría/ y la recitación." G, DiaMar, mar. 23,
   1949, p.4 /LIT/
                                (288)

"Carolus." R, DiaMar, abr. 17, 1956, p.4-A. /POL/   (289)

"Carta a Agustín Acosta. (En el cincuentenario de sus primeros versos)." Boh, dic. 5, 1954, pp. 38, 95-96. /LIT/
                                (290)

"Carta a Agustín Acosta." Academia Cubana de la Lengua, La
   Habana, Boletín, X, 1961, pp. 6-13. /LIT/   (291)

"Carta a Antonio Barreras." DiaMar, enero 24, 1957, p.4-A.
   /VIA/
                                (292)

"La carta a Eisenhower y una postdata." Boh, enero 3, 1954,
   pp. 55 y 81. /POL/
                                (293)

"Carta a Gayol Fernández." G, DiaMar, mar. 15, 1946, p.4.
   /Sobre "Teoría literaria, tomo II/ /LIT/   (294)

"/Carta a José Angel Ceniceros. Habana, mayo 7, 1947/ "
    Ceniceros, José Angel. Martí; o, La tragedia como des-
    tino glorioso. /México, D.F./ 1947, pp. /137/-/139/
    /MAR/   (295)

"Carta a un joven sin esperanza." II Boh, mayo 5, 1946,
    pp. 20-21. /POL/   (296)

"Carta abierta a Don José Vasconcelos." Boh, feb. 22, 1953,
    pp. 48-49, 79, /POL/   (297)

"Carta abierta a Rómulo Gallegos." G, DiaMar, nov. 28, 1948,
    p. 36. /CUL/   (298)

"Carta abierta a un amigo generoso." G, DiaMar, jun. 15,
    1949, p.4. /POL/   (299)

"Carta abierta al Presidente del Centro Asturiano." G, Dia
    Mar, tarde, enero 9, 1925, p.1. /CUL/   (300)

"Carta abierta al Presidente del Centro Gallego." G, Dia
    Mar, tarde, abr. 16, 1925, p.1. /ART/   (301)

"Carta al Director." G, DiaMar, jun. 19, 1949, p.60. /PER/
                                                             (302)

"Carta al general Eisenhower." DiaMar, dic. 9, 1953, p.4.
    /POL/   (303)

"Carta americana a Phi Iota Alpha." Boh, apr. 18, 1954,
    pp. 59 y 85. /Phi Iota Alpha significa "Fraternidad
    Ibero-Americana de la Universidad de Miami/ /CUL/(304)

"Carta cubana a Mr. Holland." Boh, feb. 11, 1955, pp.56-57.
    /POL/   (305)

"Una carta de Jorge Mañach." BohLibre, marzo 12, 1961.
    /POL/   (306)

"Una carta de Jorge Mañach. /Carta dirigida desde San Juan,
    Puerto Rico a Agustín Tamargo/ BohLibre, Año 53, 2a.
    época, no. 26, abr. 2, 1961, p.23. /POL/   (307)

"Carta de Mañach a Franz Tamayo." Repertorio Americano,
    XVI, 1928, pp. 106-109. /PER/   (308)

"Una carta del Dr. Lazo." G, DiaMar, marzo 31, 1949, p.4.
    /Sobre Enrique José Varona/ /LIT/   (309)

"Carta inter nos." I G, DiaMar, sept. 10, 1947, p.4.
    /CUL/   (310)

_____ II G, DiaMar, sept. 12, 1947, p.4. /CUL/   (311)

"Carta pública al general Loynaz del Castillo." Boh, marzo
      23, 1952, pp. 51 y 83. /POL/   (312)

"Una carta sobre la Donación Cintas." G, DiaMar, enero 27,
      1950, p. 4. /ART/   (313)

"Carta sobre la Ortodoxia: a Unos ciudadanos de buena volun-
      tad." Boh, mayo 27, 1951, pp. 58-59 y 87. /POL/ (314)

"Carta sobre libros al ministro Andreu." G, DiaMar, jun. 5,
      1949, p. 62. /CUL/   (315)

"Carta sobre un libro ocupado." R, DiaMar, feb. 10, 1955,
      p. 4-A. /Sobre Carta de Luis G. Mendoza en referencia
      a la Geografía de Cuba de Antonio Núñez Jiménez/ /CUL/
                                                              (316)

"Una carta y su respuesta." G, Acción, mar. 20, 1941,
      pp. 1 y 7. /CUL/   (317)

"Una carta y un viejo texto." Boh, dic. 13, 1959, pp./60/-
      61 y 86. /POL/   (318)

"Cartas sobre la mesa." Boh, oct. 24, 1948, pp. 53 y 74.
      /LIT/   (319)

"El cascabel al gato." jul. 1945?
      /CUL/   (320)

"El caso argentino. I: La reticencia." G, DiaMar, feb. 15,
      1946, p.4. /POL/   (321)

_____   I: Caudillismo estilizado." G, DiaMar, feb. 17,
      1946, p. 4. /POL/   (322)

_____   III: Un drama de todos." G, DiaMar, feb. 20, 1946,
      p. 4. /POL/   (323)

_____   IV: América y sus resentimientos." G, DiaMar, feb.
      22, 1946, p. 4. /POL/   (324)

"El caso argentino y algunas reflexiones." Boh, oct. 7,
      1951, pp. 47 y 83. /POL/   (325)

"El caso insólito de Juan Martín." G, DiaMar, tarde, jun.
      7, 1923, p./1/ /Sobre Juan Luis Martín/ /SEM/ (326)

"La casta." Impresiones, DiaMar, mañana, 2a. sec., oct. 14,
      1922, p./13/ /COS/   (327)

"La catadura de Malenkov." R, DiaMar, marzo 18, 1953, p.4.
      /POL/   (328)

JORGE MAÑACH

"Categorías de la incomprensión." G.T. DiaMar, tarde, enero
10, 1923, p./1/ /Con motivo de una conferencia de Bena-
vente/ /LIT/ (329)

"Catolicismo y totalitarismo." R, DiaMar, abr. 14, 1954,
p.4. /CUL/ (330)

"Catón, Genovevo y San Pedro." Boh, mayo 30, 1948, pp. 56 y 83.
/POL/ (331)

"Centenario." A.M., DiaMar, mayo 17, 1956, p. 4-A. /Sobre
Segismundo Freud/ /SEM/ (332)

"El centenario de /Enrique José/ Varona." G, DiaMar, abr. 9,
1948, p. 4. /Reproduce su partida de bautismo/ /CUL/ (333)

"El centenario de Sor Juana." R, DiaMar, nov. 2, 1951, p.4.
/Sobre Sor Juana Inés de la Cruz/ /SEM/ (334)

"La CEPAL en el Vedado." G, DiaMar, jun. 1, 1949, p.4.
/CEPAL: Comisión Económica para la América Latina/
/CUL/ (335)

"Cerámica cubana en el Lyceum." R, DiaMar, sept. 12, 1954,
p. 4-D. /Sobre René Portocarrero/ /ART/ (336)

"César Rodríguez y los libros." G, DiaMar, feb. 11, 1948,
p. 4. /Sobre su libro Apuntes bibliográficos/ /LIT/ (337)

"Los ciegos de Florencia." R, DiaMar, mayo 26, 1954, p.4.
/ART/ (338)

"Cieguitos." A.M., DiaMar, mayo 31, 1956, p. 4-A. (COS)
(339)

"Ciencia y moral." R, DiaMar, abr. 30, 1954, p.4. /CUL/
(340)

"El cincuentenario de Martí." G, DiaMar, abr. 12, 1945,
p.4. /MAR/ (341)

"El círculo vicioso de la insensatez." R, DiaMar, abr. 8,
1953, p.4. /POL/ (342)

"El cirujano de la Historia." R, DiaMar, jun.23, 1954,
p. 4-A. /Sobre Benigno Souza/ /SEM/ (343)

"Los cisnes negros." G.T., DiaMar, tarde, dic. 16, 1922,
p./1/ /POL/ (344)

"Cita de conciencias." G, DiaMar, nov. 3, 1948, p. 4.
/Sobre Noviembre 4, 1948, Primer Acto Público de la
S.A.R. en el Lyceum/ /CUL/ (345)

"La ciudad imperial." G.V., DiaMar, nov. 11, 1945, p. 4.
   /Río de Janeiro/ /VIA/
                                                            (346)

"La ciudad sedienta." G, DiaMar, tarde, oct. 27, 1923,
   p. /1/ Glosas, pp. 111-115 /VIA/
                                                            (347)

"La ciudad y el campo." DiaMar, jul. 17, 1923, p./1/ /LIT/
                                                            (348)

"Civismo para el 10 de Octubre." DiaMar, oct. 9, 1949, p.58.
   (CUL)
                                                            (349)

"Clamor de Baracoa." G, DiaMar, feb. 28, 1947, p. 4. /POL/
                                                            (350)

"La clara voz de México." El País, mayo 4, 1933. /MAR/
                                                            (351)

"Clarita y la de Merlín." G.T., DiaMar, mañana, 2a. sec.,
   dic. 12, 1922, p./24/ /COS/
                                                            (352)

"Claroscuro de un cuadro viejo." R, DiaMar, feb. 17, 1954,
   p.4. /Continuación de: "Prehistoria cubana."/ /CUL/
                                                            (353)

"Claudia, Azorín y Cervantes." G, DiaMar, oct. 17, 1947,
   p.4. /Sobre Claudia Jerónima, personaje de El Quijote
   de Cervantes/ /LIT/
                                                            (354)

"El clima espiritual." G, DiaMar, tarde, sept. 19, 1925,
   p.1. /PER/
                                                            (355)

"Coherencia, o dispersión." Boh, jun. 29, 1952, pp. 62 y 90.
   /POL/
                                                            (356)

"Colecturías, comicios." G.T., DiaMar, mañana, 2a. sec.
   nov. 3, 1922, p. /13/ /POL/
                                                            (357)

"La Colina y el llano." G, DiaMar, abr. 27, 1949, p.4.
   /CUL/
                                                            (358)

"Colofón en el 12 de agosto." G, DiaMar, agosto 14, 1946,
   p.4. /Sobre Juan Marinello/ /POL/
                                                            (359)

"Coloquio para hoy sobre un libro de ayer." Boh, mayo 2,
   1954, pp. 57, 80-81. /Sobre Utopía de Tomás Moro/
   /CUL/
                                                            (360)

"La comedia masculina, de /León/ Ichaso." G, DiaMar, tarde,
   agosto 13, 1925, p.1. /Complemento de La comedia femenina./ /LIT/
                                                            (361)

"/Comentarios al Salón/: Pintura y escultura en el Capitolio." I Boh, /marzo 17?, 1946/ /ART/   (362)

_____ II. Boh, marzo 24, 1946, pp. 46-47, /ART/   (363)

"Los comienzos literarios de Zenea, por José María Chacón
    y Calvo." RevAvance, I, no. 9, agosto 15, 1927, p. 238.
    /LIT/   (364)

"¿Cómo está usted situado políticamente? (Una tabla para
    ajustar cuentas) Boh, nov. 2, 1952, pp. 64-65, 88.
    /Sobre "Tabla para determinar la orientación política"
    de James S. Pope, Jr. y Louis S. Kesselman, de la Uni-
    versidad de Louisville/ /POL/   (365)

"Como la vieja farola." G.T., DiaMar, mañana, 2a. ser.,
    nov. 15, 1922, p. /13/ Glosas, 153-155. El Habanero,
    Miami, Fl., enero-feb. 1977. /Sobre El Morro de la Ha-
    bana/ /COS/   (366)

"¿Cómo organizar nuestra cultura?" I Boh, ... /CUL/
                                                     (367)

_____ II: La producción moral." Boh, abr. 7, 1946, pp. 20
    60. /CUL/   (368)

"¿Cómo piensan nuestros jóvenes?" Boh, jun. 2, 1946, pp.
    20-21. /POL/   (369)

"Como se salvó el 'Leonel de Marmier'" G.V., DiaMar, nov.
    16, 1945, p. 4. /Sobre el accidente aéreo que sufrió
    Mañach volando sobre el Uruguay/ /VIA/   (370)

"¿Cómo se siente la juventud americana de hoy?" Boh, nov.
    18, 1957, p. 58. /COS/   (371)

"Compromiso con la verdad entera. (Réplica a un joven dis-
    crepante)." Boh, feb. 14, 1960, pp. 55 y 87. /Sobre
    el artículo de Mañach "El testamento de Camus"/ /LIT/
                                                     (372)

"La común dimensión." G, DiaMar, mayo 3, 1923, p. /1/
    /Carta de Rafael Pocaterra sobre la glosa "Vasconcelos
    y Pocaterra"/ /POL/   (373)

"Comunidad y 'figurao'" R, DiaMar, mar. 14, 1954, p. 46.
    /El Lyceum contra el "figurao"/ /CUL/   (374)

"Con el cortapapel." G, DiaMar, tarde, oct. 4, 1923, p.
    /1/ /LIT/   (375)

"Con gusarapo." G, DiaMar, tarde, oct. 26, 1923, p. /1/
    Glosas, pp. 105-109. /Sobre Camagüey/ /VIA/   (376)

"Con la mano derecha." G.T., DiaMar, mañana, 2a. sec.,
    nov. 13, 1922, p. /11/ /COS/   (377)

"Con vistas a Oriente." G, DiaMar, mar. 6, 1946, p. 4.
    /Sobre el P.E.N. Club/ /LIT/   (378)

"La conciencia a prueba." G, DiaMar, feb. 16, 1949, p.4.
/Sobre Pelayo Cuervo Navarro/ /POL/
(379)

"La conciencia colectiva." La Nueva democracia, New York,
XXVIII, no. 4, oct. 1948, pp. 36-41. /Tomado de Historia y estilo, pp. 36-45/ /CUL/
(380)

"La concordia y los presos políticos." Boh, enero 16, 1955,
pp. 51 y 77. /POL/
(381)

"El concurso del Centro Asturiano." G, DiaMar, tarde,
enero 24, 1924, p. /1/ /ART/
(382)

"/El Conde de/ Romanones y su España." R, DiaMar, sept. 14,
1950, p.4. /Comienza a publicar su columna bajo el
título de Relieves/ /SEM/
(383)

"Las condiciones de la paz." Boh, dic. 20, 1959, pp. 97-98.
/POL/
(384)

"Un conductor." G.T., DiaMar, tarde, dic. 26, 1922, p./1/
/COS/
(385)

"La conferencia de México." I G, DiaMar, feb. 13, 1945,
p.4. /POL/
(386)

"La conferencias de /José/ Vasconcelos." RevAvance, V,
no. 50, sept. 15, 1930, p. 286. /Sobre su tesis de una
filosofía indoamericana/ /FIL/
(387)

"La confianza en nosotros mismos." Boh, abr. 17, 1955,
pp. 64 y 84. /POL/
(388)

"Conflicto de autoridad." R, DiaMar, abr. 19, 1952, p. 4.
/POL/
(389)

"La confusión de las especies." R, DiaMar, marzo 3, 1954,
p.4. /POL/
(390)

"El Congreso 'cívico' de Camagüey." G, DiaMar, dic. 2,
1949, p. 4. /POL/
(391)

"El Congreso Mundial del PEN Club." La Voz, New York,
jun. 7, 1939, p.7. /LIT/
(392)

"Conjeturas sobre Colombia." G, DiaMar, abr. 14, 1948, p.4.
/POL/
(393)

"Conmemoración." A.M., DiaMar, jul. 10, 1956, p.4-A. /ART/
(394)

"Conocimiento y honra de Martí." El País, sept. 15, 1929.
/MAR /
(395)

"La consigna social." G, <u>DiaMar</u>, mayo 15, 1945, p.4. /POL/
                                                            (396)

"La conspiración; comentarios en cuerda floja." <u>Boh</u>, abr.
    15, 1956, pp. 35 y 78. /POL/   (397)

"Una consulta literaria." G, <u>DiaMar</u>, abr. 27, 1950, p.4.
    /Sobre traducción de un soneto de Edna Saint-Vincent
    Millay/ /LIT/   (398)

"Contestación a Mr. Robinson." <u>Boh</u>, mar. 21, 1954, pp. 63
    y 90. /POL/   (399)

"Contra el aguijón." G.T., <u>DiaMar</u>, mañana, 2a. sec., nov.
    4, 1922, p./13/ /COS/   (400)

"Contra la actualidad palpitante." G.T., <u>DiaMar</u>, mañana,
    2a. sec., nov. 28, 1922, p./13/ /Sobre una niña in-
    molada por brujos/ /COS/   (401)

"Contradictores en Cienfuegos." R, <u>DiaMar</u>, oct. 8, 1954,
    p. 4-A. /Sobre un partido nuevo/ /PCL/   (402)

"Contrarréplica final a un corifeo del régimen." <u>Boh</u>,
    agosto 10, 1952, pp. 77 y 82. /Sobre Otto Meruelo/
    /POL/   (403)

"La convalesciente." G, <u>DiaMar</u>, tarde, marzo 8, 1924, p./1/
    /ART/   (404)

"Una conversación con /Enrique José/ Varona." <u>RevAvance</u>,
    I, no. 11, sept. 15, 1927, pp. 288-291. /CUL/   (405)

"Las convicciones y las maneras." G, <u>DiaMar</u>, dic. 29, 1949,
    p. 4. /LIT/   (406)

"Convivencia y 'convivió'" G, <u>DiaMar</u>, sept. 26, 1947, p.4.
    /POL/   (407)

"Convivencia y valoración." G, <u>DiaMar</u>, oct. 5, 1945, p.4.
    /LIT/   (408)

"Correspondencia con Alfonso Reyes." R, <u>DiaMar</u>, sept. 8,
    1954, p. 4-A. /LIT/   (409)

"El cortejo de los aduladores." <u>Bohemia</u>, abr. 13, 1952,
    pp. 58 y 79. /POL/   (410)

"Las cosas claras." G, <u>DiaMar</u>, abr. 18, 1948, p.36. /POL/
                                                            (411)

"Las cosas en su punto." G, <u>DiaMar</u>, marzo 30, 1950, p.4
    /Contestación a César García Pons/ /LIT/   (412)

"Las cosas y los hombres." G, DiaMar, tarde, sept. 25, 1923,
    p. /1/ /COS/
                                                            (413)

"Crimen de época." G, DiaMar, oct. 2, 1946, p.4. /Sobre el
    Juicio de Nürenberg/ /POL/
                                                            (414)

"El crimen y el uniforme." R, DiaMar, dic. 5, 1953, p.4.
    /PER/
                                                            (415)

"Los crímenes y la prehistoria." G, DiaMar, enero 16, 1949,
    p. 36. /CUL/
                                                            (416)

"La crisis de la alta cultura en Cuba." Revista bimestre
    cubana, XX, 1925, pp. 129-163. /CUL/
                                                            (417)

"La crisis de la alta cultura en Cuba." Habana. Universi-
    dad de la Habana. Crítica y reforma universitaria.
    /Habana/, 1959, pp. 153-178. /CUL/
                                                            (418)

"Crisis de la ilusión." RevAvance, IV, no. 40, nov. 15,
    1929, pp. 321-325, 348. /CUL/
                                                            (419)

"Crisis de líderes." La Actualidad, DiaMar, marzo 14, 1953,
    p. 1 y 13. /POL/
                                                            (420)

"La crisis de los reyes." R, DiaMar, enero 6, 1951, p.4.
    /COS/
                                                            (421)

"La crisis del diálogo." Boh, mayo 15, 1960, pp. 45 y 96.
    /POL/
                                                            (422)

"La crisis del mundo antiguo." R, DiaMar, dic. 4, 1954,
    p. 4-A. /Sobre San Agustín/ /FIL/
                                                            (423)

"La crisis del racionalismo." G.V., DiaMar, enero 21,
    1946, p.4. /VIA/
                                                            (424)

_____ II. G,V., DiaMar, enero 30, 1946, p.4. /VIA/ (425)

"Criterio 'político' y criterio histórico." G, DiaMar,
    mayo 9, 1948, p.36./POL/
                                                            (426)

"Crítica de: El convidado de papel, de Benjamín Jarnés."
    RevAvance, IV, no. 31, feb. 15, 1929, pp. 58-59. /LIT/
                                                            (427)

"Crítica y criticados." G.T., DiaMar, tarde, dic. 27, 1922,
    p. /1/ /ART/
                                                            (428)

"La Cruz Roja y otras cruces." G, DiaMar, abr. 22, 1949,
    p. 4. /COS/
                                                            (429)

"La cruzada nueva." G, DiaMar, marzo 13, 1946, p.4. /CUL/
                                                            (430)

"El cuadro francés." G.V., _DiaMar_, enero 23, 1946, p.4.
/Sobre Charles de Gaulle/ /VIA/   (431)

"Un cuarto a espadas." G.T., _DiaMar_, tarde, dic. 20, 1922,
p./1/ /CUL/   (432)

"Las cuatro pascuas." _El Fígaro_, a. XL, no. 26, dic. 1923,
p. 462. /CUL/   (433)

"Cuba en París." G.V., _DiaMar_, enero 13, 1946, p.4. /Visita
la Casa de Cuba en París, construída por el cubano Pierre
Abreu/ /VIA/   (434)

"Cuba y el esfuerzo de guerra." _Revista de la Habana_, mayo
1944, pp. 214-217. /POL/   (435)

"Una cubana en París." G.V., _DiaMar_, feb. 8, 1946, p.4.
/VIA/   (436)

"Un cubano destacado elogia al prócer de toda América."
Life, en español, Nueva York?, I, no. 1, enero 5, 1953,
pp. 86-87, retrato /MAR/   (437)

"El cubano y su ambiente." _Boh_, feb. 12, 1956, pp. 38 y
112. /POL/   (438)

"El cuento y Antonio Barreras." _DiaMar_, abr. 15, 1953,
p. 4. /LIT/   (439)

"Cuestión de civilidad." R, _DiaMar_, agosto 29, 1954, p.
4-D. /POL/   (440)

"La cuestión que hará época." _Boh_, abr. 1, 1951, p. 43, 87.
/POL/   (441)

"El cuidador de ideas." R, _DiaMar_, marzo 25, 1953, p.4.
/Sobre Joaquín García Monge, en los 33 años de _Reper-
torio Americano_/ /PER/   (442)

"El culto de lo feo." G.T., _DiaMar_, mañana, 2a. sec., oct.
22, 1922, p. /17/ /ART/   (443)

"Cumplir y exigir." A.M., _DiaMar_, abr. 28, 1959, p.4-A.
/POL/   (444)

"Cura de campo." G, _DiaMar_, sept. 5, 1947, p.4. /VIA/
                                                          (445)

"Una cura de filosofía." G, _DiaMar_, jun. 12, 1945, p.4.
/FIL/   (446)

"Cura de sal y vinagre." _Boh_, agosto 3, 1952, pp. 58 y 91.
/POL/   (447)

"Cura del Idioma." G, DiaMar, abr. 24, 1946, p.4. /CUL/
(448)

"La cura que quisimos." Boh, agosto 30, 1959, p. 49.
/POL/
(449)

"La curiosa curiosidad." G, DiaMar, mañana, mayo 19, 1924,
p.24. /Correspondencia con Isaac Goldberg/ /LIT/(450)

CH

"Chacón y Calvo y su intuición en España." <u>DiaMar</u>, marzo 4,
    1945, p. 4. /LIT/   (451)

"Chantilly." G.T., <u>DiaMar</u>, mañana, 2a. sec. nov. 1, 1922,
    p./13/ <u>Glosas</u>, pp. 29-33. /VIA/   (452)

"Chateau Thierry." G.T., <u>DiaMar</u>, mañana, 2a. sec., oct. 24,
    1922, p. /13/ <u>Glosas</u>, pp. 35-40. /VIA/   (453)

"Chibás en su castillo." <u>Boh</u>, mayo 15, 1949, pp. 48-49, 82.
    /POL/   (454)

"Chibás y el empréstito." <u>Boh</u>, feb. 18, 1951, pp. 40 y 89.
    /POL/   (455)

D

"'Dama de corazones', de Xavier Villaurrutia." RevAvance,
III, no. 28, nov. 15, 1928, p. 331. /LIT/   (456)

"Dando y dando." G, DiaMar, marzo 31, 1946, p.4. /POL/
(457)

"Danza y mudanza." G.T., DiaMar, tarde, dic. 21, 1922, p./1/
/COS/   (458)

"De arte viejo y nuevo." G, DiaMar, jun. 7, 1946, p.4.
/ART/   (459)

"De Byrnes a Marshall." G, DiaMar, enero 10, 1947, p.4.
/POL/   (460)

"De Cantero a... Sánchez Felipe." G, DiaMar, tarde, dic.
27, 1923, p./1/ /ART/   (461)

"De cómo juzgar la opinión ajena." R, DiaMar, marzo 12,
1954, p. 4. /CUL/   (462)

"De cómo se debe votar." Boh, mayo 28, 1950, pp. 59 y 98.
/POL/   (463)

"De cómo vivir en revolución." Boh, mayo 29, 1960, pp.
61 y 81. /POL/   (464)

"De Chesterton y su 'San Francisco de Asís'." G, DiaMar,
mañana, dic. 1, 1925, p. 18. /LIT/   (465)

"De filosofía y humildad." G, DiaMar, sept. 18, 1946,
p.4. /Contestación a Rafael García Bárcena en relación
con María Zambrano/ /LIT/   (466)

"De glosas." G, DiaMar, abr. 28, 1923, p. /1/ /LIT/(467)

"De la actitud gubernamental." G, DiaMar, tarde, feb. 22,
1923, p. /1/ /CUL/   (468)

"De la actualidad poética." G, DiaMar, tarde, feb. 1, 1923,
p. /1/ /Sobre Lizaso y Fernández de Castro/ /LIT/
(469)

"De la andanza neoyorquina." G, DiaMar, tarde, oct. 23,
1924, p./1/ /VIA/   (470)

"De la andanza trinitaria." G, DiaMar, tarde, nov. 8, 1923,
p. /1/ Glosas, pp. 141-145. /Sobre Trinidad/ /VIA/
(471)

"De la casa hidalga." G, DiaMar, tarde, marzo 19, 1925,
p. 1. /Sobre la casa de A. Iraizóz/ /ART/   (472)

"De la cordialidad en el gremio." R, <u>DiaMar</u>, marzo 17, 1955,
   p. 4-A. /PER/   (473)

"De la dicha economía." G, <u>DiaMar</u>, tarde, jun. 23, 1923, p.1.
   /ART/   (474)

"De la elegancia y de la indignación." G, <u>DiaMar</u>, mayo 10,
   1923, p. /1/ /LIT/   (475)

"De la exposición Sabater." I G, <u>DiaMar</u>, tarde, agosto 22,
   1923, p. /1/ /ART/   (476)

      _____ II G, <u>DiaMar</u>, tarde, agosto 23, 1923, p./1/ /ART/
                                                (477)

"De la gran ciudad." G, <u>DiaMar</u>, marzo 1, 1923, p./1/ <u>Glosas</u>,
   pp. 41-46. /Sobre New York/ /VIA/   (478)

"De la grosería en la pantalla." G, <u>DiaMar</u>, jun. 18, 1948,
   p. 4. /COS/   (479/

"De la hospitalidad." G, <u>DiaMar</u>, tarde, mayo 22, 1923, p./1/
   /COS/   (480)

"De la inadvertida primavera." G, <u>DiaMar</u>, tarde, abr. 10,
   1923, p./1/ <u>Glosas</u>, pp. 231-235. /CUL/   (481)

"De la justicia posible." G, <u>DiaMar</u>, mayo 13, 1945, p.4.
   /POL/   (482)

"De la lluvia." G, <u>DiaMar</u>, tarde, mayo 5, 1923, p./1/
   /COS/   (483)

"De la múltiple actualidad." G, <u>DiaMar</u>, dic. 17, 1948, p.4.
   /Sobre Ernesto Navarro/ /ART/   (484)

"De la oratoria y los géneros." G.M., DiaMar, tarde,
   jun.10, 1924, p./1/ /Sobre un discurso de Mario García
   Kohly loando a Benevente/ /LIT/   (485)

"De la poesía y su decadencia." II E.B., <u>DiaMar</u>, feb. 2,
   1926, p. 16. /Conclusión de "Reflexiones sobre poesía
   y su decadencia."/ /LIT/   (486)

"De la polémica inútil." G, <u>DiaMar</u>, agosto 2, 1946, p.4.
   /Sobre Juan Marinello/ /POL/   (487)

"De la prensa y del coloquio." G, <u>DiaMar</u>, tarde, abr. 19,
   1923, p./1/ /PER/   (488)

"De la rapacidad política." G, <u>DiaMar</u>, marzo 9, 1948, p.4.
   /POL/   (489)

"De la 'Reacción' española." G, DiaMar, tarde, sept. 19,
1923, p. /1/ /POL/
(490)

"De la sanción excesiva." R, DiaMar, abr. 23, 1959, p.4-A.
/Sobre Otto Meruelo/ /POL/
(491)

"De la tierra roja." G.T., DiaMar, mañana, 2a. sec. nov.
12, 1922, p. /15/ Glosas, pp. 59-62. /VIA/   (492)

"De la varia actualidad, I: La conciencia, la inundación y
la sed." Boh, marzo 6, 1949, pp. 45 y 71. /POL/(493)

_____ II: Si los jueces nos fallan..." Boh, marzo 20,
1949, p. 58 y 89. /POL/
(494)

"De la varia ingenuidad." G, DiaMar, tarde, feb. 23, 1923,
p. /1/ /COS/
(495)

"De la Villa. Las tiendas de frutas." G, DiaMar, tarde,
feb. 26, 1924, p. 1. /COS/
(496)

"De las Estampas de San Critóbal. El Vedado." El Fígaro,
a. XLIV, no. 2, feb. 6, 1927, p. 11. /COS/   (497)

"De lo auténtico en poesía." R, DiaMar, jun. 23, 1959,
p. 4-A. /LIT/
(498)

"De lo intelectual y de los intelectuales." G, DiaMar,
tarde, enero 17, 1925, p. 1. /CUL/
(499)

"De lo permanente en nuestro estilo." Asomante, San Juan
P.R., I, no. 2, 1945, pp. 16-21. /LIT/   (500)

"De lo que ahora se trata." Boh, jun. 5, 1955, pp. 59.
/POL/
(501)

"De lo que pudimos ser." G, DiaMar, abr. 16, 1947, p. 4.
/Continúa coloquio con del Riego/ /PER/   (502)

"De los libreros." G, DiaMar, tarde, abr. 25, 1923, p. /1/
/CUL/
(503)

"De los tranvías y del 'esprit' madrileño." G.T., DiaMar,
mañana, 2a. sec. oct. 18, 1922, p. /13/ /VIA/ (504)

"De Matanzas." G, DiaMar, tarde, abr. 4, 1923, p. /1/
Glosario, pp. 77-82.
(505)

"De mínima, o las guaguas." G. DiaMar, nov. 15, 1946, p.4.
/POL/
(506)

"De nada, señora..." G.T., DiaMar, mañana, 2a. sec. nov. 6
1922, p. /11/ /COS/
(507)

"De nuestro querer filosófico." G, DiaMar, nov. 14, 1948,
    p. 36. /Palabras en la Sociedad Cubana de Filosofía/
                                                            (508)

"De re escolar." R, DiaMar, oct. 20, 1954, p. 4-A. /CUL/
                                                            (509)

"De si somos o no, nación." G, DiaMar, abr. 19, 1945, p. 4.
/PCL/   (510)

"De una carta hispano-americana." G, DiaMar, feb. 28, 1923,
    p. /1/ /POL/   (511)

"Debate del empréstito." G, DiaMar, nov. 4, 1949, p. 4.
/POL/   (512)

"Debe la educación comenzar en el hogar, afirmó Jorge Mañach.
    DiaMar, agosto 19, 1953, p. 1. /CUL/   (513)

"La decadencia del pudor." Boh, enero 7, 1951, p. 49./COS/
                                                            (514)

"El decenario de Social." Social, XI, feb. 1926, p. 9./PER/
                                                            (515)

"Las declaraciones de Bernard Shaw." G, DiaMar, marzo 12,
    1949, p. 4. /POL/   (516)

"Decomiso de libros y cuarentena de ideas." Boh, enero 30,
    1955, pp. 59 y 73. /POL/   (517)

"El decoro del hablar." G, DiaMar, abr. 23, 1947, p. 4.
/CUL/   (518)

"Un dechado de mujer." R, DiaMar, feb. 9, 1951, p. 4.
/Sobre Ana María Menocal/   (519)

"Defensa de la Universidad." R, DiaMar, feb. 11, 1953, p.4.
/CUL/   (520)

"Defensa de Occidente." G, DiaMar, marzo 7, 1947, p. 4.
/POL/   (521)

"Defensa de un juicio." R, DiaMar, jun. 14, 1952, p. 4.
/FIL/   (522)

"Defensa de un manifiesto." R, DiaMar, abr. 16, 1955, p.4-A.
    /Sobre Movimiento de la Nación/ /POL/   (523)

"La deforestación y la sequía." R, DiaMar, mayo 14, 1955,
    p. 4-A. /CUL/   (524)

"Defraudación del Día de Reyes." R, DiaMar, enero 8, 1954,
    p. 4, /CUL/   (525)

"Degeneración de la violencia." G, <u>DiaMar</u>, abr. 14, 1946,
    p. 4. /POL/
                                         (526)

"¡Déjennos en paz! (Oración por el viernes de dolor)."
    <u>Boh</u>, marzo 13, 1960, p. 51. /Sobre la explosión del
    "La Coubre"/ /POL/
                                         (527)

"Del arte moderno y su óptica." Jiménez, Max, ed. <u>Max
    Jiménez</u>. La Habana: Seoane, Fernández, 1944, pp. 3-48.
    /ART/
                                         (528)

"Del buen librero." G, <u>DiaMar</u>, tarde, abr. 26, 1923, p./1/
    /CUL/
                                         (529)

"Del carnaval." G, <u>DiaMar</u>, tarde, feb. 17, 1923, p./1/
    /COS/
                                         (530)

"Del carnaval. G, <u>DiaMar</u>, tarde, marzo 4, 1924, p./1/
    /COS/
                                         (531)

"Del catalanismo." G, <u>DiaMar</u>, tarde, jul. 26, 1923, p./1/
    /LIT/
                                         (532)

"Del claroscuro poético." R, <u>DiaMar</u>, abr. 23, 1954, p.4.
    /LIT/
                                         (533)

"Del Club Universitario." G, <u>DiaMar</u>, jul. 7, 1923, p./1/
    /CUL/
                                         (534)

"Del confusionismo político." G, <u>DiaMar</u>, jul. 7, 1946,
    p. 35. /POL/
                                         (535)

"Del cubanismo en el teatro." I G, <u>DiaMar</u>, tarde, mar. 8,
    1923, p. /1/ /LIT/
                                         (536)

"Del cuerpo y fin social." G, <u>DiaMar</u>, jun. 19, 1946, p.4.
    /COS/
                                         (537)

"Del derecho a protestar." G, <u>DiaMar</u>, oct. 7, 1949, p.4.
    /POL/
                                         (538)

"Del discutir." G.T., <u>DiaMar</u>, mañana, dic. 6, 1922, p.
    /12/ /COS/
                                         (539)

"Del divorcio y otras cosas." G, <u>DiaMar</u>, jul. 21, 1946,
    p. 35. /COS/
                                         (540)

"Del esfuerzo estético." G, <u>DiaMar</u>, tarde, marzo 31, 1923,
    p./1/ /Sobre Pablo Casals/ /ART/
                                         (541)

"Del esfuerzo estético." G, <u>DiaMar</u>, tarde, jun. 8, 1924,
    p./1/ /Sobre Miguel Angel Santana/ /ART/   (542)

"Del fallo y de la falibilidad." G, DiaMar, tarde, enero
    22, 1924, p./1/ /ART/   (543)

"Del hablar en el cine." R, DiaMar, marzo 15, 1953, p.54.
    /CUL/   (544)

"Del guajirismo: exordio." G, DiaMar, tarde, agosto 28, 1923,
    p. /1/ /LIT/   (545)

"Del heroísmo del tren." G, DiaMar, agosto 5, 1945, p.1.
    /VIA/   (546)

"Del indumento." G, DiaMar, tarde, marzo 13, 1923, p./1/
    /COS/   (547)

"Del intelectual y sus alimentos." R, DiaMar, agosto 7,
    1959, p. 4-A. /CUL/   (548)

"Del lado de la libertad: consideraciones de un moderador."
    Boh, jun. 7, 1953, pp. /60/-61, 88. /Dr. Pelayo Cuervo
    Navarro, "Ante la Prensa"/ /POL/   (549)

"Del modo de recordar a Martí." G, DiaMar, enero 28, 1948,
    p.4. /MAR/   (550)

_____ Orto, Manzanillo, Cuba, enero/feb. 1948. /MAR/
                                                           (551)

"Del mundo ancho y ameno." G, DiaMar, sept. 8, 1948, p.4.
    /Sobre Sara Hernández Catá/ /VIA/   (552)

"Del niño prodigio." G, DiaMar, tarde, jun. 21, 1923,
    p./1/ /ART/   (553)

"Del ponche de leche intelectual." G, DiaMar, tarde, jun.
    28, 1923, p.1. /COS/   (554)

"Del prelado amable." G, DiaMar, tarde, oct. 30, 1923,
    p. /1/ /Monseñor Guerra, arzobispo de Santiago de Cuba/
    /CUL/   (555)

"Del pudor y del mito." G, DiaMar, tarde, jun. 30, 1923,
    p./1/ /COS/   (556)

"Del quorum y otras cosas." G, DiaMar, mayo 9, 1946, p.4.
    /POL/   (557)

"Del traspatio." G, DiaMar, tarde, jul. 21, 1923, p./1/
    /VIA/   (558)

"Demagogia... Demofilia." G, DiaMar, jul. 22, 1945, p.4.
    /COS/   (559)

"Demanda y precio de los libros." G, <u>DiaMar</u>, mayo 6, 1949,
  p.4. /CUL/   (560)

"Los demás valores humoristas." II G, <u>DiaMar</u>, tarde, dic. 1,
  1923, p./1/ /I: "El Salón de humoristas." 1923/ /ART/
                                                                 (561)
"Democracia del libro." G, <u>DiaMar</u>, abr. 12, 1946, p.4. /CUL/
                                                                 (562)
"Democracia y dictadura." R, <u>DiaMar</u>, enero 17, 1954, p.40.
  /POL/   (563)

"La democracia y Venezuela." G, <u>DiaMar</u>, dic. 3, 1948, p.4.
  /POL/   (564)

"Un demócrata de verdad." R, <u>DiaMar</u>, dic. 19, 1953, p.4.
  /POL/   (565)

"Demos Kratos." G.T., <u>DiaMar</u>, mañana, 2a. sec., oct. 20,
  1922, p. /13/ <u>Glosas,</u> pp. 263-267. /COS/   (566)

"Deporte y cultura en el Lyceum." R, <u>DiaMar</u>, marzo 10,
  1954, p.4. /CUL/   (567)

"El derecho a la difamación." R, <u>DiaMar</u>, oct. 27, 1953,
  p.4. /CUL/   (568)

"Derecho y violación del hombre." R, <u>DiaMar</u>, dic. 11, 1953,
  p.4. /CUL/   (569)

"La derivación del amor." R, <u>DiaMar</u>, abr. 8, 1951, p.48.
  /MAR/   (570)

"El desacuerdo nacional." G, <u>DiaMar</u>, marzo 3, 1948, p.4.
  /POL/   (571)

"El desconcierto del mundo." <u>Boh</u>, enero 21, 1951, p. 51.
  /CUL/   (572)

"El descubrimiento de Cuba." R, <u>DiaMar</u>, sept. 24, 1959,
  p.4-A. /VIA/   (573)

"El desdoblamiento en Martí." R, <u>DiaMar</u>, marzo 18, 1951,
  p.50. /MAR/   (574)

"Desequilibrio de autoridad y libertad." <u>Boh</u>, sept. 29,
  1946, pp. 35 y 54. /POL/   (575)

"Desesperación de los pueblos." G, <u>DiaMar</u>, mayo 23, 1947,
  p. 4. /POL/   (576)

"Despedida." A.M., <u>DiaMar</u>, feb. 29, 1956, p. 4. /Leandro
  García/ /SEM/   (577)

"Despedida a don Angel Solano García." G, DiaMar, marzo 3,
    1950, p.4. /SEM/   (578)

"Despedida a los letrados americanos." Boh, abr. 24, 1949,
    pp. 53 y 90. /Del IV Congreso Internacional de Litera-
    tura Iberoamericana/ /LIT/   (579)

"Despedida a Mr. /Jacob/ Carter." R, DiaMar, jul. 23, 1954,
    p. 4-A. /POL/   (580)

"Despedida de María Zambrano." G, DiaMar, sept. 6, 1946,
    p.4. /LIT/   (581)

"Despensa y defensa." G, DiaMar, marzo 29, 1946, p.4. /POL/
                                                               (582)

"Después de las llamadas 'Elecciones'" Boh, nov. 21, 1954,
    pp. 50 y 92. /POL/   (583)

"Después de ver 'El organillo'." G, DiaMar, tarde, enero 3,
    1924, p./1/ /Carta de Manuel Aznar/ /ART/   (584)

"El destierro de Unamuno." El Fígaro, a. XLI, no. 5, feb.
    1924, pp. 102-C-104. /LIT/   (585)

"Destino como vocación." R, DiaMar, enero 22, 1954, p.4.
    /Continuación de "Pittaluga:Obra para Cuba". Continúa
    en "Extroversión de Cuba/ /CUL/   (586)

"El destino de la Revolución." Boh, jun. 17, 1945. /POL/
                                                               (587)

_____ II   (588)

       III: Cabos sueltos." Boh, jun. 17, 1945, pp. 19 y 47.
_____ /POL/   (589)

       IV: El tamaño de nuestra esperanza." Boh, jul. 8,
_____ 1945, pp. 24, 42-43. /POL/   (590)

"El destino y el barbero." G, DiaMar, marzo 16, 1949, p.4.
    /LIT/   (591)

"Dewey y el espíritu americano." R, DiaMar, jul. 12, 1952,
    p.4. /FIL/   (592)

"El Día de dar Gracias." Boh, sept. 16?, 1951 /CUL/ (593)

"El día de España o la España al día." G, DiaMar, tarde
    mayo 8, 1923, p./1/ /Propone crear "El día de Cervantes"/
    /LIT/   (594)

"Día de los enamorados." A.M., <u>DiaMar</u>, feb. 16, 1956, p.4-A.
   /COS/
                                                         (595)

"Un día en el quartier." G.V., <u>DiaMar</u>, feb. 3, 1946, p.4.
   /VIA/
                                                         (596)

"Lo diáfano del envase." G.T., <u>DiaMar</u>., tarde, dic. 15,
   1922, p. /1/ <u>Glosas</u>, pp. 269-272. /La franqueza de
   lós cubanos/ /COS/
                                                           (597)

"Diálogo con Navarro Luna sobre las cenas martianas." <u>Boh</u>,
   marzo 16, 1947, pp. 27, 57-58. /Polémica con Emilio
   Roig de Leuchsenring/ /MAR/
                                                           (598)

"Diálogo de las definiciones. (Con motivo del homenaje
   nacional a Rómulo Gallegos)." <u>Boh</u>, oct. 26, 1948, pp.
   50 y 82. /LIT/
                                                           (599)

"Diálogo de lo inmediato y lo histórico." R, <u>DiaMar</u>, jun.
   11, 1959, p. 4-A. /POL/
                                                           (600)

"Diálogo de Reyes." R, <u>DiaMar</u>, enero 6, 1952, p. 34. /COS/
                                                           (601)

"Diálogo del cinismo y la iracundia." G, <u>DiaMar</u>, jun. 10,
   1949, p. 4. /POL/
                                                           (602)

"Diálogo del redentorismo." G, <u>DiaMar</u>, dic. 31, 1949, p.4.
   /CUL/
                                                           (603)

"Diálogo inverosímil." G, <u>DiaMar</u>, jun. 4, 1947, p.4. Ho-
   menage del P.E.N. CLUB a Miguel de Marcos y Eugenio
   Florit/ /LIT/
                                                           (604)

"El 'Diario' y los jóvenes." R, <u>DiaMar</u>, marzo 6, 1955,
   p. 4-D. /PER/
                                                           (605)

"Los días de mayo." G, <u>DiaMar</u>, mayo 20, 1945, p.4. /MAR/
                                                           (606)

"Dicciones y contradicciones." R, <u>DiaMar</u>, marzo 27, 1956,
   p. 4-A. /Contestación a Miguel F. Márquez de la Cerra/
   /LIT/
                                                           (607)

"Dien Bien Phu." R, <u>DiaMar</u>, mayo 7, 1954, p. 4. /POL/
                                                           (608)

"El Diez de Octubre que vendrá algún día." <u>Boh</u>, oct. 10,
   1954, pp. 59 y 81. /POL/
                                                           (609)

"Diez minutos de charla con el Cardenal Benlloch. Veinte
   con su secretario." <u>DiaMar</u>, mañana, dic. 14, 1923,
   p.1. /CUL/
                                                           (610)

"Las dificultades de la verdad." G, DiaMar, nov. 13, 1949,
     p. 34. /COS/   (611)

"La dignidad en la paz." G, DiaMar, enero 25, 1947, p.4.
     /Palabras en el homenaje de la Asociación Cubana de las
     Naciones Unidas a Trijgve Lee y a Benjamín Cohen/ /POL/
                                                                     (612)

"Dilema y tarea de la oposición." Boh, jul. 6, 1952, pp.
     59 y 98. /POL/   (613)

"Un diplomático haitiano en Cuba." R, DiaMar, dic. 20,
     1953, p.50. /POL/   (614)

"'Diplomáticos' y diplomático." G, DiaMar, enero 17, 1947,
     p.4. /Sobre Guillermo de Blanck/ /POL/   (615)

"Las direcciones del pensamiento de Martí." Academia Cu-
     bana de la Lengua, La Habana. Boletín, III, jul.-dic.,
     1954, pp. 124-141 y 168-185. /MAR/   (616)

_____ Academia Cubana de la Lengua, La Habana. Ciclo
     de conferencias en el centenario de José Martí. /Sus
     Publicaciones) La Habana: /P. Fernández/, 1955, 191 p.
     /MAR/   (617)

"Discurso." Academia de la Historia de Cuba, La Habana.
     Homenaje a los académicos de honor: Dr. Tomás de Jústiz
     y del Valle, Dr. Juan Miguel Dihigo y Mestre, y Sr.
     Carlos M. Trelles y Govín; discursos leídos, en su elo-
     gio, por los académicos de número doctores José Manuel
     Pérez Cabrera, Jorge Mañach y Robato, José María Chacón
     y Calvo, en la sesión solemne celebrada el día 18 de
     abril de 1950. Palabras de apertura por el Dr. Eme-
     terio S. Santovenia y Echaide. La Habana: Impr. "El
     Siglo XX," 1950, 36 h. /CUL/   (618)

"/Discurso/" Chacón y Calvo, José María. Sesión en homena-
     je a Alfonso Reyes, por José María Chacón y Calvo, Félix
     Lizaso /y/ Jorge Mañach. (Publicaciones de la Academia
     Cubana de la Lengua correspondiente de la Real Española)
     /Habana/ 1960. 34 p. /Del Boletín de la Academia Cu-
     bana de la Lengua, IX, nos. 1-4, enero-dic. 1960, pp.
     34-47/ /LIT/   (619)

"Discurso." Martínez Sáenz, Joaquín. Homenaje en memoria
     de José Martí y Zayas Bazán, celebrado en sesión públi-
     ca el día 28 de mayo de 1953. Palabras iniciadoras
     por el Dr. Emeterio S. Santovenia. Discursos por los
     Drs. Joaquín Martínez Sáenz /y/ Jorge Mañach y Robato.
     Habana: Impr. "El Siglo XX", 1953. 49p. /A la cabeza
     del título: Academia de la Historia de Cuba/ /MAR/   (620)

"Discurso a nombre del Retiro de Periodistas." El sesqui-
    centenario del "Papel Periódico" de la Habana, ed.
    Emilio Roig. La Habana, 1941, pp. 35-42. /PER/(621)

"Discurso de apertura de la Asamblea Constituyente." Dia
    Mar, feb. 10, 1940, p. 12. /POL/   (622)

"El discurso de Columbia." Boh, jul. 20, 1952, pp. 62-63
    y 85. /POL/   (623)

"Discurso de la escalinata, I." Boh, jun. 1, 1952, pp.
    52-53 y 76. /POL/   (624)

_____ II: El golpe del 10 de Marzo." Boh, jun. 8, 1952,
    pp. 52-53 y Sup. 16. /POL/   (625)

_____ III: Las soluciones." Boh, jun. 15, 1952, pp. 64-
    65 y 69. /POL/   (626)

"Discurso de la víspera martiana." Boh, feb. 10, 1952,
    pp. 47, 83-85. /Discurso en el Mitin del Partido
    del Pueblo Cubano, el 27 de enero de 1952/ /MAR/
                                                          (627)

"Discurso del Premio /Jose I./ Rivero." Boh, jul. 5, 1953,
    pp. 79, 88-89. /Por su artículo en Bohemia sobre Félix
    Varela/ /PER/   (628)

"Discurso del 27 de noviembre. II: La Universidad y los
    estudiantes." Boh, dic. 9, 1951, pp. 64 y 96. /CUL/
                                                          (629)

"Discurso en elogio de /Cosme de la/ Torriente. I: El
    mambí." Boh, jul. 15, 1956, pp. 39 y 88. /En el
    Liceo de Guanabacoa/ /SEM/   (630)

"Divagaciones sobre el 'mofle'" G, DiaMar, oct. 14, 1949,
    p. 4. /COS/   (631)

"Doblez y duplicidad." G.T., DiaMar, mañana, 2a. sec. nov.
    20, 1922, p./11/ /COS/   (632)

"El doctor /Gustavo/ Pittaluga para Director de la Unesco."
    La Actualidad, DiaMar, marzo 21, 1953, p.1. /CUL/
                                                          (633)

"El Dr. /Gustavo/ Pittaluga y las mujeres." R, DiaMar,
    enero 21, 1951, p. 44. /Premiado por Diálogo sobre el
    distino/ /CUL/   (634)

"El Dr. Juan Miguel Dihigo y Mestre." Academia de la His-
    toria de Cuba, La Habana. Discurso. Habana, 1951,
    pp. 19-27. /CUL/   (635)

JORGE MAÑACH

"El doctor /Raimundo/ Lazo y las generaciones." R, DiaMar,
    feb. 19, 1954, p.4. /LIT/ (636)

"Domingo." A.M., DiaMar, marzo 4, 1956, p. 10-D. /COS/ (637)

"Domingo de Ramos." A.M., DiaMar, marzo 25, 1956, p.4-A. (638)
    /COS/

"Don Carlos, o el candor sabio." G, DiaMar, feb. 23, 1950,
    p.4. /Sobre Carlos de la Torre/ /SEM/ (639)

"Don Fed. cumple cien años." G, DiaMar, sept. 15, 1948, p.4.
    /Sobre Don Federico Henríquez y Carvajal/ /SEM/ (640)

"Don Fernando /de los Ríos/." G, DiaMar, jun. 3, 1949, p.4. (641)
    /SEM/

"Don Fernando: una desviación literaria. R.H.M., año II,
    enero 1936, pp. 97-101. /Sobre la novela de Somerset
    Maugham: "Don Fernando or Variations on Some Spanish
    Themes/ /LIT/ (642)

"Don Getulio /Vargas/" G.V., DiaMar, nov. 7, 1945, p.4. (643)
    /VIA/

"Don Juan /Sanchís Yago/ y lo impecable." G, DiaMar, tarde
    enero 21, 1925, p.1. /ART/ (644)

"Don Secundino Baños." G, DiaMar, sept. 3, 1947, p.4. /SEM/ (645)

"Doña Bárbara." El País, jun. 27, 1929, p.1. /LIT/ (646)

"Doña Bárbara, por Rómulo Gallegos." RevAvance, IV, no.37,
    agosto 15, 1929, p. 245. /LIT/ (647)

"Doña Margarita de Alcahli." G, DiaMar, tarde, abr. 18,
    1925, p.1. /Escritora valenciana/ /LIT/ (648)

"Los dos ambientes." G.T., DiaMar, mañana, 2a. sec., oct.
    27, 1922, p./13/ /ART/ (649)

"Dos americanos." R, DiaMar, dic. 13, 1959, p. 4-A. /Ne-
    crología de Ventura García Calderón y Felipe Sassone.
    Ultima colaboración del Dr. Mañach en el Diario de la
    Marina/ /SEM/ (650)

"Dos aniversarios." R, DiaMar, jun. 18, 1959, p.4-A. /Del
    Partido ABC y de De Gaulle/ /POL/ (651)

"Dos cartas de Italia y una apostilla cubana." Boh, jul. 18,
    1954, pp. 76 y 77. /Carta de Alba de Céspedes/ /CUL/ (652)

"Dos cartas del exilio." Boh, oct. 4, 1959, pp. 69 y 87.
/Cartas a: 1) Laureano Price Ramos, Juan Cuéllar y
Miguel Acosta; 2) Sr. Salvador Díaz Versón/ /POL/
(653)

"Dos cartas importantes." G, DiaMar, nov. 30, 1949, p.4.
/Aureliano Sánchez Arango. Cosme de la Torriente/
/POL/
(654)

"Dos centenarios sagüeros. (La Iglesia /Parroquial/ y /Joa-
quín/ Albarrán)." Boh, feb. 21, 1960, pp. 46-47, 98.
/VIA/
(655)

_____ El Undoso, año 1, no. 4, feb. 1972, pp. 9-14. /VIA/
(656)

"Las dos estatuas." R, DiaMar, marzo 10, 1955, p.4. /Sobre
las estatuas de Fernando VII y la de Céspedes en la
Plaza de Armas/ /ART/
(657)

"Dos libros de mujer." G, DiaMar, tarde, enero 30, 1924,
p. /1/ / Girones del alma, de María Catasús y El Re-
licario , de Graciela Garbalosa/ /LIT/
(658)

"Dos Ministros responsables." G, DiaMar, marzo 24, 1950,
p. 4. /Sobre Alberto Blanco y Waldo Medina/ /POL/(659)

"Dos muertes en Santiago de Cuba." R, DiaMar, enero 25, 1952,
p.4. /Sobre Saulo de Tarso (seud. de Pedro Duany y Méndez)
y Alfonso Menecier/ /SEM/
(660)

"Dos notas de la Colina Académica. Henríquez y Carvajal y
Américo Lugo. El Rector y la extensión universitaria."
G, DiaMar, mayo 11, 1949, p.4. /CUL/
(661)

"Dos planos de fines y medios." R, DiaMar, marzo 2, 1956,
p. 4-A. /CUL/
(662)

"Dos retirados del mundo." G, DiaMar, jun. 17, 1949, p.4.
/Sor Petra Vega y Pastor González/ /SEM/
(663)

"La dotación natural e histórica." R, DiaMar, enero 27,
1954, p.4. /Final de "Pittaluga: Obra para Cuba"/ /CUL/
(664)

"Un drama americano." Boh, jul. 11, 1954, pp. 56-57 y 94.
/Sobre Guatemala/ /POL/
(665)

"El drama de Cuba." Cuadernos, París, no. 30, mayo/jun.
1958, pp. 63-76. /POL/
(666)

_____ Boh, enero 11, 1959, pp. 6-9 y 163. /POL/   (667)

"El drama de la Unesco." R, DiaMar, sept. 2, 1951, p.4.
/CUL/
(668)

"El drama de ser Isla." G, <u>DiaMar</u>, oct. 23, 1946, p.4.
    /POL/   (669)

"Drudis Biada, et al." G, <u>DiaMar</u>, tarde, marzo 29, 1924,
    p./1/ /ART/   (670)

"Dualidad e intereses." G, <u>DiaMar</u>, feb. 15, 1945, p.4. /POL/
                                                               (671)

"Dualidad y síntesis de Ortega." <u>Papeles de Son Armadans</u>,
    no. 13, 1957, pp. 13-32, /FIL/   (672)

"Duelo de José Antonio Ramos." <u>Boh</u>, sept. 8, 1946, p.35.
    /SEM/   (673)

            <u>Revista Cubana</u>, XXI, enero-dic. 1946, pp. 131-141.
    /SEM/   (674)

"Duelo de periodistas." R, <u>DiaMar</u>, mayo 16, 1954, p.50.
    /En la muerte de Enrique H. Moreno/ /PER/   (675)

"Duelo por D. Federico Henríquez Carvajal." R, <u>DiaMar</u>,
    feb. 7, 1952, p.4. /SEM/   (676)

"Duelo por Don Juan /Centeno/" G, <u>DiaMar</u>, sept. 16, 1949,
    p. 4. /SEM/   (677)

"Duelo por Medardo Vitier." <u>Boh</u>, marzo 27, 1960, pp. 52 y 78.
    /SEM/   (678)

"Los duelos con bolitas de pan, son menos." G.T., <u>DiaMar</u>,
    tarde, enero 4, 1923, p./1/ /COS/   (679)

"Dulce María /Loynaz/, Carmina /Benguría/, Martí." R, <u>Dia
    Mar</u>, jun. 14, 1953, p. 38. /MAR/   (680)

"Una dulce necesidad del alma." A.M., <u>DiaMar</u>, abr. 22, 1956,
    p. 4-A. /CUL/   (681)

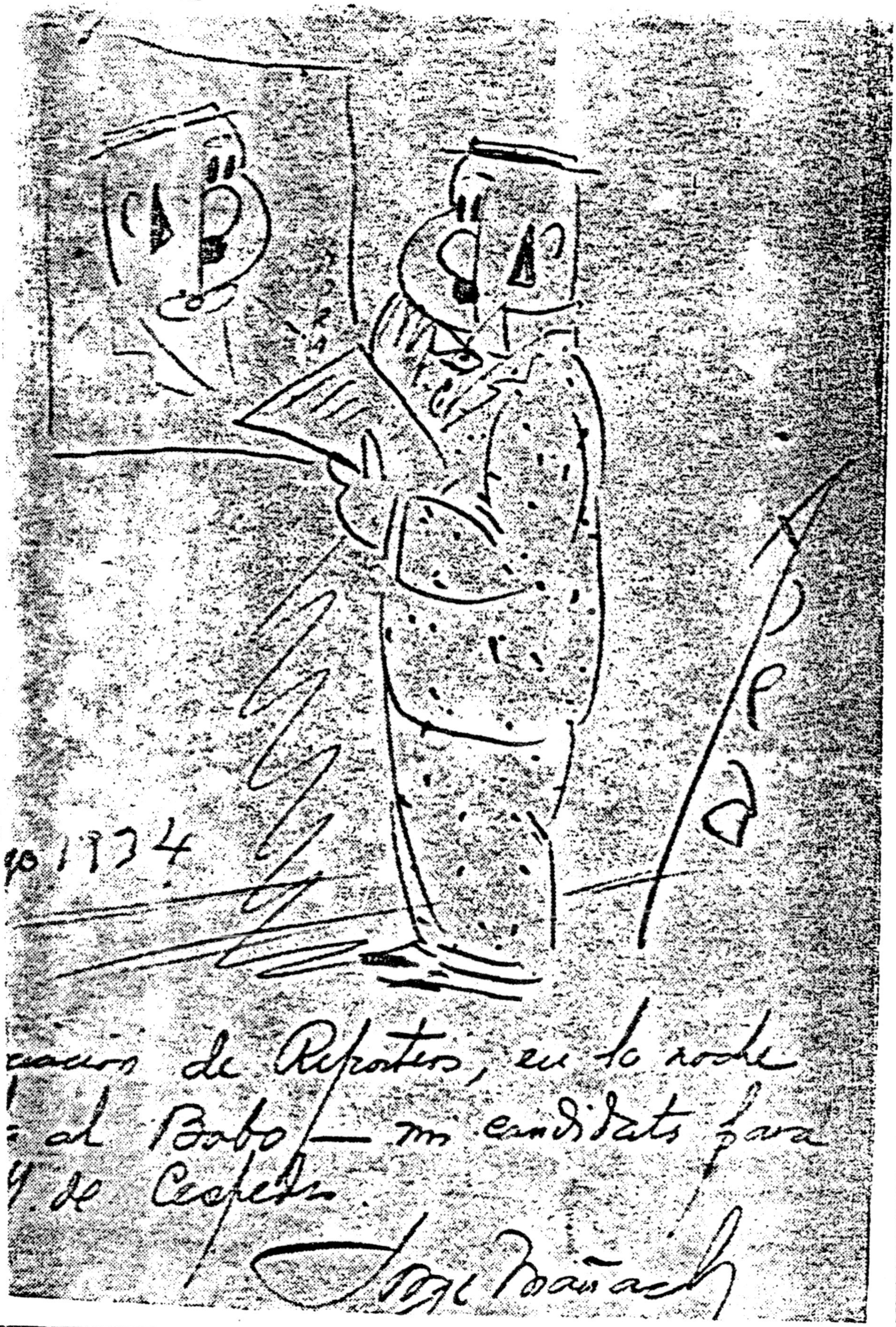
1934
de Reporters, en la noche
al Bobo — mis candidatos para
de Céspedes
Jorge Mañach

E

"E pur, si muove!" G, <u>DiaMar</u>, sept. 26, 1945, p. 4. /POL/
                                                        (681.1)
"Economía y civilización." G, <u>DiaMar</u>, sept. 2, 1945, p.4.
   /CUL/
                                                        (682)
"Economía y cultura." R, <u>DiaMar</u>, jul. 30, 1959, p.4-A.
   /POL/
                                                        (683)
"Economía y estadística." G, <u>DiaMar</u>, marzo 9, 1950, p.4.
   /CUL/
                                                        (684)
"Ecuador. Journal de voyage, por Henri Michaux." <u>RevAvance</u>,
   IV, no.41, dic. 15, 1928, p.373. /VIA/   (685)
"/Eduardo/ Abela vuelve a la infancia." R, <u>DiaMar</u>, mayo 31,
   1959, p. 4-A. /ART/
                                                        (686)
"/Eduardo/ Abril /Amores/ en Oriente." G, <u>DiaMar</u>, jun. 19,
   1945, p.4. /Sobre su libro de artículos en el <u>Diario
   de Cuba</u>/ /PER/   (687)
"/Eduardo/ Marquina: una manera de España." G, <u>DiaMar</u>,
   nov. 24, 1946, p.35. /En su muerte/ /SEM/   (688)
"Educación del sentimiento patrio." I <u>DiaMar</u>, mayo 23,
   1956, p. 4-A. /CUL/
                                                        (689)
_____ II, <u>DiaMar</u>, mayo 25, 1956, p.4-A. /CUL/   (690)

_____ III, <u>DiaMar</u>, mayo 30, 1956, p. 4-A. /CUL/   (691)

_____ IV, La enseñanza." <u>DiaMar</u>, jun. 1, 1956, p. 4-A.
   /CUL/
                                                        (692)
"Educación útil y educación utilitaria." G, <u>DiaMar</u>, jul.1
   1945, p. 4. /CUL/
                                                        (693)
"Efem mas. /Del cubanismo en el teatro/" II G, <u>DiaMar</u>,
   tarde, marzo 14, 1923, p.1. /Contesta carta de Sergio
   Acebal sobre el tema/ /LIT/   (694)
"El ejemplo de Chateaubriand." R, <u>DiaMar</u>, jul. 21, 1954,
   p. 4-A. /Francisco de Asís Chateaubriand, brasileño/
   /ART/   (695)
"El Ejército y la civilidad." G, <u>DiaMar</u>, sept. 24, 1947,
   p.4. /POL/
                                                        (696)
"Las elecciones inglesas." <u>Boh</u>, oct. 28, 1951, pp. 56-57,
   81. /POL/
                                                        (697)

"/Elías/ Entralgo y el pesimismo." G, DiaMar, mayo 3, 1947,
    p.4. /CUL/   (698)

"La elegía de sí mismo." G, DiaMar, tarde, enero 5, 1924,
    p.1. /Recital de Rogelio Sopo Barreto/ /LIT/ (699)

"Elogio de la guayabera y vejamen de la chambrita." Boh,
    jun.15, 1947, pp. 35 y 55. /COS/   (700)

"Elogio de los coches provincianos." G, DiaMar, tarde,
    oct. 18, 1923, p./1/ Glosas, pp. 93-97. /Sobre Santa
    Clara/ /VIA/   (701)

"Elogio de los locutores." G, DiaMar, marzo 27, 1949,
    p. 36. /CUL/   (702)

"Elogio del Hombre mediocre." G, DiaMar, oct. 27, 1946,
    p. 35. /Sobre el libro de José Ingenieros/ /FIL/ (703)

"Elogio y elegía del Bobo." G, DiaMar, jun. 30, 1946, p. 35.
    /ART/   (704)

"Ellos y nosotros." R, DiaMar, abr. 3, 1955, p. 4-D. /El
    Club Atenas, Habana/ /CUL/   (705)

"Embajada en España." R, DiaMar, abr. 8, 1959, p.4-A. /POL/
                        (706)

"La eminencia amada." R, DiaMar, nov. 28, 1953, p.4. /Ri-
    cardo Núñez Portuondo/ /CUL/   (707)

"Eminencias de antaño y responsabilidades de hoy." G, Dia
    Mar, sept. 4, 1946, p.4. /Sobre la 'Biblioteca de Autores
    Cubanos' bajo la dirección del Dr. Roberto Agramonte/LIT/
                        (708)

"El empresario y Ultra." G, DiaMar, tarde, mayo 9, 1923,
    p./1/ /CUL/   (709)

"Empresarios y proletarios." G, DiaMar, sept. 16, 1945,
    p.4. /COS/   (710)

"En busca de los tiempos idos." R, DiaMar, feb. 5, 1954,
    p.4. /Obras sobre los siglos XVI, XVII y XVIII en la
    historia de Cuba. Especialmente Reflexiones histórico
    físico, etc (1797) de Francisco Barrera/ /CUL/ (711)

"En defensa de nuestras piedras viejas." G, DiaMar, marzo
    17, 1946, p.4. /ART/   (712)

"En el aniversario, víspera del cincuentenario. La inte-
    gral genialidad de Martí." Crónica, a. ii, 2a. época,
    no. 8, enero/feb. 1952, p.18, ilus. /MAR/ (713)

"En el centenario de /Federico/ Schelling." R, <u>DiaMar</u>,
    nov. 25, 1954, p.4-A. /LIT/   (714)

"En el centenario de /Henri/ Bergson." Biblioteca Nacio-
    nal José Martí. <u>Revista.</u> /3a. época/, a. I, no. 1-4,
    enero-dic. 1959, <u>pp. 18-41</u>. /FIL/   (715)

"En el centenario de /Vincent/ Van Gogh." R, <u>DiaMar</u>, jun.
    10, 1953, p.4. /ART/   (716)

"En el centenario del Poverello." <u>RevAvance</u>, I, no. 7,
    jun. 15, 1927, pp. 163-165, 177. /Conferencia sobre
    San Francisco de Asís/ /CUL/   (717)

"En el 'Día del idioma'" G, <u>DiaMar</u>, abr. 23, 1948, p.4./CUL/
                                                         (718)

"En el Día del libro." G, <u>DiaMar</u>, jun. 7, 1950, p. 4.
    /Natalicio de Antonio Bachiller y Morales//CUL/ (719)

"En el homenaje a /Sergio/ Carbó." G, <u>DiaMar</u>, mar 8, 1945,
    p. 4. /Por el premio "Justo de Lara"/ /PER/   (720)

"En el tránsito de don Aquilino Entrialgo." G, <u>DiaMar</u>,
    oct. 27, 1948, p.4. /SEM/   (721)

"En el umbral del Centenario /de Martí/ R, <u>DiaMar</u>, agosto 1,
    1952, p. 4. /Inicio de una serie sobre José Martí/
    /MAR/   (722)

_____ I: ¿Qué es pensar?" R, <u>DiaMar</u>, agosto 3, 1952,
    p. 62. /MAR/   (723)

_____ II: Pensamiento y poesía." R, <u>DiaMar</u>, agosto 6,
    1952, p.4. /MAR/   (724)

_____ III: Mentalidad y doctrina." R, <u>DiaMar</u>, agosto 8,
    1952, p. 4. /MAR/   (725)

_____ IV: Filosofía, ciencia, poesía." R, <u>DiaMar</u>,
    agosto 10, 1952, p. 62. /MAR/   (726)

_____ V: Filósofos y pensadores." R, <u>DiaMar</u>, agosto 14,
    1952, p.4. /MAR/   (727)

_____ VI: El pensador en Martí." R, <u>DiaMar</u>, agosto 17,
    1952, p. 60. /MAR/   (728)

_____ VII: Lo místico en Martí." R, <u>DiaMar</u>, agosto 20,
    1952, p. 4. /MAR/   (729)

_____ VIII: La 'oscuridad' en el pensamiento martiano."
    R, <u>DiaMar</u>, agosto 22, 1952, p.4. /MAR/   (730)

_____ IX: El naturalismo martiano." R, <u>DiaMar</u>, agosto
24, 1952, pp. 4 y 60. /MAR/   (731)

_____ X: La iniciación ideológica." R, <u>DiaMar</u>, agosto
28, 1952, p. 4. /MAR/   (732)

_____ XI: Semillas de doctrina." R, <u>DiaMar</u>, agosto 30,
1952, p. 4. /MAR/   (733)

_____ XIII /i.e. XII/: Filosofía ante España." R, <u>Dia
Mar</u>, sept. 3, 1952, p. 4. /MAR/   (734)

_____ XIV /i.e. XIII/: Las influencias iniciales." R,
<u>DiaMar</u>, sept. 5, 1952, p. 4. /MAR/   (735)

_____ XIV: La tradición clásica española." R, <u>DiaMar</u>,
sept. 7, 1952, p. 58. /MAR/   (736)

_____ XV: La corriente liberal." R, <u>DiaMar</u>, sept. 11,
1952, p.4. /MAR/   (737)

_____ XVI: El Krausismo (a)." R, <u>DiaMar</u>, sept. 14, 1952,
p. 56. /MAR/   (738)

_____ XVII: Carlyle y Martí." R, <u>DiaMar</u>, nov. 21, 1952,
p. 4. /MAR/   (739)

"En la muerte de /Alberto/ Gerchunoff." G, <u>DiaMar</u>, mar. 5,
1950, p. 34. /LIT/   (740)

"En la muerte de /José/ Vasconcelos." R, <u>DiaMar</u>, jul. 5,
1959, p. 4-A. /SEM/   (741)

"En la sobremesa de /Andrés/ Eloy Blanco." G.M., <u>DiaMar</u>,
tarde, agosto 19, 1924, p. /1/ /LIT/   (742)

"En la sobremesa de César García Pons." R, <u>DiaMar</u>, jun.26,
1952, p.4. /Premio periodístico "José I. Rivero."/
/PER/   (743)

"En la sobremesa de Loy, brindis." G, <u>DiaMar</u>, tarde, jun.
12, 1923, p. /1/ /ART/   (744)

"En la sobremesa de Ricardo Bernardo." G.M., <u>DiaMar</u>, tarde,
jul. 1, 1924, p./1/ /ART/   (745)

"En las paredes del pozo." <u>Boh</u>, agosto 31, 1952, pp. 58-59,
90. /POL/   (746)

"'En nombre de la noche', de /Arturo Alfonso/ Roselló."
G, <u>DiaMar</u>, tarde, mayo 2, 1925, p.1. /LIT/   (747)

"En rededor a los 'Perfiles' de Entralgo." G, DiaMar, jul.3,
   1923, p. /1/ /Sobre libro de Elías Entralgo/ /LIT/
                                       (748)

"En torno a 'Audiencia pública'" R, DiaMar, abr. 22, 1953,
   p.4. /Programa de televisión/ /CUL/
                                       (749)

"En torno a la 'botella'." G, DiaMar, tarde, nov. 24, 1923,
   p. /1/ /COS/
                                       (750)

"En torno a los grabados de Goya." R, DiaMar, feb. 5, 1956,
   p. 4-A. /ART/
                                       (751)

"En torno a los nuevos presupuestos." Boh, mayo 29, 1955,
   pp. 66 y 95. /POL/
                                       (752)

"En torno a un ideario." G, DiaMar, tarde, marzo 14, 1924,
   p. /1/ /Sobre "El surco de dos razas" de Jorge Roa/
   /LIT/
                                       (753)

"En torno a un sombrero." G, DiaMar, tarde, mayo 31, 1923,
   p. /1/ /COS/
                                       (754)

"En torno al arbolito de Navidad. (Tarjetas de Pascuas)."
   Boh, dic. 18, 1949, pp. 118 y 170. /COS/   (755)

"En torno al estilo." I G, DiaMar, tarde, sept. 20, 1923,
   p. 1. /LIT/
                                       (756)

      II, G, DiaMar, tarde, sept. 21, 1923, p./1/
   /LIT/
                                       (757)

"En torno al Museo Nacional." R, DiaMar, enero 31, 1954,
   p. 44. /ART/
                                       (758)

"El encanto de la cooperación o viceversa." G, DiaMar,
   tarde, enero 20, 1925, p.1. /ART/   (759)

"El encanto de la ironía, o viceversa." G, DiaMar, tarde,
   sept. 28, 1923, p. /1/ /COS/   (760)

"Encrucijada de Francia." G, DiaMar, jul. 15, 1945, p. 4.
   /POL/   (761)

"La encrucijada y los caminos." R, DiaMar, sept. 17, 1954,
   p. 4-A. /POL/   (762)

"Las encrucijadas cubanas." Boh, mayo 16?, 1948, pp. 53
   y 76. /POL/   (763)

"Encuentro de la sangre." R, DiaMar, oct. 12, 1951, p.4.
   Visitas españolas, pp. 24-28. /VIA/   (764)

"El encuentro en Bayamo." G, DiaMar, abr. 3, 1945, p.4.
/VIA/   (765)

"Encuesta de 'Crónica' sobre la cultura en Cuba: Desnivel
de nuestra cultura." Crónica, I, no. 10, jun. 15,
1949, pp. 27-28. /CUL/   (766)

"La endogamia del idioma." G.T., DiaMar, tarde, enero 6,
1923, p./1/ /LIT/   (767)

"'Los énfasis antiguos' de /Rafael/ Esténger." G, DiaMar,
tarde, abr. 25, 1925, p.1. /LIT/   (768)

"La enorme esperanza." G, DiaMar, tarde, mayo 30, 1923,
p. /1/ /Sobre Ramón Loy/ /ART/   (769)

"La enorme pregunta." G, DiaMar, jul. 4, 1946, p.4. /Sobre
la bomba atómica/ /POL/   (770)

"Enosis." A.M., DiaMar, mayo 12, 1956, p. 4-A. /POL/
                                                           (771)

"Enrique García Cabrera." G, DiaMar, sept. 28, 1949, p.4.
/SEM/   (772)

"Un ensayista cubano: Francisco José Castellanos: Precursor." RevAvance, I, no. 9, agosto 15, 1927, pp. 215-
220, 223. /Sobre "Ensayos y diálogos"/ /LIT/   (773)

"Ensayo y estreno en Madrid." Ultramarinas, DiaMar, marzo
13, 1957, p. 4-A. /Sobre "La estrella de Sevilla"/
/LIT/   (774)

"Ensayos históricos." IV: Los cubanos aplazan la libertad." Boh, abr. 3, 1949, pp. 47 y 91. /CUL/   (775)

"Entrada en el Brasil." G.V., DiaMar, oct. 31, 1945,
p.4. /VIA/   (776)

"Entrada en Madrid." R, DiaMar, sept. 29, 1951, p.4.
Visitas españolas, pp. 13-18. /VIA/   (777)

"Entre /Albert/ Camus y Alfonso Reyes. (Diálogo post-
mortem)." Boh, enero 17, 1960, pp. 44, 88-89. /CUL/
                                                           (778)

"Una entrevista con el general De Gaulle." G.V./ DiaMar,
dic. 28, 1945, p.4. /VIA/   (779)

"Epílogo." Marquina, Rafael. Alma y vida de Marta Abreu.
Pról. de José Ma. Chacón y Calvo. Epílogo de Jorge
Mañach. La Habana: Lex, 1951. 295p. /SEM/   (780)

"Epístola a Armando Maribona." G, DiaMar, tarde, feb. 25,
    1925, p. 1. /Esta Glosa es la No. I de "Epístola sobre
    el Salón /de 1925/. /ART/
                                                        (781)

"Epístola a /Medardo/ Vitier y Miguel de Marcos." G, Dia
    Mar, jun. 24, 1948, p. 4. /Por sus libros: La filoso-
    fía en Cuba y Fotuto/ /LIT/
                                                        (782)

"Epístola a un legislador." G, DiaMar, tarde, enero 31,
    1925, p. 1. /A Clemente Vázquez Bello/ /ART/   (783)

"Epístola al padre Felipe." G, DiaMar, tarde, nov. 27,
    1923, p. /1/ /LIT/
                                                        (784)

"Epístola sobre el Salón /de 1925/" II G, DiaMar, tarde,
    marzo 4, 1925, p.1. /ART/
                                                        (785)

_____ III, G, DiaMar, tarde, marzo 6, 1925, p. 1. /"Epís-
    tola a Armando Maribona," (1925, en la No. I de esta
    serie. "Termina la carta sobre el Salón /de 1925/ es
    la No. IV: Conclusión de esta serie/. /ART/   (786)

"'Equivocaciones' de Jorge Basadre." RevAvance, IV, no.30,
    enero 15, 1929, p. 26. /LIT/
                                                        (787)

"¿Es ese'Patronato de Bellas Artes' lo procedente?" Boh,
    abr. 4, 1954, pp. 57, 96-98. /ART/   (788)

"¿Es necesaria una filosofía de la vida?" Boh, jun. 23,
    1946, pp. 35 y 58. /FIL/
                                                        (789)

_____ II: La vitalidad y su milagro." Boh, jun. 30,
    1946, pp. 27 y 50. /FIL/
                                                        (790)

"Escándalos de familia." G, DiaMar, nov. 27, 1949, p.34.
    /POL/
                                                        (791)

"Escobedo y /Fidelio/ Ponce." G, DiaMar, nov. 6, 1946, p.4.
    /ART/
                                                        (792)

"La Escuela de María Fernanda /Ladrón de Guevara/" R,
    DiaMar, oct. 15, 1954, p. 4-A. /ART/   (793)

"¡Ese museo, Dr. /Carlos/ Prío!" Boh, oct. 8, 1950, pp.
    93 y 98. /CUL/
                                                        (794)

"Las esencias criollas." G, DiaMar, dic. 4, 1946, p.4.
    /Sobre Trinidad de Cuba, por Esteban A. de Varona/
    /LIT/
                                                        (795)

"España descubre a Martí." R, DiaMar, abr. 11, 1954, p.
    50. /Sobre artículo de Dionisio Gamallo-Fierros en
    Mundo Hispánico/ /MAR/
                                                        (796)

"Lo español y lo americano en Martí." (Fragmento) R,
    DiaMar, feb. 16, 1951, p.4. /MAR/   (797)

"El espectáculo del Prado." A.M., DiaMar, feb. 18, 1956,
    p. 4-A. /COS/   (798)

"El espectáculo Ferrara." R, DiaMar, enero 12, 1955,
    p. 4-A. /Sobre Orestes Ferrara/ /CUL/   (799)

"El espíritu de Martí. I: Exordio en la Colina." R, Dia
    Mar, enero 31, 1951, p.1. /Conferencia inicial del
    Curso de la Cátedra martiana dado en la Universidad de
    la Habana, ofrecida el 28 de enero de 1951/ /MAR/
                                                           (800)

_____ II: Sobre el conocimiento martiano." R, DiaMar,
    feb. 2, 1951, p.4. /MAR/   (801)

_____ III: Naturaleza e integridad." R, DiaMar, feb. 4,
    1951, p.46. /MAR/   (802)

_____ IV: Los primogénitos del mundo." R, DiaMar, feb. 7,
    1951, p.4. /MAR/   (803)

"Espíritu de Martí." Revista cubana. Número extraordi-
    nario. Homenaje a José Martí. New York, N.Y., I, no.2,
    jul.-dic., 1968, pp. /289/-305. /MAR/   (804)

"Lo espiritual y lo social." G, DiaMar, marzo 10, 1946,
    p. 4. /CUL/   (805)

"Esquema histórico del pensamiento cubano." DiaMar, nú-
    mero del Centenario, sept. 1932.
    /Reproducido en Historia y estilo, pp. 69-90. /CUL/
                                                           (806)

"Esquema para 'arreglar' el mundo." Boh, feb. 4, 1951,
    p. 51 y 77. /POL/   (807)

"Esquimo pie." G, DiaMar, tarde, jun. 8, 1923, p.1 /COS/
                                                           (808)

"¡Está bueno ya!" Boh, abr. 10, 1955, pp. 58 y 83. /Sobre
    Movimiento de la Nación/ /POL/   (809)

"Esta otra jornada..." G, DiaMar, jun. 5, 1946, p.4. /POL
                                                           (810)

"Esta vez, la fauna." A.M., DiaMar, jul. 19, 1956, p.4-A.
    /COS/   (811)

"El estado de Cuba." G, DiaMar, sept. 10, 1948, p.4/POL/
    /POL/   (812)

"Los Estados Unidos ante la Guerra." Boh, sept. 17, 1950,
    pp. 72-73 y 88. /POL/   (813)

"Los Estados Unidos y el caso chino." G, DiaMar, enero 14,
    1949, p. 4. /POL/   (814)

"Los Estados Unidos y nuestra América." La actualidad,
    DiaMar, marzo 28, 1953, p. 1. /POL/   (815)

"Estampa de Pedro Salinas." Boh, dic. 30, 1951, pp. 73
    y 77. /SEM/   (816)

"Estampas de San Cristóbal. La calle del Obispo." El
    Fígaro, a. XLIV, no. 4, marzo 13, 1927, p. 59. /ART/
                                                              (817)
"Estar en España." ABC, Madrid, enero 30, 1958, p. /3/
    /Inicia colaboración en el ABC/ /VIA/   (818)

_____ DiaMar, feb. 5, 1958, p. 4-A. Visitas españolas,
    pp. 109-114. /Reproducción de su primer artículo
    en el ABC de Madrid/ /VIA/   (819)

"La estatua y su ámbito." A.M., DiaMar, abr. 8, 1956,
    p. 4. /MAR/   (820)

"Estela de la guerra." G.V., DiaMar, dic. 21, 1945, p.4.
    /Sobre París de postguerra/ /VIA/   (821)

"La estela de las Borrero." Boh, marzo 14, 1948, pp. 43
    63-64. /Juana y Dulce María, poetisas. Ana María,
    prosista/ /SEM/   (822)

"Un estilo de amor." R, DiaMar, sept. 5, 1959, p. 4-A.
    /Epistolario romántico de Luis Alejandro Baralt y
    Celis/ /LIT/   (823)

"El estilo de la Revolución." Acción, 1934. /Artículo
    que recibió, en 1935, el Premio Justo de Lara, adjudica-
    do ese año por primera vez/ /POL/   (824)

_____ Historia y estilo. La Habana: Editorial Minerva,
    1944, pp. 91-100. /POL/   (825)

_____ Jorge Mañach, 1898-1961; homenaje de la Nación
    Cubana. Río Piedras, P.R.: Editorial San Juan /1972/
    pp. 67-73. /POL/   (826)

"Un estilo de pensar." G, DiaMar, abr. 17, 1948, p. 4.
    /Polémica con Gastón Baquero/ /POL/   (827)

"El estilo en Cuba y su sentido histórico; discurso de in-
    greso del académico de la Sección de Literatura, Dr.
    Jorge Mañach Robato. Contestación al discurso... por
    el Dr. Antonio S. de Bustamante y Montoro." Academia
    Nacional de Artes y Letras, La Habana. Anales, enero/
    dic. 1944, pp. 24-98. /LIT/   (828)

_____ Historia y estilo. La Habana: Editorial Minerva, 1944. /LIT/ (829)

"La estimación de los próceres." G, DiaMar, mayo 20, 1949, p. 4. /MAR/ (830)

"Estímulos a la cultura. El premio Minerva." G, DiaMar tarde, jun. 27, 1925, p.1. /CUL/ (831)

"Los estímulos interiores." G, DiaMar, tarde, abr. 14, 1923, p./1/ /Sobre Emilio Velo/ /ART/ (832)

"El estrago cívico." G, DiaMar, sept. 6, 1945, p. 4./POL/ (833)

"El estrago moral." G, DiaMar, sept. 9, 1945, p. 4./POL/ (834)

"El estrago de la vía pública." G, DiaMar, nov. 20, 1948, p. 4. /COS/ (835)

"El estrago vital." G, DiaMar, sept. 12, 1945, p. 4. /POL/ (836)

"Estragos." A.M., DiaMar, jul. 28, 1956, p. 4-A. /Se despide por algún tiempo/ /COS/ (837)

"Estragos en el bosque." G, DiaMar, agosto 19, 1945, p.4. /Mayarí/ /VIA/ (838)

"Estratégia y economía." G, DiaMar, marzo 27, 1946, p.4. /POL/ (839)

"Estratos de Roma." R, DiaMar, sept. 21, 1951, p.4. /VIA/ (840)

"La estrella en el mástil; sobre la nota cubana a los Estados Unidos." Boh, nov. 22, 1959, pp. 62-63 y 85. /POL/ (841)

"Los europeos cansados." R, DiaMar, sept. 1, 1954, p.4-A. /POL/ (842)

"Las evas públicas." G, DiaMar, tarde, feb. 1, 1924, p. /1/ /LIT/ (843)

"Evocación de /Eduardo R./ Chibás." Boh, agosto 23, 1959, pp. 51-114. /SEM/ (844)

"Evocación de la maestra amada." Boh, oct. 2, 1949, pp. 57 y 88. /Elizabeth Flanders de la Escuela Superior de Cambridge/ /SEM/ (845)

"Evolución de la cultura en Cuba." Cuadernos de la Universidad del Aire, I, no. 21, jun.3, 1933, pp. 653-661. /CUL/ (846)

"Evolución de las ideas y el pensamiento político en Cuba."
   Diario de la Marina, La Habana. Siglo y cuarto, Diario
   de la Marina, decano de la prensa de Cuba, 1832-la Habana, 15 de septiembre de 1957; número extraordinario.
   La Habana, 1957, pp. 59-64. /CUL/   (847)

"Examen de una contienda." Boh, jun. 13, 1948, pp. 39 y 78.
   /CUL/   (848)

"Exceso e insuficiencia del sufragio." G, DiaMar, mayo 1,
   1949, p. 36. /POL/   (849)

"Ex-conventual." G.T., DiaMar, mañana, 2a. sec., dic. 4,
   1922, p./20/ /Sobre la Habana antigua/ /ART/   (850)

"Excursión a los castillos." DiaMar, feb. 20, 1957, p. 4-A.
   Visitas españolas, 74-79. /VIA/   (851)

"El exequatur del disimulo." G, DiaMar, mayo 25, 1949, p.4.
   /Sobre Frank Hague/ /POL/   (852)

"Los exilados y el problema de España." Boh, enero 15, 1950,
   p. 51. /POL/   (853)

"Exhortación de los Amigos de la República." R, DiaMar,
   marzo 11, 1953, p.4. /CUL/   (854)

"El experimento venezolano o la 'inteligencia' en el poder."
   Boh, marzo 7, 1948, pp. 44 y 72. /POL/   (855)

"Expone el 'Movimiento de la Nación', puntos básicos de su
   programa." DiaMar, abr. 8, 1955, p. 1 y 14B. /POL/(856)

"Exportación poética." A.M., DiaMar, abr. 13, 1956, p. 4-A.
   /LIT/   (857)

"La exposición Campo-Hermoso." G.T., DiaMar, tarde, dic.
   23, 1922, p./1/ /ART/   (858)

"Exposición /Conrado/ Massaguer." RevAvance, V, no. 44,
   marzo 15, 1930, p. 30, 93 y 95. /ART/   (859)

"La exposición de arte ruso." I G, DiaMar, tarde, enero 4,
   1924, p./1/ /ART/   (860)

"La 'Exposición de Pintura Española' en el Diario." Ensayos
   breves, DiaMar, mañana, enero 11, 1926, p. 16. /ART/
                                                        (861)

"La 'Exposición de Pintura Española' en el Diario." Ensayos
   breves, DiaMar, mañana, enero 18, 1926, p. 16. /ART/
                                                        (862)

"La exposición Fabiano." G, <u>DiaMar</u>, tarde, marzo 23, 1923,
   p. /1/ /ART/
                                        (863)

"Una exposición fotográfica de arquitectura mexicana."
   <u>RevAvance</u>, III, no. 27, oct. 15, 1928, p. 293. /ART/
                                          (864)

"Exposición Gisbert." <u>RevAvance</u>, III, no. 24, jul. 15, 1928,
   p. 196. /ART/
                                          (865)

"La exposición /Jesús/ Corredoyra." G, <u>DiaMar</u>, tarde,
   marzo 21, 1925, p. 1. /ART/
                                          (866)

"Exposición José Segura." <u>RevAvance</u>, IV, no. 31, feb. 15,
   1929, pp. 60-61. /ART/
                                          (867)

"La exposición Mantilla." G, <u>DiaMar</u>, tarde, abr. 5, 1924,
   p. /1/ /ART/
                                          (868)

"Exposición /María Pepa/ Lamarque." <u>RevAvance</u>, IV, no.36,
   jul. 15, 1929, pp. 217-218. /ART/
                                          (869)

"La exposición Mariano Miguel." G, <u>DiaMar</u>, tarde, mayo 22,
   1925, p.1. /ART/
                                          (870)

"La exposición /Marina/ Núñez del Prado." R, <u>DiaMar</u>, oct.
   29, 1953, p.4. /ART/
                                          (871)

"La exposición Maroto." <u>RevAvance</u>, V, no.50, sept. 15,
   1930, pp. 280 y 282. /ART/
                                          (872)

"Exposición Roberto Caballero." <u>RevAvance</u>, V, no. 50, sept.
   15, 1930, p. 288. /ART/
                                          (873)

"La exposición Sánchez Araujo." G, <u>DiaMar</u>, tarde, dic.
   18, 1923, p./1/ /ART/
                                          (874)

"La exposición Tarazona." G, <u>DiaMar</u>, tarde, dic. 6, 1924,
   p. /1/ /ART/
                                          (875)

"Exposiciones." <u>RevAvance</u>, V, no. 45, abr. 15, 1930,
   p. 128. /Valls, Fernando Tarazona, Mario Roldán//ART/
                                          (876)

"Exposiciones." <u>RevAvance</u>, V, no. 47, jun. 15, 1930, pp.
   190-191. /Crispín Herrera, Gabriel García Maroto y
   Carlos Enríquez/ /ART/
                                          (877)

"Las exposiciones de mayo." <u>RevAvance</u>, III, no. 23, jun.
   15, 1928, p. 163. /Hernández Cárdenas y Alberto Sabas/
   /ART/
                                          (878)

"Extroversión de Cuba." R, <u>DiaMar</u>, enero 23, 1954, p.4.
   /Tercera parte de: "Pittaluga: Obra para Cuba". Continúa en "La dotación natural e histórica." /CUL/
                                          (879)

F

"La falsificación democrática y los responsables." Boh,
   agosto 1, 1954, pp. 51 y 100. /POL/   (880)

"La fama que nos damos." G, DiaMar, dic. 1, 1948, p.4. /COS/
                                                       (881)

"Fantasmas." A.M., DiaMar, abr. 4, 1956, p. 4-A. /CUL/
                                                       (882)

"Fantoches 1926. Folletín moderno de doce escritores cubanos. Capítulo IV, 'Abrid a la Justicia'" Social, XI,
   abr. 1926, pp. 20-21, 97-98. /Cooperativa a capítulo
   por autor/ /LIT/   (883)

"Fe en el Hotel Flamingo." R, DiaMar, enero 10. 1952, p.4.
   /POL/   (884)

"La fe magnífica del Sr. /Oscar/ Cintas." G, DiaMar, mayo
   27, 1949, p.4. /ART/   (885)

"La fea intención y la bella frase." G, DiaMar, tarde,
   sept. 26, 1923, p./1/ /COS/   (886)

"La felicidad y las felicidades." R, DiaMar, dic. 23, 1955,
   p.4-A. /CUL/   (887)

"La Feria y la Cámera." G, DiaMar, nov. 27, 1946, p.4.
   /CUL/   (888)

"El Festival del Libro." R, DiaMar, sept. 15, 1959, p.4-A.
   /CUL/   (889)

"La fibra nacional." G, DiaMar, feb. 22, 1945, p.4. /COS/
                                                       (890)

"Fiesta en Puerto Rico." G, DiaMar, enero 7, 1949, p.4.
   /Sobre Luis Muñoz Marín/ /VIA/   (891)

"Fiestas in Havana." G. DiaMar, abr. 5, 1946, p.4. /COS/
                                                       (892)

"La figura de Martí." Martí, José. América. París, 1935.
   /MAR/   (893)

"El filosofar de Varona." Academia Nacional de Artes y
   Letras, Habana. Anales, año 35, XXVIII, 1949, pp.
   31-53. /FIL/   (894)

"La filosofía de Varona. (Conferencia en la Universidad.)
   I Boh, abr. 10, 1949, pp. 49 y 90. /FIL/   (895)

_____ II Boh, abr. 17, 1949, pp. 50 y 94. /FIL/   (896)

"La filosofía de Varona." G, DiaMar, abr. 14, 1949, p.4.
    /FIL/   (897)

"Filosofía del quijotismo." I G, DiaMar, oct. 31, 1947,
    p.4. /Serie sobre una conferencia dada en la Universi-
    dad de la Habana. Sobre obra de Cervantes//LIT/ (898)

_____   II: El trasfondo de Don Quijote." G, DiaMar, nov. 1,
    1947, p.4. /LIT/   (899)

_____   III: Lo medieval y lo moderno." G, DiaMar, nov. 2,
    1947, p. 4. /LIT/   (900)

_____   /IV/: Las figuraciones de Don Quijote." G, DiaMar,
    nov. 5, 1947, p.4. /LIT/   (901)

_____   /V/: La epopeya del engaño." G, DiaMar, nov. 7,
    1947, p.4. /LIT/   (902)

_____   /VI/: Locura y personalidad." G, DiaMar, nov. 9,
    1947, p. 4. /LIT/   (903)

_____   /VII/: El ideal de Don Quijote." G, DiaMar, nov.12,
    1947, p.4. /LIT/   (904)

_____   /VIII/: Dulcinea y el honor." G, DiaMar, nov. 14,
    1947, p. 4. /LIT/   (905)

_____   /IX/: El Caballero y la bondad activa." G, DiaMar,
    nov. 16, 1947, p.4. /LIT/   (906)

_____   X: La justicia de Don Quijote." G, DiaMar, nov.
    19, 1947, p.4. /LIT/   (907)

_____   /XI/: La ciudad de Dios en la tierra." G, DiaMar,
    nov. 21, 1947, p.4. /LIT/   (908)

_____   XII: El demasiado querer." G, DiaMar, nov. 23,
    1947, p.4. /LIT/   (909)

_____   XIII: Las dos mitades humanas." G, DiaMar, nov.
    26, 1947, p.4. /LIT/   (910)

_____   XIV: Quijotismo: carácter e historia." G, DiaMar,
    nov. 28, 1947, p.4. /LIT/   (911)

_____   XV: Ultimo sentido del Quijote." G, DiaMar, nov.
    30, 1947, p. 37. /LIT/   (912)

"Filosofía del quijotismo." Revista de la Universidad de
    la Habana, nos. 76/81, enero -dic. 1948, pp. 9-62.
    /LIT/   (913)

"La filosofía y las relaciones internacionales." RevAvance,
IV, no. 36, jul. 15, 1929, p. 214. /Obra de Coriolano
Alberini/ /FIL/
(914)

"El fin de año y las deudas." G, DiaMar, dic. 27, 1946,
p.4. /COS/
(915)

"Fin de confesión." G, DiaMar, jun. 28, 1946, p.4. /FIL/
(916)

"Final de un cursillo martiano." G, DiaMar, feb. 6, 1949,
p. 36. /MAR/
(917)

"Final de una defensa." R, DiaMar, abr. 17, 1955, p.4-D.
/Movimiento de la Nación/ /POL/
(918)

"Final del discurso por Torriente. II: El república." Boh,
jul. 22, 1956, pp. 50 y 81. /SEM/
(919)

"Final sobre derechas e izquierdas." Boh, jul. 29, 1945, pp.
25 y 49. /POL/
(920)

"Final sobre el problema universitario: La reforma." Boh,
abr. 12, 1953, pp. 56-57. /CUL/
(921)

"Final sobre la comunicación poética." Boh, oct. 23, 1949,
pp. 75 y 118. /LIT/
(922)

"Final sobre Romañach." Boh , marzo 19, 1950, pp. 67 y 87.
/ART/
(923)

"Final sobre un puente posible." G.V., DiaMar, feb. 13,
1946, p. 4. /VIA/
(924)

"Finlay, o la gloria difícil." G, DiaMar, agosto 23, 1946,
p. 4. /SEM/
(925)

"Flamboyanes." A.M., DiaMar, jun. 16, 1956, p.4-A. /CUL/
(926)

"La fleur au fusil, por Jean Galtier-Boissière." RevAvance,
IV, no. 34, mayo 15, 1929, p.153. /LIT/
(927)

"Flor de papel." G, DiaMar, dic. 25, 1949, p.34. /LIT/
(928)

"Florencia, la del grave señorío." R, DiaMar, sept. 19,
1951, p.4. /VIA/
(929)

"Las flores de Elvira Melero." G, DiaMar, tarde, enero,
19, 1923, p./1/ /ART/
(930)

"Las flores y la acción social." R, DiaMar, abr. 20, 1951,
p. 4. /ART/
(931)

JORGE MAÑACH

"Fondo y legado." G, DiaMar, feb. 16, 1947, p. 4. /Explica
como será la serie literaria: "Perfil de nuestras letras"
que va a comenzar/ /LIT/
(932)

"Fons et origo." G.T., DiaMar, mañana, 2a. sec., oct. 28,
1922, p. /13/ /COS/
(933)

"Le forçat innocent, de Jules Supervielle." RevAvance, V,
no. 48, jul. 15, 1930, p. 221. /LIT/
(934)

"Formación e información." G, DiaMar, jul. 3, 1945, p.4.
/CUL/
(935)

"Las formas y la substancia." R, DiaMar, marzo 27, 1955,
p. 4-D. /CUL/
(936)

"Fortuna en el cementerio." G, DiaMar, agosto 28, 1945,
p. 4. /POL/
(937)

"El frágil encanto." G.T. DiaMar, mañana, 2a. sec., nov. 8,
1922, p. /11/ Glosas, pp. 218-223.
(938)

"Fragmento sobre el 'Ismaelillo'". R, DiaMar, mayo 27, 1951,
p. 48.
(939)

"Fragmento sobre la poesía de Martí." R, DiaMar, mayo 20,
1951, p. 48. /MAR/
(940)

"Franceses en la Universidad." G, DiaMar, marzo 13, 1945,
p.4. /CUL/
(941)

"Francia y nuestros honores." G, DiaMar, jun. 20, 1947,
p.4. /Sobre Emeterio S. Santovenia/ /CUL/
(942)

"Franciscanismo: Folk-lore." G, DiaMar, tarde, feb. 7, 1923,
p. /1/ /COS/
(943)

"/François/ Mauriac en su celda." G.V., DiaMar, feb. 6, 1946,
p. 4 /LIT/
(944)

"Frente al régimen: ¿El impacto o el show?" Boh, mayo 1,
1955, pp. 64 y 84. /POL/
(945)

"La frivolidad y el centenario de Varona." Boh, marzo 13,
1949, pp. 48 y 81. /CUL/
(946)

"Fuera de tono." G.T., DiaMar, tarde, enero 2, 1923, p.1.
/COS/
(947)

"La fundación del Lyceum." R, DiaMar, marzo 7, 1954, p.46
/En los 25 años del Lyceum/ /CUL/
(948)

G

"Gabriela: alma y tierra." La literatura de hoy, Revista
    Hispánica Moderna, Sec. escolar, a. III, no. 1, oct.
    1936, pp. /106/-110. /Interpretación de Gabriela Mistral/
    /LIT/
                                                        (949)

"Gabriela: alma y tierra." I G, DiaMar, mayo 24, 1946,
    p. 4. /Reproducción de un artículo publicado en R.H.M./
    /LIT/
                                                        (950)

_____ II G, DiaMar, mayo 25, 1946, p. 4. /LIT/   (951)

_____ III G, DiaMar, mayo 26, 1946, p. 4. /LIT/   (952)

"Gabriela y José Martí." El País, jun. 25, 1931. /MAR/
                                                        (953)

"Gabriela y Juan Ramón, o la poesía 'nobelable'" Cuadernos,
    París, no. 40, enero-feb. 1960, pp. 57-61. /LIT/ (954)

"Los gallegos en Cuba." G, DiaMar, tarde, abr. 4, 1925,
    p.1. /ART/
                                                        (955)

"Ganas de llorar." G, DiaMar, jul. 31, 1946, p.4. /Sobre
    Juan Silva Vila/ /CUL/
                                                        (956)

"Gato en el tejado caliente." A.M., DiaMar, abr. 11, 1959,
    p. 4-A. /Tennesee Williams en La Habana/   (957)

"Gazapos en el huerto." G, DiaMar, abr. 26, 1945, p.4.
    /CUL/
                                                        (958)

"Una generación ante el espejo." G, DiaMar, abr. 30, 1947,
    p.4. /Continúa coloquio con del Riego/ /PER/   (959)

"La generación del 25." R, DiaMar, feb. 21, 1954, p. 42.
    /Continuación de "El doctor Lazo y las generaciones"/
    /LIT/
                                                        (960)

"Las generosas alcabaleras." R, DiaMar, marzo 4, 1953, p.4.
    /Liga Contra el Cáncer/ /CUL/
                                                        (961)

"Genoveva in fraganti. (Primer capítulo de una novela en
    preparación)." Social, X, nov., 1925, pp. 31, 66-67.
    /LIT/
                                                        (962)

"Genoveva in fraganti." Contemporáneos, México, I, jun.
    1928, pp. 129-148. /Nueva versión del relato de 1925) /LIT/
                                                        (963)

"Gente sin destino." G, DiaMar, oct. 20, 1946, p. 35. /COS/
                                                        (964)

"'Gentleman' y 'Caballero'" G, DiaMar, abr. 26, 1946, p.4.
    /CUL/
                                                        (965)

JORGE MAÑACH

"La genuina eminencia de /Rafael/ Montoro." R, DiaMar, oct.
19, 1952, p.60. /SEM/   (966)

"Gergesheimer: un amador de Cuba." G, DiaMar, tarde, feb.
28, 1925, p.1. /El autor de San Cristóbal de La Habana
visita a Cuba/ /LIT/   (967)

"'Girola' de Antonio Marichalar." RevAvance, I, no. 7,
jun. 15, 1927, pp. 176-177. /LIT/   (968)

"La gloria disputada." R, DiaMar, jul. 25, 1954, p.4-D.
/Carlos Finlay/ /CUL/   (969)

"Una gloria 'extranjera' de Cuba." Boh, mayo 8, 1960, pp.
43 y 87. /El Dr. Joaquín Albarrán/ /SEM/   (970)

"Glosa de la Maternidad Pascual." G, DiaMar, mañana, dic.
24, 1925, p.18. /ART/   (971)

"Glosa de unas declaraciones." R, DiaMar, jul. 23, 1952,
p.4. /Sobre el Dr. Andrés Rivero Agüero/ /PCL/   (972)

"Glosa del 'Semanario Católico.'" R, DiaMar, jun. 16, 1953,
p.4. /CUL/   (973)

"Glosas." DiaMar, tarde, enero 17, 1923, p./1/ /Explica
por qué ha reducido el título de su sección a una pala-
bra/ /PER/   (974)

"Glosas: /Miscelánea literaria/." G, DiaMar, tarde, feb.
13, 1923, p./1/ /COS/   (975)

"Glosas trashumantes." DiaMar, mañana, 2a. sec. nov. 2,
1922, p. /13/ /Explica por qué ha escogido ese título
para su sección/ /PER/   (976)

"La gobernación facciosa." G, DiaMar, sept. 12, 1948, p.36.
/POL/   (977)

"González Prada y su obra." R.H.M., a. IV, no. 1, oct. 1937,
pp. 14-24. /LIT/   (978)

"Goya en Nueva York." R.H.M., Sec. escolar, a. III, no. 1,
oct. 1936, pp. 4-7. /ART/   (979)

"Goya: reivindicador." RevAvance, III, no. 22, mayo 15,
1928, pp. 109-110. /ART/   (980)

"Graduación en la Colina." G, DiaMar, nov. 29, 1946, p.4.
(CUL/   (981)

"El gran almuerzo." G, DiaMar, feb. 20, 1923, p./1/ /Al-
   muerzo a Pepín Rivero/ /PER/   (982)

"El gran camino de los libros." Boh, jul. 3, 1960, pp. 38-
   79. /Curso en la Universidad del Aire/ /CUL/   (983)

"Un gran maestro cubano: Leopoldo Romañach." Boh, marzo 5,
   1950, pp. 55 y 111. /ART/   (984)

"Una gran meta." R, DiaMar, agosto 19, 1959, p. 4-A. /POL/
                                                   (985)

"Una gran novela americana." El País, jun. 25, 1929, p.1.
   /Sobre obra de Gallegos/ /LIT/   (986)

"Una gran novela americana." Repertorio americano, XIX,
   no..4, jul. 27, 1929, pp. 56 y 63. /Sobre Doña Bárbara,
   de Rómulo Gallegos/ /LIT/   (987)

"A gran privilegio gran responsabilidad." G, DiaMar, sept.
   19, 1945, p. 4. /Sobre la industria azucarera/ /POL/
                                                   (988)

"La gran reforma de la Universidad." G, DiaMar, dic. 21,
   1949, p.4. /CUL/   (989)

"El gran simpático." G, DiaMar, tarde, jul. 31, 1923, p.
   /1/ /VIA/   (990)

"El gran suceso que fue 'Doña Bárbara'" Boh, agosto 8,
   1954, pp. 55-56 y 89. /Sobre la novela de Rómulo Galle-
   gos/ /LIT/   (991)

"Grandeza y servidumbre del adjetivo." RevAvance, I, no. 6,
   marzo 30, 1927, pp. 140-142. /LIT/   (992)

"Grandeza y servidumbre del cartero." G, DiaMar, feb. 11,
   1949, p. 4. /COS/   (993)

"Gratitud en el Lyceum." R, DiaMar, jun. 24, 1953, p.4
   /Agasajo a Mañach por Premio "José Ignacio Rivero"//LIT/
                                                   (994)

"El Greco en el Capitolio." R, DiaMar, dic. 30, 1953, p.4.
   /ART/   (995)

"Griego y Greco." G.T., DiaMar, tarde, enero 21, 1923, p./1/
   /ART/   (996)

"Guajiros en casa." R, DiaMar, agosto 2, 1959, p.4-A./POL/
                                                   (997)

"Guaguas y paños calientes." G, DiaMar, enero 21, 1949,
   p. 4. /COS/   (998)

"¡Guerra al folleto!" R, DiaMar, agosto 15, 1954, p.4-D.
   /CUL/   (999)

"/Guillermo/ Francovich, /Franz/ Tamayo, et al." R, DiaMar,
   jul. 9, 1954, p. 4-A. /CUL/   (1000)

"El guitarrista Andrés Segovia." El Undoso, a. 7, no. 76,
   feb. 1978, pp. 18-19. /ART/   (1001)

"/Gustavo/ Pittaluga." R, DiaMar, abr. 29, 1956, p.4-C.
   /SEM/   (1002)

"Gusto y sensibilidad." Islas, II, no. 2-3, enero-agosto,
   1960, pp. 323-328. /LIT/   (1003)

"/Guy/ Pérez Cisneros: Olvidos y recuerdos." R, DiaMar,
   sept. 5, 1954, p. 4-D. /SEM/   (1004)

H

"/H.G./ Wells, gran testigo." G, DiaMar, agosto 16, 1946,
   p. 4. /SEM/
                                                            (1005)

"Habana-Coruña." G, DiaMar, tarde, jun. 15, 1923, p./1/
   /VIA/
                                                            (1006)

"Habla para Bohemia Libre el Dr. Jorge Mañach." Boh. Libre,
   jun. 18, 1961, pp. 26, 67 y 82, /POL/   (1007)

"Hace de esto tres años." G, DiaMar, mañana, nov. 18, 1923,
   p. 3. /Como conoció a Vicente Blasco Ibáñez/ /SEM/
                                                            (1008)

"Hace de esto unas horas. Lo que piensa Blasco Ibáñez sobre
   esto y lo de más allá." DiaMar, mañana, nov. 20, 1923,
   p./1/ /LIT/
                                                            (1009)

"Hacia un programa de acción nacional." II Boh, dic. 1,
   1946, pp. 27 y 50. /POL/   (1010)

"Hacia un régimen de universidades." G, DiaMar, mayo 22,
   1948, p.4. /CUL/   (1011)

"Hacia una economía de la sal." R, DiaMar, mayo 6, 1953,
   p. 4. /CUL/   (1012)

"Hacia una educación responsable." G, DiaMar, jun. 26, 1945,
   p. 4. /CUL/   (1013)

"Hacia una noble conspiración." G, DiaMar, mayo 17, 1945,
   p. 4. /POL/   (1014)

"Hacia una paz americana." DiaMar, feb. 18, 1945, p.4. /POL/
                                                            (1015)

"Had enough? - Vote Republican!" G, DiaMar, nov. 8, 1946,
   p. 4. /POL/   (1016)

"Los hados del Príncipe." G, DiaMar, nov. 21, 1948, p.36.
   /Sobre Charles, Príncipe de Gales/   (1017)

"Hamlet y algo sobre Dinamarca." G, DiaMar, enero 18, 1948,
   p.4. /ART/   (1018)

"Hasta la vuelta." G, DiaMar, tarde, feb. 6, 1923, p. /1/
   /Muerte de Carlos Velasco, fundador de Cuba Contemporá-
   nea/ /SEM/   (1019)

"El Havre y Bayeaux." G.V., DiaMar, enero 2, 1946, p.4.
   /VIA/   (1020)

JORGE MAÑACH

"Hay algo nuevo bajo el sol." RevAvance, III, no. 20,
     marzo 15, 1928, p.43. /Número aniversario/ /LIT/
                                                    (1021)

"Hay que ir haciendo el Nacimiento." G, DiaMar, dic. 20,
     1946, p.4. /COS/
                                                    (1022)

"El hecho filosófico y su historia." II R, DiaMar, nov.
     15, 1953, p.34. /Primera parte: "Sobre la historia".
     Continúa en "Valor, didáctica, estimación."/ /FIL/
                                                    (1023)

"Hechos y opiniones." R, DiaMar, feb. 13, 1955, p.4-D.
     /Más sobre "Carta sobre un libro ocupado."/ /CUL/
                                                    (1024)

"/Henri/ Bergson." R, DiaMar, nov. 29, 1959, p.4-A. /Pa-
     saje inicial de la conferencia que leyó en la Biblio-
     teca Nacional/ /FIL/
                                                    (1025)

"Hércules en Yolcos." G, DiaMar, tarde, dic. 5, 1923,
     p. /1/ /Sobre libro de Emilio Gaspar Rodríguez/
     /LIT/
                                                    (1026)

"Heredia y el romanticismo." Cuadernos hispanoamericanos,
     XXX, no. 86, feb. 1957, pp. 195-220. /LIT/   (1027)

"La herencia." G, DiaMar, tarde, feb. 5, 1924, p./1/
     /Réplica a Jorge Roa/ /LIT/   (1028)

"La hermana de Martí." I G, DiaMar, tarde, enero 11,
     1924, p. /1/ /Entrevista con Amelia Martí, hermana
     de José Martí. Es posible que esta entrevista haya
     sido el origen de su obra más famosa: Martí, el apóstol.
     (1933)/ /MAR/   (1029)

_____ II G, DiaMar, tarde, enero 12, 1924, p.1 /Inclu-
     ye última carta de Martí a su madre, marzo 25, 1895/
     /MAR/   (1030)

"Hermanita." G, DiaMar, tarde, agosto 7, 1923, p.1 /Sobre
     el libro de Agustín Acosta/ /LIT/   (1031)

_____ II G, DiaMar, tarde, agosto 8, 1923, p./1/ /Lo
     compara con Ala, anterior libro de Acosta. /LIT/
                                                    (1032)

"Heterocarpia." G.M., DiaMar, tarde, sept. 23, 1924, p./1/
     /Sobre Mary Leeds/ /ART/   (1033)

"Hierro frío." G, DiaMar, marzo 2, 1949, p.4. /PER/
                                                    (1034)

"Hispánicas." G, DiaMar, tarde, sept. 18, 1923, p./1/
                                                    (1035)

"Historia: continuidad y libertad." R, DiaMar, jun. 27,
     1952, p.4. /En el homenaje a García Pons/ /PER/
                                                    (1036)

"Historia y política." G, DiaMar, oct. 1, 1947, p.4. /POL/
(1037)

"El historiador de Pinar del Río." G, DiaMar, abr. 17,
1946, p. 4. /Sobre Emeterio S. Santovenia/ /CUL/(1038)

"Lo histórico en la obra de Chacón y Calvo; discurso."
Chacón y Calvo, José María. Discursos leídos en la
recepción pública del Dr. José María Chacón y Calvo
la noche del 1º de marzo de 1945. Contesta en nombre
de la Corporación el Dr. Jorge Mañach y Robato. La
Habana: Impr. "El Siglo XX", 1945, pp. /87/-104. /A
la cabeza del título: Academia de la Historia de Cuba/
/CUL/
(1039)

"Holofernes y Judith." R, DiaMar, marzo 3, 1955, p. 4-A.
/CUL/
(1040)

"Hollywood y la niñez cubana." G, DiaMar, jun. 26, 1948,
p.4. /COS/
(1041)

"La hombrada de Nicaragua." G, DiaMar, mayo 30, 1947, p.4.
/POL/
(1042)

"Un hombre de Estado. Un diplomático." G, DiaMar, jun. 17,
1945, p. 4. /Sobre Charles De Gaulle/ /SEM/ (1043)

"El hombre del año." R, DiaMar, enero 4, 1952, p.4. /Sobre
Mossadegh, el Primer Ministro Persa/ /POL/ (1044)

"El hombre del Prado." G, DiaMar, abr. 8, 1945, p.4. /COS/
(1045)

"El hombre que amaba el mar." RevAvance, II, no. 15, nov.
15, 1927, pp. 72-75./Cuento/ /LIT/ (1046)

"Hombres-cohetes." G, DiaMar, tarde, agosto 21, 1923, p.
/1/ /Contesta tres cartas sobre una nota suya a un
prólogo de Benavente/ /LIT/ (1047)

"Los hombres y los principios." Boh, abr. 8, 1951, pp. 45
y 82. /CUL/ (1048)

"Homenaje a Alfonso Reyes." R, DiaMar, agosto 25, 1954,
p. 4-A. /LIT/ (1049)

"Homenaje a un funcionario muerto." G, DiaMar, feb. 19,
1947, p. 4. /Sobre Andrés Abela/ /SEM/ (1050)

"Homenaje a un hombre de conciencia." Boh, nov. 28, 1948,
pp. 49 y 90. /Sobre José Russinyol/ /SEM/ (1051)

"Homenaje al ministro San Martín." G, DiaMar, feb. 6, 1948,
p. 4. /Sobre José R. San Martín/ /POL/ (1052)

JORGE MAÑACH

"Un homenaje al Quijote." G, DiaMar, mayo 14, 1947, p.4.
      (1053)
   /CUL/

"Los homenajes, /Fermín/ Peraza y la bibliografía." G, Dia
   Mar, dic. 17, 1947, p.4. /Por su Anuario Bibliográfico
      (1054)
   Cubano/ /CUL/

"Honra y estrago del idioma." Boh, abr. 29, 1951, pp. 37
      (1055)
   y 82. /CUL/

"Honrando a Martí." G.T., DiaMar, mañana, dic. 17, 1922,
   p. 3. /Nombran Leonor Pérez, madre de Martí, a la calle
      (1056)
   Paula/ /MAR/

"Honras de la Letra." G, DiaMar, mayo 28, 1947, p.4. /Sobre
      (1057)
   la Letra de cambio/ /CUL/

"La hora de decidirse." G, DiaMar, mayo 26, 1945, p.4.
      (1058)
   /POL/

"La hora grande." Boh, feb. 27, 1955, pp. 63 y 83. /POL/
      (1059)

"La humanización de Martí." G, DiaMar, oct. 3, 1945, p.4.
   /Sobre Martí escritor, de Andrés Iduarte y El Martí
   que yo conocí, de Blanca Baralt/ /MAR/   (1060)

"Los húsares negros." Social, IX, marzo 1924, p.19. /Can-
      (1061)
   ción rusa prosificada/ /LIT/

I

"El I.N.C. y los libros." A.M., DiaMar, jun. 6, 1956,
     p.4-A. /Sobre el Instituto Nacional de Cultura/ /CUL/
                                                          (1062)

"Ichaso, Cheché y yo." G, DiaMar, tarde, dic. 4, 1923,
     p./1/ /Diálogo sobre el libro de León Ichaso, La comedia
     femenina/ /LIT/   (1063)

"La idea como protagonista." Boh, oct. 3, 1954, pp. 59 y
     95. /POL/   (1064)

"Una idea: una acción." G.T., DiaMar, tarde, dic. 22,
     1922, p./1/ /POL/   (1065)

"Un ideal fermentado." R, DiaMar, marzo 8, 1953, p.56.
     /Sobre José Stalin/ /SEM/   (1066)

"Las ideas en la enseñanza." R, DiaMar, feb. 11, 1955, p.
     4-A. /Contestación a "Carta sobre un libro ocupado."/
     /CUL/   (1067)

"Las ideas y la política; impugnación al doctor Fernández
     Varela sobre 'La moral del doctor Agramonte.'" Boh,
     marzo 2, 1952, pp. 52-54 y 81. /POL/   (1068)

"El idioma y la dignidad." G, DiaMar, mar. 28, 1947, p.4.
     /CUL/   (1069)

"El idiota y las cosquillas." G.T., DiaMar, mañana, 2a.
     sec., nov. 23, 1922, p./13/ /COS/   (1070)

"Los idus de marzo." Boh, marzo 30, 1952, pp. 53 y 69.
     /POL/   (1071)

"La iglesia y el camino de la paz." G, DiaMar, feb. 27,
     1946, p.4. /CUL/   (1072)

"Las ilusiones y los engaños. (Breve glosa a una carta
     del general Loynaz)." Boh, marzo 20, 1955, pp. 63 y 97.
     /POL/   (1073)

"Ilustraciones de Rebeca Robés." R, DiaMar, marzo 15, 1951,
     p.4. /ART/   (1074)

"Lo ilustre secreto." G, DiaMar, tarde, feb. 22, 1924, p.1.
     /Sobre el P. Eguía/ /SEM/   (1075)

"Los ilustres desconocidos." G, DiaMar, tarde, enero 18,
     1924, p. /1/ /Más sobre la hermana de Martí/ /MAR/
                                                          (1076)

"Imagen de /Manuel/ Curros /Enríquez/." R, DiaMar, dic. 16,
    1951, p.50. /SEM/   (1077)

"Imagen de /Manuel/ Sanguily." Boh, marzo 28, 1948, pp.34
    57-58. /SEM/   (1078)

"Imagen de Ortega y Gasset." Revista cubana de filosofía
    a. 4, no. 13, enero-jun. 1956, pp. 104-125. /LIT/
                                                         (1079

"Imagen de un destino nacional. (Palabras de clausura
    /de un curso/ en la Universidad del Aire)." Boh, jul.
    2, 1950, pp. 85 y 96. /CUL/   (1080)

"Imagen de un partido ideal." Boh, feb. 19, 1950, pp. 51
    /POL/   (1081)

"Una imagen humorística de la Pampa." R.H.M., Sec. escolar,
    a. V, no. 1, enero 1939, pp. /89/-92. /COS/   (1082)

"Imágenes de lo viejo cubano (Carta a Anita Arroyo)." Boh,
    marzo 26, 1950, pp. 88 y 97. /ART/   (1083)

"Las imágenes y el tiempo." R, DiaMar, sept. 12, 1951,
    p.4. /VIA/   (1084)

"La imaginación y el reumatismo." R, DiaMar, dic. 20, 1951,
    p. 4. /COS/   (1085)

"La imitación del paraíso." G, DiaMar, marzo 5, 1949, p.4.
    /CUL/   (1086)

"El imperialismo sentimental en Martí." G, DiaMar, enero
    29, 1950, p.34. /Sobre la traducción de sus versos por
    Cecil Charles/ /MAR/   (1087)

"El imperialismo y las falsificaciones." G, DiaMar, agosto
    9, 1946, p. 4. /Sobre Juan Marinello/ /POL/   (1088)

"'El imperio mudo' de Luis Rodríguez Embil." RevAvance,
    IV, no. 35, jun. 15, 1929, p. 184. /LIT/   (1089)

"Impresión de Inglaterra." R, DiaMar, agosto 26, 1951,
    p.48. /VIA/   (1090)

"Impresión de Venezuela." B, DiaMar, feb. 26, 1948, p.4.
    /Sobre Rómulo Gallegos/ /VIA/   (1091)

"Impresiones del regreso." R, DiaMar, feb. 6, 1953, p.4.
    /CUL/   (1092)

"In memoriam." G, DiaMar, enero 27, 1925, p.1. /De Manuel
    Sanguily/ /SEM/   (1093)

"Inauguración del 'Lyceum'" RevAvance, Almanaque, marzo
   15, 1929, p. 90. /ART/   (1094)

"El incauto y el reincidente." Boh, marzo 25, 1951, pp. 63
   y 112. /POL/   (1095)

"Incógnita de la victoria." G, DiaMar, mayo 8, 1945, p.4.
   /POL/   (1096)

"Indagación del choteo." Bueno, Salvador, ed. Los mejores
   ensayistas cubanos. (Biblioteca básica de cultura cubana, director: Alejo Carpentier, 2ª ser. 20) /Lima:
   Impr. Torres Aguirre, 1959/, 126p. /COS/   (1097)

_____ RevAvance, III, no. 27, oct. 15, 1928, pp. 276-
   278. /Fragmento del ensayo/ /COS/   (1098)

"La indignación ruborosa." G, DiaMar, tarde, enero 27,
   1923, p./1/ /COS/   (1099)

"La indócil." G.T., DiaMar, tarde, enero 13, 1923, p./1/
   Glosas, pp. 32-35. /COS/   (1100

"Influjos: Arthur Freedlander." G, DiaMar, tarde, abr. 16,
   1924, p./1/ /ART/   (1101

"Los informes Kinsey. Una investigación de la vida sexual
   en los Estados Unidos." Boh, agosto 30, 1953, pp. 51 y
   77 /COS/   (1102)

"La inmoralidad nueva." R, DiaMar, nov. 24, 1959, p.4-A
   /COS/   (1103)

"La inquietud cubana en la universal inquietud." Ateneo
   Puertorriqueño, 2do. trimestre, 1936, pp. 94-107.
   /CUL/   (1104)

"Inquisición sobre el estadismo." G, DiaMar, jun. 9, 1948,
   p. 4. /POL/   (1105)

"La inseguridad del mundo." G, DiaMar, dic. 29, 1948, p.4.
   /POL/   (1106)

"La institución cultural española." G, DiaMar, tarde, oct.
   3, 1925, p. 1. /CUL/   (1107)

"Una institución y un hombre." Boh, sept. 20, 1953, pp.
   68 y 90. /Sobre la INED: Instituto Nacional de Investigación y Diagnóstico/ /CUL/   (1108)

"Integridad de Martí." R, DiaMar, enero 28, 1951, p.46.
   /Fragmento inédito de "El espíritu de Martí" I//MAR/
                                                             (1109)

"Integridad de Martí." La Nación; por la cultura y los
    intereses generales, Tegucigalpa, mayo 20, 1951, pp.
    /5/-6. /MAR/   (1110)

"Los intelectuales de Febrero." Boh, feb. 26, 1950, pp. 54-55,
    211. /Sobre Sanguily, Varona, Serra, Manuel de la Cruz,
    José Martí/ /CUL/   (1111)

"Intercomunicación." DiaMar, dic. 29, 1955, p.4-A. /CUL/
                                                                   (1112)

"Interludio sobre el sentimiento patrio." R, DiaMar, jun. 7,
    1956, p. 4-A. /CUL/   (1113)

"Lo internacional y lo doméstico." La actualidad, DiaMar,
    mayo 16, 1953, p. 1 y 32. /POL/   (1114)

"La internada cubanidad." G, DiaMar, enero 31, 1947, p.4.
    /Sobre Manguito, Cuba/ /VIA/   (1115)

"Las interpretaciones del Quijote." Mercurio peruano, III
    no. 30, dic. 1920, pp. 443-462. /Sobre la obra de Cer-
    vantes/ /LIT/   (1116)

"La intervención educativa." G.M., DiaMar, tarde, sept. 16,
    1924, p. /1/ /CUL/   (1117)

"Intransigencia." G.T., DiaMar, tarde, dic. 30, 1922, p.1
    /COS/   (1118)

"La intransigencia. Mal paso de comedía en prosa dramática."
    El Fígaro, a. XLII, no. 1-2, enero 1925, pp. 22-23. /ART/
                                                                   (1119)

"Introito de izquierda y derecha." Boh, jul. 22, 1945, pp.
    19 y 41-42. /POL/   (1120)

"La invasión de los barrios." G, DiaMar, dic. 18, 1946,
    p. 4. /POL/   (1121)

"Invitación al paréntesis." Boh, abr. 3, 1955, pp. 59 y 94.
    /POL/   (1122)

Jorge Mañach, por Arche

J

"/Jacinto/ Benavente y sus dimensiones." R, DiaMar, jul. 17,
    1954, p. 4-A. /SEM/   (1123)

"Jaime Valls, o la insuperable maestría." G, DiaMar, tarde,
    jul. 21, 1925, p.1. /ART/   (1124)

"'El jayón' de Concha Espina." RevAvance, IV, no. 34, mayo
    15, 1929, p. 153, /LIT/   (1125)

"El 'jeito' de /Getulio/ Vargas." R, DiaMar, agosto 27,
    1954, p. 4-A, /SEM/   (1126)

"Joaquín Sorolla." Cuba contemporánea, XXXIII, 1923, pp.
    pp. 275-289. /ART/   (1127)

"/Joaquín/ Xirau y don Pedro /Henríquez Ureña/." G, DiaMar,
    mayo 15, 1946, p. 4. /SEM/   (1128)

"John Dewey y la evocación del pensamiento americano."
    Revista Lyceum, VIII, no. 32, nov. 1952, pp. 66-88.
    /FIL/   (1129)

"/Jorge/ Arche o los pequeños heroismos." G, DiaMar, mayo
    4, 1949, p.4. /ART/   (1130)

"Jorge Santayana." R, DiaMar, oct. 12, 1952, p. 56. /SEM/
                                                           (1131)

"/Jorge/ Santayana y /Eugenio/ D'Ors." Cuadernos americanos,
    LXXXVIII, no. 14, sept-oct., 1955, pp. 77-101. /SEM/
                                                           (1132)

"Jornada de las islas." G, DiaMar, oct. 28, 1945, p.4.
    /VIA/   (1133)

"/José/ de la Luz León y su perro." G, DiaMar, feb. 26, 1947,
    p.4. /CUL/   (1134)

"/José de la/ Luz y 'El Salvador'" G, DiaMar, Mar. 28,
    1948, p. 36. /CUL/   (1135)

"/José María/ Chacón y Calvo y su intuición de España."
    G, DiaMar, marzo 4, 1945, p.4. /Ingreso de J.M.C.C en la
    Academia de la Historia de Cuba/ /CUL/   (1136)

"José Martí." Academia Nacional de Artes y Letras, La
    Habana. Anales, XXXV, no. 29, 1949, pp. /109/-129.
    /Discurso pronunciado... el día 19 de mayo de 1949.
    Impreso en folleto en 1960/ /MAR/   (1137)

"José Martí." Los maestros de la Cultura Cubana. La Ha-
    bana, 1941. /MAR/   (1138)

"José Martí." Ateneo de la Habana. Publicaciones: Ciclo
    de Conferencias. 6 de julio al 9 de agosto de 1940,
    pp. 121-137. /MAR/   (1139)

"José Martí." Revista cubana, XXIV, enero-jun. 1949, pp.
    399-423. /Conferencia dada en el ciclo La ilustración
    cubana, organizado por la Dirección de Cultura del
    Ministerio de Educación, el 6 de abril de 1949/ /MAR/
                                                           (1140)

"José Martí, rompeolas de América." Combate, III, no. 15,
    marzo/abr. 1961, pp. 70-73. /Ultimo artículo de Jorge
    Mañach/ /MAR/   (1141)

_____ Bohemia libre, a. 53 (2a. etapa), no. 42, jul. 23,
    1961, pp. 7 y 95. /MAR/   (1142)

_____ Jorge Mañach, 1898-1961; homenaje de la Nación Cu-
    bana. Río Piedras, P.R.: Editorial San Juan /1972/, pp.
    109-117. /MAR/   (1143)

"José Martí y su periodismo." El País, marzo 17, 1930.
    /MAR/   (1144)

"/José/ Vasconcelos y /Salvador/ Madariaga." DiaMar, enero
    26, 1947, p. 35. /CUL/   (1145)

"El joven de sociedad." G.T., DiaMar, mañana, 2a. sec.,
    nov. 21, 1922, p. /13/ Glosas, pp. 285-289. /COS/
                                                           (1146)

"Juan Clemente Zamora." G, DiaMar, nov. 20, 1946, p.4.
    /SEM/   (1147)

_____ Revista de la Universidad de la Habana, no. 70/72,
    enero-jun. 1947, pp. 257-260. /SEM/   (1148)

"/Juan José de/ Soiza Reilly." R, DiaMar, marzo 21, 1959,
    p. 4-A. /SEM/   (1149)

"Juan Manén." G, DiaMar, tarde, abr. 20, 1923, p.1. Glosas,
    pp. 363-366. /ART/   (1150)

"Juana, la alocada." G.T. DiaMar, mañana, 2a. sec. nov. 18,
    1922, p. /13/ Glosas, pp. 309-313. /COS/   (1151)

"'Júbilo y fuga' de /Emilio/ Ballagas." R, DiaMar, sept.
    15, 1954, p. 4-A. /SEM/   (1152)

"El juego y la desesperación." G, DiaMar, sept. 14, 1945,
    p. 4. /COS/   (1153)

"El Juez condenado por bueno." Boh, marzo 25, 1956, pp. 35
    y 100. /Sobre Waldo Medina/ /POL/   (1154)

"Un juicio sobre 'La rosa blanca'" Boh, agosto 22, 1954,
    pp. 50 y 98. /Crítica de una película cubana sobre
    José Martí/ /MAR/
                                                    (1155)

"La jurisdicción ajena y la de todos." G, DiaMar, marzo 9,
    1949, p.4. /CUL/
                                                    (1156)

"Juventud de polizones." G, DiaMar, jul. 19, 1945, p. 4.
    /COS/
                                                    (1157)

"La juventud de Varona." Boh, mayo 8, 1949, pp. 10, 124-125.
    /FIL/
                                                    (1158)

K

"Kleiber-Ivette." G, <u>DiaMar</u>, marzo 1, 1945, p. 4. /Sobre
      Ivette Hernández y Eric Kleiber/ /ART/   (1159)

L

"Labrador Ruíz: Trailer de sueños." G, DiaMar, oct. 16,
     1949, p. 34. /LIT/
                                                    .(1160)

"Lamar, Nietzsche, Zarathustra." G, DiaMar, tarde, feb.
     28, 1924, p. /1/ /Sobre La palabra de Zarathustra,
     de Alberto Lamar Schweyer/ /LIT/
                                                    (1162)

"'Lancelot 28°-7"', por Agustín Espinosa." RevAvance, V,
     no. 47, jun. 15, 1930, p. 188. /LIT/
                                                    (1163)

"Una lanza por Cueto." G, DiaMar, agosto 23, 1945, p. 4.
     /VIA/
                                                    (1164)

"Las de Voronoff en el Diario." RevAvance, I, no. 5, mayo
     15, 1927, p. 123. /Suplemento literario de J.A. Fernán-
     dez de Castro en el Diario/ /PER/   (1161)

"Laudo a /José R./ Hernández Figueroa." R, DiaMar, feb.
     18, 1953, p. 4. /Premio "Justo de Lara", por Los insu
     mergibles./ /PER/
                                                    (1165)

"Lealtad y herejía en Venecia." R, DiaMar, sept. 14, 1951,
     p. 4. /VIA/
                                                    (1166)

"Lealtad y libertad." G, DiaMar, dic. 24, 1948, p. 4. /PER/
                                                    (1167)

"Lección nacional del Lyceum." R, DiaMar, marzo 18, 1954,
     p. 4. /CUL/
                                                    (1168)

"Lectura." G, DiaMar, tarde, oct. 3, 1923, p. /1/ /Sobre
     Guillermo Martínez Márquez/ /CUL/   (1169)

"Legaciones, ¿para qué?" A.M., DiaMar, jun. 13, 1959, p.
     4-A. /POL/
                                                    (1170)

"Legitimación." A.M., DiaMar, mayo 26, 1956, p. 4-A./CUL/
                                                    (1171)

"Leonela, de Nicolás Heredia." RevAvance, V, no. 49, agosto
     15, 1930, p. 251. /LIT/   (1172)

"Letras." RevAvance, IV, no. 32, marzo 15, 1929, pp. 86-87.
     /Apuntes sobre La revolución mexicana, por Luis Araquis-
     taín; Carlos Mérida, por Luis Cardoza Aragón; Del casco
     al gorro frigio, por Gonzalo de Quesada; y La arquitec-
     tura de la vida nueva, de Miguel Angel Asturias./
     /LIT/   (1173)

"Letras: Reflejos, por Xavier Villaurrutia." RevAvance,
     I, no. 10, agosto 30, 1927, pp. 264-265. /LIT/ (1174)

JORGE MAÑACH

"Ley de amor." G, DiaMar, mañana, nov. 13, 1923, p.3. (1175)
/PER/

"La ley de la enseñanza." G, DiaMar, jul. 17, 1945, p.4. (1176)
/CUL/

"La ley de los tres estados, por Augusto Comte." La Habana (1177)
/1928?/ Tesis-Univ. Habana. /CUL/

"Leyendo a /Charles/ Péguy." G, DiaMar, marzo 5, 1947,
p.4. /Traducción de Nuestra juventud./ /LIT/ (1178)

"'Liberación' de Alfonsina Storni." Revista Iberoamericana,
I, no. 1, mayo, 1939, pp. 73-76. /LIT/ (1179)

"La libertad en Columbia." Boh, nov. 28, 1954, pp. 39 y 95. (1180)
/POL/

"Libertad y seguridad." R, DiaMar, 1959, p. 4-A. /CUL/ (1181)

"Libertad y sociedad." G,V., DiaMar, enero 18, 1946, p.4. (1182)
/VIA/

"El libro de Uncal." G, DiaMar, tarde, enero 25, 1923,
p.1. /Sobre El hombre de la pipa, de José María Uncal/ (1183)
/LIT/

"Un libro fundamental." G, DiaMar, marzo 19, 1948, p.4.
/El Pre-Barroco en Cuba, por Francisco Prat Puig/ (1184)
/ART/

"Libros, Yolanda y una tilde." G, DiaMar, dic. 8, 1946,
p. 35. /Sobre Murmures de l'Aube, versos de Y. Avilés (1185)
Ramírez/ /LIT/

"Los libros y las gracias." I R, DiaMar, nov. 12, 1959, (1186)
p. 4-A. /CUL/

_____ II R, DiaMar, nov. 17, 1959, p. 4-A. /CUL/ (1187)

"La Liga Contra el Cáncer y su Comité de Damas." G, Dia
Mar, feb. 4, 1950, p. 4. /CUL/ (1188)

"La Liga de la Benedicencia." G, DiaMar, tarde, enero 20, (1189)
1923, p.1. /COS/

"Lillo y Robespierre." A.M., DiaMar, jul. 14, 1956, p.4-A. (1190)
/Sobre Rafael Lillo/ /CUL/

"Limpieza de conciencia." R, DiaMar, enero 2, 1952, p.4. (1191)
/PER/

"Liquidación de responsabilidades." Boh, mayo 20, 1951,
      pp. 35 y 81, /POL/   (1192)

"Literary Homogeneity in the Caribbean." The Caribbean at
      Mid Century. Editor A.C. Wilgus, Gainesville: Univer-
      sity of Florida Press, 1951, I, pp. 213-215. /LIT/
                                                            (1193)
"La literatura de hoy. Carlos Reyles." R.H.M. a. V, no.1
      enero 1939, pp. 18-20. /LIT/   (1194)

"'La literatura peruana', de Luis Alberto Sánchez." Rev
      Avance, V, no. 48, jul. 15, 1930, pp. 220-221. /LIT/
                                                            (1195)
"'Littérature espagnole', de Jean Cassou." RevAvance, IV,
      no. 39, oct. 15, 1929, p. 310. /LIT/   (1196)

"Little Diego." Boston, Mass., /1916?/ /Primicias lite-
      rarias de Mañach. Cuento en inglés publicado en una
      revista escolar en Cambridge High School/ /LIT/(1197)

"Lo de Buenos Aires." La Actualidad, DiaMar, abr. 17,
      1953, p.1. /POL/   (1198)

"Lo de la Universidad del Aires." R, DiaMar, mayo 14,
      1952, p.4. /POL/   (1199)

"Lo del procesamiento." DiaMar, mañana, jun. 5, 1923, p.1.
      /POL/   (1200)

"Lo que a /Eugenio/ D'Ors le debemos." R, DiaMar, sept.
      29, 1954, p. 4-A. /LIT/   (1201)

Lo que a Ramiro Guerra debemos." R, DiaMar, feb. 2, 1955,
      p. 4-A. /CUL/   (1202)

"Lo que esperan los muertos. (Carta abierta a Martínez
      Sáenz y a Santovenia)." Boh, jun. 19, 1955, pp. 55 y
      93. /POL/   (1203)

"Lo que piensa un 'americano' residente." Boh, mar. 14,
      1954, pp. 57 y 90. /POL/   (1204)

"Lo que se cuenta a los niños." Boh, dic. 25, 1955, pp.
      57, 81-82. /Sobre literatura infantil y la Editorial
      del Libro Cubano/ /LIT/   (1205)

"Lo que se puede hacer con las manos." R, DiaMar, oct. 20,
      1959, p. 4-A. /Sobre Isabel Chapotín/ /ART/   (1206)

"Lo que tendría que hacer Prío. (Carta a un censor anó-
      nimo). Boh, sept. 26, 1948, pp. 39 y 75. /POL/ (1207)

"La lucha presidencial en los Estados Unidos." <u>Boh</u>, oct.
    26, 1952, pp. /68/-69, 96. /POL/   (1208)

"Un lugar como hay muchos." G, <u>DiaMar</u>, jul. 10, 1945, p.4.
    /Ensenada de la Mora, Oriente/ /VIA/   (1209)

"Luis Alberto Sánchez: 'Se han sublevado los indios'. 'Esa
    novela peruana'" <u>RevAvance</u>, enero 15, 1929, p.26.
    /LIT/   (1210)

"Luis de Soto." R, <u>DiaMar</u>, feb. 16, 1955, p. 4-A. /SEM/
                                                           (1211)

"Luis de Soto y su obra." G, <u>DiaMar</u>, mayo 11, 1950, p.4.
    /SEM/   (1212)

"Luis Graner y su obra." G, <u>DiaMar</u>, tarde, enero 23, 1927,
    p./1/ /ART/   (1213)

"/Luis/ Rodríguez Embil." R, <u>DiaMar</u>, mayo 9, 1954, p.44.
    /SEM/   (1214)

"Luminoso esparcimiento." G, <u>DiaMar</u>, tarde, enero 30, 1923,
    p. /1/ /COS/   (1215)

"'Lyceum' y lo femenino." G, <u>DiaMar</u>, oct. 26, 1949, p.4.
    /CUL/   (1216)

LL

"La llama extinta." Boh, sept. 2, 1951, pp. 49 y 87. /POL/
(1217)

"El llamamiento de Santo Domingo." Boh, abr. 1, 1956,
pp. 47 y 75, /POL/   (1218)

M

"La maestría en la idiotez." G, _DiaMar_, mayo 29, 1949,
  p. 60. /Sobre E.J. Varona, Mariano Martí y Eugenio
  Mañach/ /CUL/
                                                            (1219)

"Un maestro cubano: Leopoldo Romañach." _Revista Bimestre
  Cubana_, XXI, marzo,abr. 1926, pp. 174-189. /ART/(1220)

"El mambí de 'la confianza'." _Boh_, feb. 21, 1954, pp. 51
  y 90. /Sobre Emilio Giró Odio y el 24 de Febrero de
  1895/ /SEM/
                                                            (1221)

"Los 'mamotretos' de Ortega y Gasset." G, _DiaMar_, feb. 11,
  1950, p. 4. /Comenta carta de Julián Marías sobre _La
  razón vital_, de Ortega/ /LIT/   (1222)

"La manta del loco." G, _DiaMar_, sept. 4, 1945, p.4. /POL/
                                                            (1223)

"Manuel García." G, _DiaMar_, sept. 5, 1923, p./1/ /ART/
                                                            (1224)

"Manuel Mantilla." G, _DiaMar_, tarde, abr. 3, 1924, p./1/
  /ART/
                                                            (1225)

"/Manuel/ Sanguily desde Coral Gables." G, _DiaMar_, marzo,
  27, 1948, p. 4. /CUL/
                                                            (1226)

"La marca de España." G, _DiaMar_, tarde, nov. 7, 1923,
  /1/ _Glosas_, pp. 135-139. /VIA/   (1227)

"La Marca nacional española. (Revista en revista) _Revista
  bimestre cubana_, XXVI, 1930, p. 342. /CUL/   (1228)

"Marco para un perfil de /John/ Dewey." R, _DiaMar_, jul.
  10, 1952, p.4. /FIL/
                                                            (1229)

"Marco para una instantánea." G.V., _DiaMar_, dic. 26, 1945
  p.4. /VIA/
                                                            (1230)

"La marcha del tiempo." G, _DiaMar_, sept. 1, 1946, p.35.
  /Sobre Carlos J. Finlay/ /CUL/   (1231)

"Márgenes al 'Goya' de Ramón." _RevAvance_, III, no. 25,
  agosto 15, 1928, pp. 210-214. /Sobre obra de Gómez de
  la Serna sobre Goya/ /LIT/   (1232)

"María Josefa Lamarque." G, _DiaMar_, tarde, marzo 20, 1924,
  p./1/ /ART/
                                                            (1233)

"María Muñoz /de Quevedo/, la hilandera." G, _DiaMar_, dic.
  19, 1947, p.4. /SEM/
                                                            (1234)

"Mariano Brull: 'Quelques poèmes'." E.B., DiaMar, mañana,
    dic. 15, 1925, p.18. /Sobre la traducción de Algunos
    poemas/ /LIT/
                                                      (1235)

"/Mariano/ Brull y la traducibilidad de la poesía." R,
    DiaMar, abr. 21, 1954, p.4. /Sobre Rien que/ /LIT/
                                                      (1236)

"Mariano Miguel y sus imágenes." R, DiaMar, oct. 17, 1954,
    p. 4-D. /ART/   (1237)

"Los marineros y Puerto Rico." G, DiaMar, marzo 20, 1949,
    p. 36. /MAR/   (1238)

"Marquina y el consentimiento español." R, DiaMar, enero
    27, 1952, p.46. /Autor de Alma y vida de Marta Abreu/
    /CUL/   (1239)

"Martí." Su Pasado vigente. Habana: Editorial Trópico,
    1939, pp. 183-187. /MAR/   (1240)

_____ El Eco de Tunas, Victoria de las Tunas, Cuba, enero
    28, 1942, p. 7. /MAR/   (1241)

_____ Pueblo, La Habana, VII, no. 2413, enero 28, 1943,
    p. 2. /MAR/   (1242)

_____ Páginas; del Colegio Libre de Estudios Superiores,
    filial Bahía Blanca, Bahía Blanca, Argentina, no. 1,
    mayo 19, 1953. /MAR/   (1243)

"Martí; ala y raíz." Archivo José Martí, 9 (1945), pp. 157-
    163. /MAR/   (1244)

_____ Boh, mayo 27, 1945, p. 23. /MAR/   (1245)

_____ Cuadernos Americanos, IV, mayo-jun. 1945, p. 157/MAR/
                                                      (1246)

_____ Martí, José. Obras completas, I, La Habana, 1946,
    p. xxiii. /MAR/   (1247)

_____ La Epoca; diario de la tarde, Tegucigalpa, Honduras,
    a. XIX, no. 5843, enero 27, 1953, p. /1/, 4. /MAR/(1248)

_____ El Mundo, LI, no. 16364, Suplemento, enero 28, 1953,
    p. 3. /MAR/   (1249)

_____ El Federado Escolar; revista mensual de defensa uni-
    da del Retiro Escolar, La Habana, a. XI, no. 123/124,
    mayo/jun. 1953, pp. 32-33. /MAR/   (1250)

"¿Martí ecuestre?" A.M., DiaMar, enero 21, 1956, p.4-A.
    /Sobre un proyecto escultórico para la Plaza de las
    Américas/ /MAR/   (1251)

JORGE MAÑACH

"Martí, el hombre y su vida." Tiempo, época II, no. 4,
    mayo 18, 1941, p.8. /MAR/   (1252)

"Martí en Carmina Benguría." R, DiaMar, dic. 29, 1951. p.4.
    /MAR/   (1253)

"Martí, en México." Lux, México, D.F., a, XIX, no. 5, mayo
    31, 1946, pp. 18-21. /MAR/   (1255)

"Martí en The Hour." El País, marzo 16, 18 y 21, 1932.
    /MAR/   (1256)

        Archivo José Martí, 1 (1940, pp. 34-39. /MAR/
           (1257)

"Martí, escritor generoso." DiaMar, enero 28, 1953, p. 4.
    /MAR/   (1258)

"Martí, legado y posteridad." Pensamiento y acción de José
    Martí. Santiago de Cuba: Universidad de Oriente, 1953,
    pp. 71-101. /MAR/   (1259)

        Jorge Mañach, 1898-1961; homenaje de la Nación Cu-
    bana. Río Piedras, P.R.: Editorial San Juan /1972/,
    pp. 75-108. /MAR/   (1260)

"Martí, nonnato." El País, enero 28, 1933. /MAR/ (1261)

        Semanario católico, a. XXXII, no. 138, enero 26,
    1941, p. 21. /MAR/   (1262)

"Martí: obra y gloria." G, DiaMar, feb. 24, 1946, p. 4.
    /Sobre Obras completas, de José Martí, por Editorial
    Lex/ /MAR/   (1263)

"Martí: obra y guía." Cuba y España, a.V, no..5, marzo
    1946, p.3. /MAR/   (1264)

"Martí; párrafos." Páginas, del Colegio Libre de Estudios
    Superiores, filial, Bahía Blanca, Bahía Blanca, Argen-
    tina, no. 1, mayo 19, 1953. /MAR/   (1265)

"Martí y la crítica política." G, DiaMar, mayo 20, 1948,
    p. 4. /MAR/   (1266)

"Martí y la tierra." El País, enero 28, 1927. /MAR/
           (1267)

"Martí y lo cubano." R, DiaMar, feb. 21, 1951, p.4.
    /Primera parte/ /MAR/   (1268)

        R, DiaMar, feb. 23, 1951, p.4. /Conclusión/ /MAR/
           (1269)

"Los 'martianos' y el 'erotismo' de Martí." G, DiaMar,
    feb. 1, 1950, p. 4. /Carta de Gonzalo de Quesada y Mi-
    randa sobre la glosa de Mañach: "El imperialismo sen-
    timental de Martí."/ /MAR/
                                                    (1270)

"El martirio del obeso." G, DiaMar, tarde, abr. 27, 1923,
    p. /1/ /Sobre Le martyre de l'obèse, por Henri Béraud./
    /LIT/
                                                    (1271)

"Más sobre 'Audiencia Pública." R, DiaMar, mayo 7, 1953,
    p.4. /CUL/
                                                    (1272)

"Más sobre Eduardo Abela." G.M., DiaMar, tarde, jun. 24,
    1924, p./1/ /ART/
                                                    (1273)

"Más sobre el Alma Mater." G, DiaMar, jul. 5, 1923, p.
    /1/ /CUL/
                                                    (1274)

"Una más sobre el apocalipsis venezolano." G, DiaMar,
    dic. 15, 1948, p. 4. /POL/
                                                    (1275)

"Más sobre El hombre de Estado." G, DiaMar, jun. 11,
    1948, p. 4. /POL/
                                                    (1276)

"Más sobre el homenaje a Ramiro Guerra." R, DiaMar, feb.
    4, 1955, p. 4-A. /CUL/
                                                    (1277)

"Más sobre el oficio y su responsabilidad." G, DiaMar,
    marzo 3, 1946, p. 4. /PER/
                                                    (1278)

"Más sobre El problema del libro cubano. (Derivaciones
    de la Feria)." Boh, dic. 25, 1949, pp. 64, 106-107.
    /Sobre una carta de D. Mariano Sánchez Roca. Contes-
    tación/ /CUL/
                                                    (1279)

"Más sobre el problema universitario." Boh, abr. 5, 1953,
    pp. 50-51, 82. /CUL/
                                                    (1280)

"Más sobre el 'Walacismo'" G, DiaMar, sept. 27, 1946,
    p. 4. /Sobre Henry Wallace/ /PCL/
                                                    (1281)

"Más sobre intelectuales y política." R, DiaMar, marzo
    24, 1955, p. 4-D. /CUL/
                                                    (1282)

"Más sobre la concesión del Canal." Boh, dic. 19, 1954,
    pp. 87 y 150. /POL/
                                                    (1283)

"Más sobre la Donación Cintas." G, DiaMar, enero 28, 1950,
    p. 4. /ART/
                                                    (1284)

"Más sobre la exposición de Mariano Miguel." G, DiaMar,
    tarde, mayo 29, 1925, p.1. /ART/
                                                    (1285)

"Más sobre la honra martiana." G, DiaMar, feb. 14, 1947,
   p. 4. /MAR/ (1286)

"Más sobre la idea de un partido nuevo." Boh, sept. 26,
   1954, pp. 43 y 89. /POL/ (1287)

"Más sobre La norma y el hecho." R, DiaMar, abr. 3, 1952,
   p. 4. /POL/ (1288)

"Más sobre La novela cubana." G, DiaMar, tarde, feb. 14, -
   1925, p.1 /Polémica con Rafael Suárez Solís/ /LIT/
   (1289)

"Más sobre la pena de muerte." G, DiaMar, enero 23, 1949,
   p.36. /CUL/ (1290)

"Más sobre La polémica social." G, DiaMar, mayo 31, 1945,
   p. 4. /POL/ (1291)

"Más sobre la protección del libro." G, DiaMar, oct. 9,
   1946, p. 4. /Sobre Emeterio Santovenia/ /CUL/ (1292)

"Más sobre los estudiantes y las universidades; polémica."
   Boh, jul. 8, 1956, pp. 57 y 96. /POL/ (1293)

"Más sobre los Flamboyanes." A.M., DiaMar, jun. 26, 1956,
   p. 4-A. /CUL/ (1294)

"Más sobre 'Mudos testigos'" G, DiaMar, abr. 11, 1948,
   p. 36. /CUL/ (1295)

"Más sobre un libro fundamental." G, DiaMar, marzo 21,
   1948, p. 36. /Sobre El Pre Barroco en Cuba/ /ART/
   (1296)

"Más sobre una nómina de trabajo." G, DiaMar, sept. 24,
   1948, p. 4. /Sobre la S.A.R./ /CUL/ (1297)

"Maurice Barrés." G, DiaMar, tarde, dic. 11, 1923, p./1/
   /SEM/ (1298)

"/Maurice/ Maeterlink. Consignas del XIX. Plenitud y
   universalidad." G, DiaMar, mayo 8, 1949, p.58./SEM/
   (1299)

"Max, el Alcalde y yo." G.M., DiaMar, tarde, jul. 22, 1924,
   p. 1. /VIA/ (1300)

"/Max/ Henríquez Ureña: el Modernismo." R, DiaMar, sept.
   19, 1954, p. 4-D. /Sobre Breve historia del Modernismo/
   /LIT/ (1301)

"'Medallas', de Francisco Izquierdo." G, DiaMar, tarde,
   mayo 13, 1925, p.1. /LIT/ (1302)

"Un médico de antaño." R, _DiaMar_, feb. 11, 1954, p. 4.
/Más sobre las _Reflexiones_, de F. Barrera, publicadas
por Lydia Cabrera y María T. Rojas/ /CUL/   (1303)

"Meditación de los pasquines." G, _DiaMar_, abr. 19, 1950,
p.4. /COS/   (1304)

"Meditación escalofriada." R, _DiaMar_, enero 10, 1951,
p.4. /COS/   (1305)

"El mélite caído: Edwin Elmore." _Social_, X, dic. 1925,
p. 18. /SEM/   (1306)

"Memoria a Cervantes." _Boh_, oct. 12, 1947, pp. 27 y 56.
/CUL/   (1307)

"Memoria de /Joaquín/ Albarrán." G,V., _DiaMar_, enero 11,
1946, p.4. /VIA/   (1308)

"Memorias de /Alfonso/ Hernández Catá." R, _DiaMar_, nov.
11, 1953, p.4. /CUL/   (1309)

"Menelao /Mora/, /José Antonio/ Echeverría y Pelayo /Cuervo/."
R, _DiaMar_, marzo 14, 1959, p. 4-A. /SEM/   (1310)

"Menos empleados, mejor pagados." G, _DiaMar_, oct. 25, 1946,
p.4. /POL/   (1311)

"Mensaje de dignidad y liberación. (Glosas para divulgar,
un gran ensayo de Camus)." _Boh_, feb. 12, 1950, pp. 67,
109-110. /Sobre Albert Camus/ /CUL/   (1312)

"Mensaje martiano al Ateneo Cubano de Nueva York." _Boh_,
enero 24, 1960, pp. 51 y 82. /MAR/   (1313)

"El mentir de las 'Estrellas'" G.T., _DiaMar_, mañana, 2a.
sec. nov. 14, 1922, p./13/ /COS/   (1314)

"La mesa de las 'chaperonas'" G, _DiaMar_, tarde, mayo 18,
1923, p./1/ _Glosas_, pp. 303-308. /COS/   (1315)

"Mesa Redonda sobre el Museo." R, _DiaMar_, nov. 5, 1953,
p.4. /CUL/   (1316)

"Mesianismo frustrado." G, _DiaMar_, enero 23, 1947, p.4.
/POL/   (1317)

"Mexicanerías y cubanerías." _Boh_, jun. 12, 1960, pp. 58-
59, 77. /ART/   (1318)

"Lo mexicano y Martí." G, _DiaMar_, mayo 7, 1947, p.4. /MAR/
(1319)

"Mi amigo don Persio." G, DiaMar, oct. 29, 1948, p.4.
     /Sobre Persio Franco, dominicano) /POL/   (1320)

"Mi amigo /Henry L./ Menken." R, DiaMar, feb. 12, 1956,
     p. 4-A. /SEM/   (1321)

"Mi opinión exacta." R, DiaMar, jul. 2, 1954, p. 4-A.
     /POL/   (1322)

"Mi visita a Puerto Rico." Crónica, I, no. 4, marzo 15,
     1949, pp. 5-6. /Sobre Luis Muñoz Marín/ /VIA/(1323)

"Las midinettes. /André/ Malraux." G.V., DiaMar, enero
     6, 1946, p.4. /VIA/   (1324)

"La miga de Mingote." Ultramarinas, DiaMar, marzo 17,
     1957, p. 2-D. /Sobre caricaturas en el ABC de Madrid.
     /PER/   (1325)

"/Miguel/ Coyula en su aniversario." Boh, nov. 27, 1949,
     pp. 63 y 109. /SEM/   (1326)

"Mikhailovitch, o la crisis de la conciencia." G, DiaMar,
     jul. 20, 1946, p.4. /Sobre Draja Mikhailovitch/ /POL/
                                                      (1327)

"El milagro de Alicia Alonso." Boh, oct. 30, 1949, pp. 57
     113-114. /ART/   (1328)

"Mimí Aguglia y su pelo." G, DiaMar, tarde, enero 24, 1923,
     p./1/ Glosas, pp. 367-370. /ART/   (1329)

"El Ministro y los senadores." G, DiaMar, nov. 19, 1949,
     p.4. /POL/   (1330)

"Los Minoristas sabáticos escuchan el gran Titta /Rufo/"
     Social, IX, feb. 1924, 23, 47 y 77. /LIT/   (1331)

"Mirada a Toledo." R, DiaMar, oct. 6, 1951, p.4. /VIA/
                                                      (1332)

"Mirada en el tiempo." G, DiaMar, mayo 2, 1948, p. 36.
     /POL/   (1333)

"Mis relaciones con la Ortodoxia." Boh, sept. 9, 1951,
     pp. 48-49, 88. /Sobre polémica con L.O. Rodríguez/
     /POL/   (1334)

"Miserias de la Cubanidad." G, DiaMar, marzo 12, 1947,
     p. 4. /POL/   (1335)

"Miss Cheché se pone de largo." G.T., DiaMar, mañana,
     2a. sec., oct. 25, 1922, p. /13/ Glosas, pp. 207-
     211. /COS/   (1336)

"Mr. Matthews y nosotros." R, DiaMar, nov. 14, 1959, p.4-A.
    /Sobre Herbert Matthews/ /CUL/   (1337)

"El mito de París." G, DiaMar, mañana, 2a. sec., oct. 17,
    1922, p./13/ Glosas, pp. 23-28. /VIA/   (1338)

"'El mito del hispanoamericanismo', por Domingo Quiroga,"
    RevAvance, III, no. 21, abr. 15, 1928, p. 98. /CUL/
                                                    (1339)

"Moda y modo." G.T., DiaMar, tarde, enero 9, 1923, p./1/
    /Sobre conferencia de Jacinto Benavente sobre "La fi-
    losofía de la moda."/ /LIT/   (1340)

"El momento púber." G.T., DiaMar, mañana, 2a. sec., nov.
    7, 1922, p./13/ Glosas, pp. 213-218. /COS/   (1341)

"El momento universal de Varona." II G, DiaMar, abr. 15,
    1949, p.4. /FIL/   (1342)

"Momentos de una excursión romántica." G.M., DiaMar,
    tarde, agosto 12, 1924, p. /1/ /Visitan los "mino-
    ristas" a Agustín Acosta/ /LIT/   (1343)

"Momentos decisivos." G, DiaMar, sept. 29, 1948, p.4.
    /POL/   (1344)

"Moneda de la tarde vacía." G, DiaMar, jul. 12, 1946, p.4.
    /COS/   (1345)

"Un monumento a la telaraña." R, DiaMar, enero 14, 1955,
    p.4. /Sobre el Palacio de Bellas Artes/ /ART/
                                                    (1346)

"Monsieur Grousset." G, DiaMar, nov. 10, 1948, p.4.
    /Sobre Philippe Grousset, francés/ /POL/   (1347)

"Monsieur Philip y el Padre Chaillet." G, DiaMar, dic. 3,
    1947, p.4. /M. André Philip y el Padre Chaillet/
    /CUL/   (1348)

"La montagne en sorcelée, de Francisco Contreras." Rev
    Avance, V, no. 46, mayo 15, 1930, p.155. /LIT/(1349)

"El monumento a Martí; historia de un lauro frustrado."
    Bohemia, mayo 24, 1953, pp. 64 y 98. /Sobre la deses-
    timación del proyecto de Aquiles Maza y José Sicre/
    /ART/   (1350)

"Monumento de la continuidad." R, DiaMar, mayo 23, 1954,
    p.48. /Inauguración de Topes de Collantes/ /ART/
                                                    (1351)

"Monumento español a la República." R, DiaMar, marzo 26,
    1954. /CUL/   (1352)

"El Monumento y el Premio." R, DiaMar, sept. 3, 1954,
    p. 4-A. /Concurso Pro-Monumento de los Españoles a Cuba/
    /CUL/   (1353)

"Monumentos." A.M., DiaMar, mayo 22, 1956, p.4-A. /Comen-
    tarios sobre monumentos de L. Baralt/ /ART/   (1354)

"Moraleja científica." R, DiaMar, oct. 17, 1959, p.4-A
    /Sobre el Dr. Severino Ochoa/ /CUL/   (1355)

"Moralización directa e indirecta." Boh, agosto 23, 1953,
    pp. 50 y 79. /COS/   (1356)

"The Morning After... Santiago." G, DiaMar, dic. 25, 1946,
    p.4. /COS/   (1357)

"Morosidad del Congreso." G, DiaMar, jun. 3, 1945, p.4.
    /POL/   (1358)

"Mosaico de la actualidad." Boh, feb. 7, 1960, pp. 51 y
    89. /POL/   (1359)

"Motivos del ¡ay! y del ¡hurra! (En el centenario del
    Romanticismo)." RevAvance, II, no. 16, nov. 30, 1927,
    pp. 89-95. /LIT/   (1360)

"Los motivos del lobo." G, DiaMar, abr. 29, 1945, p.4.
    /La Conferencia de San Francisco/ /POL/   (1361)

"Mrs. /Erna/ Ferguson y la mirada ajena." G, DiaMar, enero
    12, 1947, p. 35. /Sobre su libro Cuba/ /LIT/ (1362)

"Mudanza y esencia de 'Madrid'." DiaMar, feb. 15, 1957,
    p. 4-A. /VIA/   (1363)

"La muerte de José Ingenieros." G, DiaMar, tarde, nov. 7,
    1925, p.1. /SEM/   (1364)

"La muerte de Joseph Conrad." G, DiaMar, tarde, agosto
    27, 1924, p.1. /SEM/   (1365)

"La muerte de Martí en Dos Ríos." El País Gráfico; maga-
    zine dominical, mayo 15, 1938, p. 4-5, ilus. /MAR/
                                                            (1366)

"La muerte rampante." G, DiaMar, sept. 8, 1946, p.35
    /Sobre la muerte de Luis Joaquín Martínez Sáenz Fer-
    nández/ /POL/   (1367)

"Muerte y recuerdo de Sanguily." R, DiaMar, enero 23,
    1952, p.4. /SEM/   (1368)

"'Las muertes cubanas: Miguel de Carrión.'" RevAvance,
   IV, no. 37, agosto 15, 1929, p. 248. /SEM/   (1369)

"Muerto." A.M., DiaMar, marzo 30, 1956, p. 4-A. /COS/
                                                     (1370)

"La mujer fuerte." A.M., DiaMar, jul. 24, 1956, p. 4-A.
   /Sobre La mujer cual debe ser. 1872/ /CUL/   (1371)

"La mujer ilustre y la madre ejemplar." R, DiaMar, nov.
   8, 1951, p.4. /Sobre Marta Abreu/ /SEM/   (1372)

"La mujer y la política." A.M., DiaMar, marzo 8, 1956,
   p. 4-A. /POL/   (1373)

"La multiplicación de las universidades." Boh, nov. 20,
   1949, pp. 67 y 87. /CUL/   (1374)

"Las multitudes y los iniciados." G, DiaMar, tarde, dic.
   2, 1924, p./1/ /Polémica con Suárez Solís/ /LIT/
                                                     (1375)

"El mundo tiene que recobrar su voz verdadera, que es la
   voz del espíritu, la voz de la razón y de la cultura."
   Acción, dic. 25, 1940, pp. 1, 7 /Discurso en el homenaje que se le rinde al ingresar en el profesorado
   de la Universidad de la Habana/ /CUL/   (1376)

"El mundo y su esperanza." R, DiaMar, abr. 4, 1953, p.4.
   /CUL/   (1377)

"Los murales de ESSO." Boh, abr. 22, 1951, p. 31-32,
   106. /ART/   (1378)

"El Museo Nacional, o la tragedia de las arcadas." Boh,
   nov. 11, 1951, pp. 59 y 82. /ART/   (1379)

"El Museo y el docoro." G, DiaMar, marzo 21, 1947, p.4.
   /ART/   (1380)

"El Museo y la erosión exterior." G, DiaMar, mayo 23,
   1948, p. 36. /ART/   (1381)

"La música celestial del P. Gaztelu." R, DiaMar, enero
   22, 1956, p. 4-A. /LIT/   (1382)

"Música con muñequitos." R, DiaMar, feb. 7, 1954, p.48.
   /Sobre libros de Olga de Blanck y Gisela Hernández
   Gonzalo/ /CUL/   (1383)

N

"El nacimiento de América." R, DiaMar, jul. 7, 1954, p.
    4-A. /Sobre A xesta de como a America nascen da melodia,
    del Padre Rubinos/ /LIT/   (1384)

"La nación en marcha: Una semana de cultura." DiaMar,
    marzo 11, 1956, p. 1-D. y 2-D. /ART/   (1385)

"La nación y la publicidad." Cuba contemporánea, Habana,
    XXXV, 1924, pp. 20-29. /CUL/   (1386)

"Nada más que un peso." A.M., DiaMar, sept. 9, 1959,
    p. 4-A. /Sobre Séneca, el escultor Navarro y el Lyceum/
    /CUL/   (1387)

"Nápoles, la fiesta y el mar." R, DiaMar, sept. 26, 1951,
    p. 4. /VIA/   (1388)

"Narraciones sobre la vida americana." E.B., DiaMar,
    mañana, enero 5, 1926, p. 18. /Termina comentario
    sobre "García Calderón."/ /LIT/   (1389)

"La navidad poética de Cuba." Studia Philologica. Home-
    naje a Dámaso Alonso. Madrid: Gredos, 1961, II,
    pp. 423-434. /Estudia a Manuel de Zequeira y Arango,
    M. Justo Rubalcaba y Manuel Pérez/ /LIT/   (1390)

"La Navidad y los derechos del hombre." Boh, dic. 16,
    1951, pp. 105 y 151. /COS/   (1391)

"Necesidades del oficio." G, DiaMar, oct. 24, 1948, p.36.
    /Contesta a Luz sobre su artículo "La ética de Mañach"/
    /PER/   (1392)

"Le nègre, por Philippe Soupault." RevAvance, IV, no. 38,
    sept. 15, 1929, p. 279. /LIT/   (1393)

"Necrología de los dos Rodríguez." Boh, sept. 14, 1947,
    pp. 35, 65-66, rets. /La vida literaria de: Pepín
    y Luis Felipe Rodríguez/ /LIT/   (1394)

"La neurosis política contemporánea." R, DiaMar, abr. 2,
    1954, p. 4. /POL/   (1395)

"... Ni cuerpo que lo resista." G, DiaMar, jun. 18, 1947,
    p. 4. /POL/   (1396)

"Nicolás Bravo." R, DiaMar, nov. 27, 1959, p.4-A. /Nicolás
    Bravo Bockmeyer/ /SEM/   (1397)

"Niebla política." G.V., DiaMar, dic. 5, 1945, p. 4.
    /VIA/   (1398)

"La nieve y el espíritu." R, <u>DiaMar</u>, dic. 2, 1952, p.4.
/COS/   (1399)

"El niño que murió de Vento." G.M., <u>DiaMar</u>, tarde, jun.
17, 1924, p.1. /COS/   (1400)

"El niño viejo." G.T., <u>DiaMar</u>, mañana, 2a. sec. nov. 16,
1922, p. /13/ <u>Glosas</u>, pp. 159-163. /COS/   (1401)

"Niveles de la educación." R, <u>DiaMar</u>, feb. 26, 1956, p.
4-A. /CUL/   (1402)

"No desespere, Sr. B." R, <u>DiaMar</u>, abr. 17, 1952, p. 4.
/POL/   (1403)

"¿No era un filósofo Varona?" G, <u>DiaMar</u>, feb. 23, 1949,
p.4. /FIL/   (1404)

"No hay que desvestir a un santo." G, <u>DiaMar</u>, marzo 12,
1950, p. 34. /MAR/   (1405)

"¿No quisiera usted abonarse?" R, <u>DiaMar</u>, jun. 9, 1955,
p. 4-A. /Editorial Libro Cubano/ /CUL/   (1406)

"Una noche en España." G, <u>DiaMar</u>, tarde, abr. 19, 1924,
p. 1. /COS/   (1407)

"Noche gallega." G, <u>DiaMar</u>, enero 27, 1949, p. 4. /CUL/
                                                          (1408)

"La norma y el hecho." R, <u>DiaMar</u>, marzo 30, 1952, p.52.
/POL/   (1409)

"Nosotros y los demás." G, <u>DiaMar</u>, abr. 9, 1947, p.4.
/Más sobre contestación a Manuel del Riego/ /PER/
                                                          (1410)

"Nosotros y los rusos." G, <u>DiaMar</u>, tarde, enero 16, 1924,
p. /1/ /ART/   (1411)

"Nosotros y los toros." A.M., <u>DiaMar</u>, abr. 7, 1959, p.4.
/COS/   (1412)

"Nostalgia del Lider." <u>Boh</u>, agosto 17, 1952, pp. 65 y 106.
/Sobre Eduardo Chibás/ /POL/   (1413)

"Nostalgia de las postalitas." G, <u>DiaMar</u>, marzo 17, 1950,
p. 4. /COS/   (1414)

'/Nota editorial/'.Mistral Gabriela. "La lengua de Martí.
/Nota editorial de Jorge Mañach/." Habana. Biblioteca Nacional. <u>Revista</u>: Notas e informaciones. 2a.
ser., a. VIII, no. 1, enero-marzo, 1957, pp. 141-164.
/MAR/   (1415)

JORGE MAÑACH

"Nota pascual sobre /Christopher/ Dawson." R, DiaMar, dic.
27, 1953, p. 38. /Por la versión al español de Religión
y cultura/ /CUL/
(1416)

"Nota por San Agustín." R, DiaMar, nov. 14, 1954, p.4-D.
/FIL/
(1417)

"Nota sobre el teatro de /Rafael/ Suárez Solís." R, DiaMar,
abr. 29, 1953, p. 4. /Estreno de Las Tocineras/ /LIT/
(1418)

"Noticia de /Albert/ Einstein y carta de /Gustavo/ Pittaluga."
R, DiaMar, abr. 1, 1953, p. 4. /CUL/
(1419)

"Noticias de Colombia." Boh, jun. 21, 1953, pp. 57 y 88.
/POL/
(1420)

"Noticias de la Universidad del Aire." R, DiaMar, nov. 1
1953, p. 34. /CUL/
(1421)

"La novedad de Benavente." G, DiaMar, tarde, feb. 3, 1923,
p./1/ /LIT/
(1422)

"Novedad en una iglesia." G, DiaMar, feb. 20, 1945, p.4.
/Un lienzo de Escobedo/ /ART/
(1423)

"Novedades martianas." El País, marzo 14, 1930. /MAR/
(1424)

"La novela cubana." G, DiaMar, tarde, feb. 7, 1925, p.1
/LIT/
(1425)

"Nuestra colaboración de guerra." G, DiaMar, marzo 20,
1946, p. 4. /Sobre el Sr. Polit/ /POL/
(1426)

"Nuestra democracia y su temple." R, DiaMar, enero 20,
1952, p. 34. /POL/
(1427)

"Nuestra frustración." G, DiaMar, abr. 2, 1947, p.4.
/Niega que haya resentimiento en sus críticas de la
vida pública. Contestación a Manuel Luis del Riego./
/PER/
(1428)

"Nuestra habla cenicienta." Boh, abr. 25, 1954, pp. 62-
63 y 96. /CUL/
(1429)

"'Nuestra novela', nuestro libro." G.M., DiaMar, tarde,
jul. 8, 1924, p./1/ /Elogio de esa publicación perió-
dica/ /LIT/
(1430)

"Nuestra propia medicina." R, DiaMar, dic. 11, 1959,
p. 4-A. /Discrepancia de la nueva generación con los
que ya peinan canas/ /CUL/
(1431)

"Nuestras letras, 36) Varela en El Habanero." DiaMar,
    mayo 13, 1956, p. 4-C. /Esta serie comienza en "Perfil
    de nuestras letras"/ /LIT/   (1432)

———— 37) Varela en El Habanero." DiaMar, mayo 20, 1956,
    p. 4-C. /LIT/   (1433)

———— 38) Las 'Cartas a Elpidio' (a)." DiaMar, mayo
    27, 1956, p. 4-C. /LIT/   (1434)

———— 39) Política y religión en las 'Cartas a Elpidio'."
    DiaMar, jun. 3, 1956, p. 18-C /LIT/   (1435)

———— 40) Varela: Impíos y creyentes." DiaMar, jun. 10,
    1956, p. 4-C. /LIT/   (1436)

———— 41) Herejes y fanáticos." DiaMar, jun. 17, 1956
    p. 4-C. /LIT/   (1437)

———— 42) Superstición y tolerancia." DiaMar, jun. 24,
    1956, p. 4-C. /LIT/   (1438)

———— 43) Final sobre Varela." DiaMar, jun. 27, 1956,
    p. 4-A. /LIT/   (1439)

———— 44) Raíces de Heredia." DiaMar, jul. 6, 1956,
    p. 4-A. /LIT/   (1440)

———— 45) Heredia revolucionario y romántico." DiaMar,
    jul. 12, 1956, p. 4-A. /LIT/   (1441)

———— 46) El drama de Heredia." DiaMar, jul. 20, 1956,
    p. 4-A. /LIT/   (1442)

———— 47) La psicología romántica." DiaMar, jul. 25,
    1956, p. 4-A. /LIT/   (1443)

———— 48) El amor romántico." DiaMar, agosto 1, 1956,
    p. 2. /En Heredia/ /LIT/   (1444)

———— 49) La poesía civil." DiaMar, agosto 8, 1956,
    p. 4-A. /De Heredia/ /LIT/   (1445)

"Nuestras señoras de la alcancía." G, DiaMar, feb. 5,
    1947, p. 4. /Liga Contra el Cáncer/ /CUL/   (1446)

"Nuestro 'lunfardo'." G.T., DiaMar, tarde, enero 5, 1923,
    p./1/ Glosas, pp. 297-301. /COS/   (1447)

"Nuestro problema universitario." Boh, marzo 29, 1953,
    pp. 62-63 y 80. /CUL/   (1448)

"Nueva carta al general Loynaz." <u>Boh</u>, marzo 6, 1955, pp.
    63 y 85. /POL/   (1449)

"'La nueva poesía en Cuba', de Regino Boti." <u>RevAvance</u>,
    II, no. 14, oct. 30, 1927, p. 53. /LIT/   (1450)

"La nueva situación y sus salidas." <u>Boh</u>, sept. 11, 1955,
    pp. 43 y 95. /POL/   (1451)

"El nuevo idioma castellano." G, <u>DiaMar</u>, tarde, dic. 13,
    1924, p. 1. /Carta a García Monge sobre otra de Ven-
    tura García Calderón a James Fitzmaurice-Kelly//LIT/
                                                       (1452)
"¿Nuevo partido a la vista?" <u>Boh</u>, sept. 12, 1954, pp. 59-
    79 /Sobre Movimiento de la Nación/ /POL/   (1453)

O

"O matarlos, o entenderlos." G, DiaMar, jun. 19, 1946,
p. 4. /ART/   (1454)

"O.P. No. 4." Cuba contemporánea, XLI, 1926, pp. 289-295.
/Cuento. Primer premio del Concurso Literario que organizó el Diario de la Marina en 1926/ /LIT/ (1455)

_____ Carbonell, José Manuel, ed. Evolución de la cultura cubana. XIII: La prosa en Cuba. Habana: Montalvo y Cárdenas, 1928, pp. 343-348. /LIT/   (1456)

"El obelisco de Octubre." Boh, nov. 4, 1951, pp. 62-63.
/CUL/   (1457)

"Obelisco del 10 de Octubre." A.M., DiaMar, oct. 10, 1959,
p. 4-A. /ART/   (1458)

"El obelisco y las calles." A.M., DiaMar, nov. 10, 1959,
p. 4. /ART/   (1459)

"La oblación." El País, mayo 19, 1926. /MAR/   (1460)

"La obra de Néstor Carbonell." G, DiaMar, tarde, mayo 2,
1923, p. /1/ /Trata del libro Martí: su vida y su obra/
/MAR/   (1461)

"Obra y gracia de Alfonso Reyes." Academia Cubana de la Lengua, Habana. Boletín, IX, no. 1-4, enero-dic. 1960,
pp. 34-69. /LIT/   (1462)

"Obras y palabras." G, DiaMar, enero 28, 1949, p. 4. /MAR/
                                                           (1463)
"Obras y promesas." G, DiaMar, feb. 19, 1950, p.34. /POL/
                                                           (1464)
"El obrerismo y el Estado liberal." La actualidad, DiaMar,
mayo 8, 1953, p.1. /POL/   (1465)

"La observancia de los derechos humanos." Boh, enero 8, 1950,
pp. 84-85 y 88. /Lectura en el seminario de las Naciones Unidas/ /CUL/   (1466)

"El VIII Salón de Humorístas. Veinte debujos mexicanos de
Maroto." RevAvance, IV, no. 30, enero 15, 1929, p.28.
/ART/   (1467)

"La opinión en marcha: El nuevo /Eduardo/ Abela." DiaMar,
jul. 22, 1956, p. 1-D. y 18-D. /ART/   (1468)

"La opinión y la acción." R, DiaMar, jun. 30, 1954, p. 4-A.
/POL/   (1469)

"La organización de la ingenuidad." G, DiaMar, dic. 15,
1946, p. 35. /POL/   (1470)

"La organización de los ausentes." G, DiaMar, enero 14,
1948, p. 4. /Sobre la Sociedad Patriótica de Amigos
de la República/ /POL/   (1471)

"El orgullo de ser provincia." Boh, XLII, no. 19, mayo 7,
1950, pp. 65 y 87. /CUL/   (1472)

"Orígenes de la cultura en Cuba. (Fragmento)." Homenaje
a Enrique José Varona en el cincuentenario de su primer curso de filosofía (1880-1930). Miscelánea de
estudios literarios, históricos y filosóficos. Habana: Publicaciones de la Secretaría de Educación, Dirección de Cultura, 1935, pp. 153-161. /FIL/ (1473)

"La Orquesta Filarmónica de La Habana, una gran institución
en peligro." Boh, enero 20, 1952, pp. 50-51. /ART/
(1474)

"Ortega y el relativismo." R, DiaMar, abr. 1, 1956, p.
4-A. /FIL/   (1475)

"Ortega y Gasset y su Revista." II G, DiaMar, tarde,
feb. 21, 1924, p. 1. /Comienza en "La Revista de
Occidente." (1924)/ /LIT/   (1476)

"Ortega y la espontaneidad." R, DiaMar, enero 29, 1956,
p. 4-A. /LIT/   (1477)

"Ortodoxia y mistificación." Boh, marzo 18, 1951, p. 49
y 75. /POL/   (1478)

"El oscuro sótano." Boh, jun. 26, 1960, pp. 45 y 83. /POL/
(1479)

"Osvaldo en el Lyceum." G, DiaMar, enero 21, 1948, p.4.
/ART/   (1480)

"Otra carta... y dos posiciones." Boh, enero 17, 1954, pp.
52-53. /Carta de Juan Marinello a Jorge Mañach. Respuesta de Mañach/ /POL/   (1481)

"Otra suerte de mantillas." G, DiaMar, tarde, abr. 8,
1924, p./1/ /COS/   (1482)

"Otra vez historia y política." G, DiaMar, oct. 3, 1947,
p. 4. /POL/   (1483)

"¡Otra vez los libros!" R, DiaMar, marzo 22, 1951, p.4.
/CUL/   (1484)

"Otra vez por Zenaida /González Manfugás/." G, DiaMar,
     enero 12, 1950, p. 4. /ART/   (1485)

"Otro emparedado de lengua. (Con algunos embutidos)."
     Boh, mayo 16, 1954, pp. 6, 112-113. /CUL/   (1486)

"La paciencia del Norte." <u>Boh</u>, sept. 19, 1948, p. 40 y 81.
/CUL/   (1487)

"El padre de la Democracia. (Diálogo en la Universidad del
    Aire)." <u>Boh</u>, sept. 19, 1954, pp. 59, 82-85. /Sobre
    John Locke/ /FIL/   (1488)

"El padre de las arcadas." R, <u>DiaMar</u>, dic. 13, 1951, p. 4.
/ART/   (1489)

"Padre nuestro a Martí." <u>Avisor</u>, Holguín, Cuba, a. VII, no.
    296, dic. 24, 1943, p. 8. /Versos/ /MAR/   (1490)

        <u>Crónica</u>; revista mensual de orientación cultural
    /Habana/ a. iii, 2a. época, feb. 1953, p. 22. /Versos/
    /MAR/   (1491)

        <u>Ecos de K-Listo</u>; revista mensual, a. I, no. 1, abr.
    1953, p. /2/ /Versos/ /MAR/   (1492)

        <u>Epocas</u>, al servicio de la cultura nacional, Panamá
    a. II, no. 35, mayo 25, 1948, p. 21. /MAR/   (1493)

        <u>El Undoso</u>, a. VI, no. 67, mayo 1977, p. 11. /MAR/
                                                             (1494)

"El padre Pastor." R, <u>DiaMar</u>, agosto 13, 1954, p. 4-A.
/Sobre Pastor González/ /CUL/   (1495)

"Painting in Cuba." <u>Inter-America</u>, IX, no. 2, dic. 1925,
    pp. /165/-195. /Contiene: I. From its beginning to
    1900. II. From 1900 until the present time. Publica-
    do también en Biblioteca del Club Cubano de Bellas
    Artes, Habana, Cuba, 1925 y <u>Cuba contemporánea</u>, sept.
    y oct. 1924/ /ART/   (1496)

"El paisaje de Cuba." <u>Operación cultura</u>. La Habana: Uni-
    versidad de la Habana /s.a./, pp. 3-4. /ART/ (1497)

"Paisaje y pintura en Cuba." <u>Mundo hispánico</u>, Madrid, XI,
    no. 120, marzo 1958, pp. 46-49, ilus. /Palabras en la
    Exposición de Paisajes Cubanos, Madrid/ /ART/(1498)

"Los paisajes de Amelia Peláez." G, <u>DiaMar</u>, tarde, marzo
    21, 1924, p. /1/ /ART/   (1499)

"El paisajista Domingo Ramos." G, <u>DiaMar</u>, tarde, marzo
    2, 1923, p. /1/ /ART/   (1500)

"La paja en el ojo ajeno." G, <u>DiaMar</u>, jul. 28, 1946, p.
    35. /Sobre entrevista de Lázaro Peña en el New York
    Herald Tribune/ /POL/   (1501)

"La palabra municipal y espesa." G, <u>DiaMar</u>, mayo 17, 1946,
    p. 4. /POL/   (1502)

"La palabra sola!" <u>RevAvance</u>, V, no. 47, jun. 15, 1930,
    pp. 176-178. /Sobre José Carlos Mariátegui/ /SEM/
                                                       (1503)

"Una palabra y sus compromisos." <u>Boh</u>, mayo 23, 1948, pp.
    40 y 94. /POL/   (1504)

"Palabras en el Día de la Bastilla." <u>Revista de la Habana</u>,
    IV, no. 24, marzo-agosto 1944, pp. 544-550. /CUL/
                                                       (1505)

"Palabras en el Día de Polonia." <u>Revista de la Habana</u>, II,
    no. 9, marzo-agosto, 1943, pp. 300-305. /CUL/ (1506)

"Palabras en la Sociedad de Filosofía." R, <u>DiaMar</u>, oct.
    18, 1950, p. 4. /FIL/   (1507)

"Palabras en la Sociedad Económica de Amigos del País."
    <u>Revista bimestre cubana</u>, LIII, 1944, pp. 20-23. /CUL/
                                                       (1508)

"Palabras para el Día de Francia." G, <u>DiaMar</u>, jul. 14,
    1946, p. 35. /ART/   (1509)

"Palabras por Haití." R, <u>DiaMar</u>, enero 10, 1954, p. 42.
    /CUL/   (1510)

"Palabras preliminares." Pittaluga, Gustavo. <u>Diálogo sobre
    el destino</u>. La Habana: Cultural, 1954, pp. 5-20. /CUL/
                                                       (1511)

"'Palabras socráticas a los estudiantes', de Arturo Cance-
    la." <u>RevAvance</u>, III, no. 27, oct. 15, 1928, pp. 288-
    289. /CUL/   (1512)

"Palabras y realidad de los políticos." G, <u>DiaMar</u>, feb.
    7, 1947, p. 4. /POL/   (1513)

"El Palacio de Bellas Artes. Un sueño que se está rea-
    lizando." <u>Boh</u>, jul. 12, 1953, pp. 52-53, 94. /ART/
                                                       (1514)

"'Palacio Salvo,'de Juvenal Ortiz Saralegui." <u>RevAvance</u>,
    III, no. 23, jun. 15, 1928, p. 161. /LIT/   (1515)

"Palingenesia del Museo." A.M., <u>DiaMar</u>, abr. 27, 1956,
    p. 4. /ART/   (1516)

"Palmas y piedras." G, <u>DiaMar</u>, marzo 24, 1946, p. 4.
    /CUL/   (1517)

"Pancho Arango." R, <u>DiaMar</u>, dic. 23, 1953, p. 4. /Sobre
    Francisco Arango y Romero/ /SEM/   (1518)

"Para alusiones..." R, <u>DiaMar</u>, oct. 29, 1959, p. 4-A. /Segunda parte de "Apertura sobre una apertura."/ /CUL/
(1519)

"Para educar a Cuba por los ojos." G, <u>DiaMar</u>, oct. 5, 1949, p. 4. /Fundación Cultural Cinematográfica de Cuba/ /CUL/
(1520)

"Para el Día del idioma." G, <u>DiaMar</u>, abr. 22, 1945, p. 4. /CUL/
(1521)

"Para el Veinte de Mayo, algunos recuerdos y una consigna." <u>Boh</u>, mayo 22, 1955, pp. 51 y 82. /POL/
(1522)

"Para los 'amigos de lo bello'" G, <u>DiaMar</u>, sept. 25, 1949, p. 56. /Sobre Sandú Darié/ /ART/
(1523)

"Para terminar." G, <u>DiaMar</u>, tarde, enero 29, 1924, p./1/ /ART/
(1524)

"Para terminar." R, <u>DiaMar</u>, agosto 9, 1959, p. 4-A. /CUL/
(1525)

"Para un curso de lecturas formativas. VII y penúltimo. El océano contemporáneo." <u>Boh</u>, feb. 23, 1947, pp. 41 y 54. /CUL/
(1526)

"Para un lector a quien no se contesta." G, <u>DiaMar</u>, dic. 7, 1947, p. 37. /PER/
(1527)

"Para una filosofía de la vida; nota bibliográfica. Elías Entralgo." <u>Revista de la Universidad de la Habana</u>, 94/96, enero-jun. 1951, pp. 252. /FIL/
(1528)

"El paraíso tranquilo." R, <u>DiaMar</u>, sept. 5, 1951, p. 4. /Ginebra/ /VIA/
(1529)

"Paréntesis de Sagua." G, <u>DiaMar</u>, mayo 24, 1945, p.4. /VIA/
(1530)

"Paréntesis frente a la historia." G, <u>DiaMar</u>, enero 8, 1947, p. 4. /CUL/
(1531)

"Paréntesis sobre la tolerancia." G.V., <u>DiaMar</u>, enero 16, 1946, p. 4. /VIA/
(1532)

"París-Otoño." G.V., <u>DiaMar</u>, dic. 19, 1945, p.4. /VIA/
(1533)

"El parque y la integridad." G, <u>DiaMar</u>, tarde, oct. 23, 1923, p. /1/ <u>Glosas</u>, pp. 87-91. /Sobre Santa Clara/ /VIA/
(1534)

"El Partido Radical Argentino y Martí." R, <u>DiaMar</u>, abr. 19, 1953, p. 56. /MAR/
(1535)

"Los partidos y la nueva responsabilidad." G, DiaMar, sept.
    24, 1945, p. 4. /POL/
                                                        (1535)

"Pasión y muerte de /Harold/ Laski." G, DiaMar, abr. 5, 1950,
    p. 4. /SEM/
                                                        (1536)

"Pasión y muerte de Martí." Boh, agosto 2, 1953, pp. 42
    y 103. /MAR/
                                                        (1537)

"El patetismo y la dimensión del amor." R, DiaMar, marzo 8,
    1951, p. 4. /MAR/
                                                        (1538)

"Patriotismo condicional." G, DiaMar, jun. 20, 1925, p./1/
    /POL/
                                                        (1539)

"Paul Langevin." G, DiaMar, enero 1, 1947, p. 4. /SEM/
                                                        (1540)

"Paula y Paulita, de Benjamín Jarnés." RevAvance, IV, no.40,
    nov. 15, 1929, p. 343. /LIT/
                                                        (1541)

"La paz y la violencia." R, DiaMar, nov. 29, 1953, p.38.
    /CUL/
                                                        (1542)

"El pecado mortal y la indulgencia plenaria." Boh, abr. 2,
    1950, pp. 64 y 114. /POL/
                                                        (1543)

"El pecar y el querer." R, DiaMar, enero 12, 1951, p.4.
    /COS/
                                                        (1544)

"Pedagogía y política." La actualidad, DiaMar, jun. 12,
    1953, p. 1 y 22. /POL/
                                                        (1545)

"Peligros de la impunidad." G, DiaMar, mayo 5, 1946, p. 4.
    /Fuga del comandante Juan de Cárdenas Hernández//POL/
                                                        (1546)

"El P.E.N. Club." G, DiaMar, sept. 23, 1945, p. 4. /Cons-
    tuído en Cuba/ /LIT/
                                                        (1547)

"El P.E.N. Club y sus intenciones." Boh, sept. 30, 1945,
    pp. 35 y 41. /LIT/
                                                        (1548)

"Pena y gloria del libro." G, DiaMar, abr. 22, 1950, p.4.
    /CUL/
                                                        (1549)

"El pensador en Martí." RevAvance, IV, no. 31, feb. 15,
    1929, pp. 40-42, 62. /MAR/
                                                        (1550)

"El pensamiento de Dewey y su sentido americano." Cultura,
    San Salvador, no. 12, enero/marzo, 1958, pp. 234-249.
    /Transcrito de Cuadernos de Divulgación Cultural, Co-
    misión Nacional Cubana de la Unesco, no. 9/ /FIL/
                                                        (1551)

"Pensamiento del 10 de Octubre." G, DiaMar, oct. 10, 1948
    p. 36. /CUL/   (1552)

"El pensamiento político y social de Martí; discurso."
    Cuba. Congreso. Senado. Diario de sesiones. La
    Habana, enero 28, 1941. /MAR/   (1553)

_____   Acción, enero 29, 1941. /MAR/   (1554)

_____   DiaMar, enero 29, 1941. /MAR/   (1555)

_____   Viajantes, feb. 1941. /MAR/   (1556)

_____   Novedades, época II, a. VIII, no. 1311, mayo 20,
    1943, p. 9. /MAR/   (1557)

"El pensamiento romántico." Cuadernos, Paris, I, no. 14
    19--?, pp. 437-446. /MAR/   (1558)

"Pensamiento y acción en política." II Bohemia, mayo 3, 1959
    pp. 51-82. /POL/   (1559)

"Pepín, luz y vigía." G, DiaMar, abr. 1, 1947, p. 4.
    /SEM/   (1560)

"Pequeña filosofía de la reforma agraria." Boh, sept. 13,
    1959, pp. 67 y 96. /POL/   (1561)

"Pequeña historia de un pleito político." G, DiaMar, jun.7,
    1947, p. 4. /POL/   (1562)

"Las pequeñas naciones y la paz." G, DiaMar, agosto 21,
    1946, p. 4. /POL/   (1563)

_____   Revista de la Habana, VIII, no. 48, marzo-agosto
    1946, pp. 493-496. /POL/   (1564)

"Pequeño recado a Washington." G, DiaMar, dic. 12, 1948,
    p. 36. /POL/   (1565)

"Perdón por el agua fría." R, DiaMar, oct. 15, 1959, p.
    4-A. /Sobre el Congreso de Intelectuales y Artistas
    Jóvenes/ /LIT/   (1566)

"La Peregrina y las samaritanas." G, DiaMar, mar 22, 1950,
    p. 4. /Día de las Artes y las Letras en el aniversario
    de la Avellaneda/ /LIT/   (1567)

"Perfil de Martí." I Acción, agosto 12, 1940, p. 3. /MAR/
                                                         (1568)

_____   II Acción, agosto 13, 1940, p. 3. /MAR/   (1569)

_____ Cuba Nueva en Acción, agosto 12-16, 1940. /MAR/
(1570)

_____ Archivo José Martí, 1 (1941), pp. 22-34. /MAR/
(1571)

_____ Universidad de Puerto Rico, Río Piedras, Puerto
Rico. The Bulletin, ser. XII, no. 2, dic. 1941, pp.
11-29. /MAR/   (1572)

_____ Universidad de Chile, Santiago. Anales, CXI, no. 89,
1er. trimestre, 1953, pp. 55-71. /Homenaje a José Martí
en el centenario de su nacimiento/ /MAR/   (1573)

"Perfil de nuestras letras. I-B: La Conquista y los fac-
tores humanos." G, DiaMar, feb. 23, 1947, p. 35. /Esta
serie comienza en "Fondo y legado."/ /LIT/   (1574)

_____ I-C: Esquema de la evolución cultural." G, DiaMar
marzo 2, 1947, p. 35. /LIT/   (1575)

_____ II-A: La doble impronta inicial." G, DiaMar, marzo
9, 1947, p.4. /LIT/   (1576)

_____ II-B: Las obras prototípicas." G, DiaMar, marzo
16, 1947, p. 4. /LIT/   (1577)

_____ II-C: El 'Espejo de paciencia'" G, DiaMar, marzo
23, 1947, p. 4. /LIT/   (1578)

_____ II-D: Más sobre el 'Espejo de paciencia'." G, Dia
Mar, marzo 30, 1947, p. 4. /LIT/   (1579)

_____ II-E: La primera lírica." G, DiaMar, abr. 6, 1947,
p. 4. /LIT/   (1580)

_____ III-A: La Factoría y sus gérmenes." G, DiaMar, abr.
13, 1947, p. 4. /LIT/   (1581)

_____ III-B: Imitación y formalismo." G, DiaMar, abr.
20, 1947, p.4. /LIT/   (1582)

_____ III-C: Lo barroco y lo espontáneo." G, DiaMar,
mayo 4, 1947, p. 4. /LIT/   (1583)

_____ III-D: El villareño Surí. G, DiaMar, mayo 11,
1947, p. 4. /LIT/   (1584)

_____ III-D /i.e. E/: Transición a lo dieciochesco." G,
DiaMar, mayo 18, 1947, p. 4. /LIT/   (1585)

_____ III-E /i.e. F/: El Padre Capacho." DiaMar, mayo
25, 1947, p. 4. /LIT/   (1586)

JORGE MAÑACH

III-G: El Príncipe jardinero." G, DiaMar, jun. 1,
1947, p. 4. /LIT/   (1587)

IV-A: Introducción al iluminismo." G, DiaMar, jun.
8, 1947, p. 4. /LIT/   (1588)

IV-B: Los primeros historiadores." G, DiaMar, jun.
5, 1947, p. 4. /LIT/   (1589)

IV-C: Urrutia y Valdés." G, DiaMar, jun. 22, 1947,
p. 4. /LIT/   (1590)

IV-D: La reforma idéológica y el Padre Caballero."
G, DiaMar, sept. 7, 1947, p. 4. /LIT/   (1591)

IV-E: El neoclasicismo." G, DiaMar, sept. 14, 1947,
p. 4. /LIT/   (1592)

IV-F: Zequeira." G, DiaMar, sept. 21, 1947, p. 4.
/LIT/   (1593)

IV-F: Más sobre Zequeira y Arango." G, DiaMar,
sept. 28, 1947, p.4. /LIT/   (1594)

IV-G: Rubalcaba, poeta meditativo." G, DiaMar,
oct. 12, 1947, p. 4. /LIT/   (1595)

IV-H: Pérez y un soneto." G, DiaMar, oct. 19, 1947,
p. 4. /Sobre Manuel María Pérez y Ramírez/ /LIT/ (1596)

V-A: Didáctica del país." G, DiaMar, oct. 26, 1947,
p. 4. /LIT/   (1597)

V-B: Romay y Arango y Parreño." G, DiaMar,
dic. 14, 1947, p. 37. /LIT/   (1598)

VI-A: La transición prerromántica." G, DiaMar,
dic. 21, 1947, p. 34. /LIT/   (1599)

VI-B: Varela: vida en perfil." G, DiaMar, dic. 28,
1947, p. 36. /LIT/   (1600)

VI-3: El maestro Varela." G, DiaMar, enero 4, 1948,
p. 36. /LIT/   (1601)

VI-4: La reforma valeriana /!/." G, DiaMar, enero
11, 1948, p. 36. /LIT/   (1602)

VI-5: La enseñanza del pensar." G, DiaMar, enero
25, 1948, p. 36. /LIT/   (1603)

VI-6: Las posiciones doctrinales y su doble origen."
G, DiaMar, feb. 8, 1948, p. 36. /LIT/   (1604)

_____ VI-7: Las lecciones de Varela." G, DiaMar, feb. 29, 1948, p. 36. /LIT/   (1605)

_____ VI-7-b: Las lecciones de Varela." G, DiaMar, oct. 31, 1948, p. 36. /LIT/   (1606)

_____ VII-8: La 'Miscelánea filosófica' de Varela." Dia Mar, mayo 6, 1956, p. 4-C. /Esta serie continúa en "Nuestras letras."/ /LIT/   (1607)

_____ Academia Cubana de la Lengua, Habana. Boletín, I, no. 3, jul.-sept., 1952, pp. 348-369. /Comienzo de la serie de ese título publicada en Diario de la Marina/ /LIT/   (1608)

"Perplejidad del campo." DiaMar, agosto 16, 1945, p. 4. /VIA/   (1609)

"El periodismo del interior y viceversa." G, DiaMar, tarde, jul. 24, 1923, p. 1. /Sobre El periodismo en Artemisa, por Armando Guerra./ /PER/   (1610)

"La peripecia y el rumbo." A.M., DiaMar, mayo 3, 1956, p. 4-A. /CUL/   (1611)

"Perlas y piruetas." G, DiaMar, tarde, agosto 17, 1923, p. /1/ /Sobre el libro de Ricardo A. Casado/ /LIT/   (1612)

"Un perro, Vautel y la resignación." G, DiaMar, tarde, jun. 19, 1923, p. 1. /Sobre crónica de Clément Vautel/ /LIT/   (1613)

"Personas y masas." Repertorio americano, sept. 24, 1938, p. 331. /CUL/   (1614)

"Perspectiva de las Naciones Unidas." R, DiaMar, oct. 24, 1951, p. 4. /CUL/   (1615)

"Perspectiva de nuestras universidades." Boh, sept. 5, 1954, pp. 51 y 97. /CUL/   (1616)

"La perspectiva presidencial." G, DiaMar, enero 30, 1948, p. 4. /POL/   (1617)

"¿Pesimismo?... ¡Todo lo contrario!" G, DiaMar, enero 24, 1948, p. 4. /Sobre la S.A.R./   (1618)

"Pesquisa de la cubanidad." G, DiaMar, feb. 25, 1945, p. 4. /Un análisis de las palabras "cubanidad" y "cubanía."/ (CUL/   (1619)

"Petición desde la montaña." G, DiaMar, abr. 2, 1948, p. 4. /Sobre Filosofía del quijotismo/ /LIT/ (1620)

"Pezuña y ala." G, <u>DiaMar</u>, nov. 2, 1949, p. 4. /COS/
(1621)

"Picasso." <u>Revista de la Universidad de la Habana</u>, XXXIV
enero-feb. 1941, pp. 52-64. /ART/
(1622)

"Pidiéndole un regalo a /Luis/ Casero." R, <u>DiaMar</u>, enero
16, 1952, p. 4. /POL/
(1623)

"Pierre Abreu, cubano espléndido." R, <u>DiaMar</u>, feb. 24,
1952, p. 52. /SEM/
(1624)

"Pierre Loti." G, <u>DiaMar</u>, tarde, jun. 13, 1923, p. /1/
<u>Glosas</u>, pp. 377-380/ /SEM/
(1625)

"Un pintor español: Esteban Vicente." R.H.M., Sec. escolar, a. III, no. 4, jul. 1937, pp. /749/-51. /ART/
(1626)

"El pintor López Mezquita." R.H.M., Sec. escolar, a. 4,
no. 4, jul. 1938, pp. 377-379. /ART/
(1627)

"Pintura cubana en el Women's Club." <u>Boh</u>, feb. 5, 1950,
pp. 57 y 109. /Sociedad de señoras americanas en La
Habana, Cuba/ /ART/
(1628)

"Pintura de /Arturo/ Souto en el Lyceum." R, <u>DiaMar</u>,
nov. 17, 1954, p. 4-A. /ART/
(1629)

"La pintura de Natacha." R, <u>DiaMar</u>, jun. 16, 1955, p. 4-A.
/Sobre Natalia Bolívar y Aróstegui/ /ART/
(1630)

"La pintura de Wilfredo Lam." G, <u>DiaMar</u>, abr. 19, 1946,
p. 4. /ART/
(1631)

"La pintura en Cuba, desde sus orígenes hasta 1900; conferencia leída en el Club Cubano de Bellas Artes, el 10
de julio de 1924, por el Sr. Jorge Mañach." <u>Cuba
contemporánea</u>, a. XII, t. XXXVI, no. 141, sept. 1924,
pp. 5-23. /ART/
(1632)

_____ Carbonell, José Manuel, ed. <u>Evolución de la cultura cubana</u>. Vol. 18: Las bellas artes en Cuba. Habana: Imp. "El Siglo XX", 1928, pp. 225-266. /Reimpre-
sión/ /ART/
(1633)

"La pintura en Cuba, desde 1900 hasta el presente, conferencia leída en el Club Cubano de Bellas Artes, el
25 de julio de 1924, por el Sr. Jorge Mañach." <u>Cuba
contemporánea</u>, a. XII, t. XXXVI, no. 142, oct. 1924,
pp. 105-125. /ART/
(1634)

"Piratas." A.M., <u>DiaMar</u>, enero 26, 1956, p. 4-A. /CUL/
(1635)

"Pittaluga: Obra para Cuba." R, DiaMar, enero 21, 1954,
    p.4. /De su prólogo a Diálogos sobre el destino. Con-
    tinúa en "Destino como vocación."/ /CUL/   (1636)

"Pizzicati." El Fígaro, a. XL, no. 14, sept. 9, 1923,
    p. 201. /ART/   (1637)

"El plano inclinado." R, DiaMar, abr. 17, 1954, p. 4. /CUL/
                                                    (1638)

"Plas Llosé Majti. /Plaza José Martí, París/." R, DiaMar,
    agosto 5, 1954, p. 4-A. /MAR/   (1639)

"Plástica cubana en el Lyceum." Boh, feb. 7, 1954, pp.
    77 y 80. /ART/   (1640)

"Platicando con Don Pepe." G, DiaMar, tarde, oct. 17, 1925,
    p. 1. /Don José de la Luz y Caballero/ /CUL/   (1641)

"Platicando con Mrs. Chapman Catt." G, DiaMar, tarde, Dia
    Mar, tarde, feb. 8, 1924, p. /1/ /POL/   (1642)

"El pleito del diferencial." G, DiaMar, oct. 18, 1946,
    p. 4. /POL/   (1643)

"La plenitud de Varona." IV (Final), G, DiaMar, abr. 29,
    1949, p. 4. /FIL/   (1644)

"La pluralidad universitaria." G, DiaMar, agosto 28, 1946,
    p. 4. /CUL/   (1645)

"Un poco más sobre el París del bimilenario." R, DiaMar,
    agosto 31, 1951, p. 4 /VIA/   (1646)

"Un poco más y nada más." G, DiaMar, agosto 2, 1945, p. 4.
    /Oriente/ /VIA/   (1647)

"El poder de los poderes." R, DiaMar, nov. 20, 1953, p. 4.
    /CUL/   (1648)

"Poesía de Marta Vignier." R, DiaMar, jun. 23, 1953, p. 4.
    /Gozo y dolor de ser y Canciones desde tu amor./ /LIT/
                                                    (1649)

"Poética para fin de año." G, DiaMar, dic. 31, 1947, p. 4.
    /LIT/   (1650)

"Polémica. Respuesta a Medardo Vitier." Boh, jun. 9, 1946,
    pp. 30-31. /CUL/   (1651)

"La polémica social." G, DiaMar, mayo 29, 1945, p. 4.
    /POL/   (1652)

"La polémica y su 'relajo'." R, <u>DiaMar</u>, abr. 28, 1955,
    p. 4-A. /POL/   (1653)

"La política de cemento... y la otra." <u>Boh</u>, jun. 12,
    1955, pp. 59. /POL/   (1654)

"Política del lenguage." G, <u>DiaMar</u>, abr. 24, 1945, p. 4.
    /CUL/   (1655)

"Política en el Brasil." G, <u>DiaMar</u>, nov. 4, 1945, p. 4.
    /POL/   (1656)

"La política, la justicia y la gracia; consejo de un reac-
    cionario de antaño." <u>Boh</u>, oct. 17, 1954, pp. 51 y 98.
    /POL/   (1657)

"Política: ocupados y preocupados." R, <u>DiaMar</u>, sept. 25,
    1954, p. 4-A. /POL/   (1658)

"Política vs Estética." G, <u>El País</u>, tarde, mayo 31, 1928,
    p. 3. /Polémica entre Walter Lippman y George J. Nathan/
    /POL/   (1659)

"Política y democracia." R, <u>DiaMar</u>, enero 13, 1954, p. 4.
    /POL/   (1660)

"Ponce, pintor metafísico." <u>Grafos</u>, X, 1943, pp. 118-119.
    /ART/   (1661)

"El ponche de leche." G, <u>DiaMar</u>, tarde, jun. 26, 1923,
    p. /1/ /COS/   (1662)

"Por Cajal y por nosotros." G.T., <u>DiaMar</u>, tarde, dic. 28,
    1922, p. /1/ /CUL/   (1663)

"Por Cyrano y por Crispín." G, <u>DiaMar</u>, tarde, marzo 3,
    1923, p. /1/ /Sobre el personaje de Rostand/ /LIT/
                                                         (1664)

"Por el arte en Cuba: discurso de apertura del Salón 1923,
    pronunciado el 15 del corriente en la Asociación de
    Pintores y Escultores, por el señor Jorge Mañach."
    <u>DiaMar</u>, marzo 17, 1923, p. /1/ /ART/   (1665)

"Por el nacionalismo verbal." R, <u>DiaMar</u>, agosto 30, 1959,
    p. 4-A. /CUL/   (1666)

"Por el ojo de la aguja." G, <u>DiaMar</u>, mayo 28, 1948, p. 4.
    /CUL/   (1667)

"Por entre las columnas." G, <u>DiaMar</u>, abr. 22, 1948, p. 4.
    /Sobre Emilio Ballagas y su sección "Peristilo" en el
    Diario/ /PER/   (1668)

"Por las Artes y las Letras." G, DiaMar, marzo 26, 1947,
    p. 4. /CUL/
                                                        (1669)

"Por los ciegos: La Asociación Valentín Hauy, de Santiago."
    El Fígaro, a. XL, no. 13, abr. 1923, p. 175. /CUL/
                                                        (1670)

"¿Por qué Churchill dura tanto?" R, DiaMar, dic. 2, 1954,
    p. 4-A. /SEM/
                                                        (1671)

"¿Por qué guerrea América?" Almanaque de la Victoria. La
    Habana: Cuban American Allied Fund, 1942, p. 51. /CUL/
                                                        (1672)

"¿Por qué no la amnistía a los del Moncada?" Boh, agosto
    15, 1954, pp. 58 y 85. /POL/
                                                        (1673)

"¿Por qué no se paga a las Academias?" G, DiaMar, oct. 1,
    1948, p. 4. /CUL/
                                                        (1674)

"¿Por qué se altera la juventud.?" R, DiaMar, feb. 15, 1953,
    p. 54. /CUL/
                                                        (1675)

"Por si vale la pena." R, DiaMar, feb. 3, 1954, p. 4. /CUL/
                                                        (1676)

"Por un nuevo entusiasmo democrático." G, DiaMar, agosto
    11, 1946, p. 35. /POL/
                                                        (1677)

"Por una polémica decente." R, DiaMar, abr. 30, 1952, p. 4.
    /POL/
                                                        (1678)

"Porfirio Barba Jacob." G, DiaMar, tarde, oct. 24, 1925,
    p. 1. /LIT/
                                                        (1679)

"Porfirio Franca." G, DiaMar, mayo 4, 1950, p. 4. /SEM/
                                                        (1680)

"El porqué de la dispersión." G, DiaMar, mayo 10, 1945,
    p. 4. /POL/
                                                        (1681)

"Port-Royal." G.V., DiaMar, dic. 23, 1945, p. 4. /VIA/
                                                        (1682)

"El porvenir de la pintura en Cuba." Social, IX, sept.
    1924, pp. 13 y 76. /ART/
                                                        (1683)

"Positivismo circunstancial." G, DiaMar, tarde, mayo 24,
    1923, p. /1/ /CUL/
                                                        (1684)

"Positivismo y metafísica en Ortega." R, DiaMar, abr. 5,
    1956, p. 4-A. /LIT/
                                                        (1685)

"Postal de Fernandina." G, DiaMar, sept. 4, 1949, p. 60.
    /VIA/
                                                        (1686)

"Postal de Newark." G, DiaMar, sept. 7, 1949, p. 4. /VIA/
                                                        (1687)

"Postal de San Agustín." G, DiaMar, sept. 3, 1949, p. 4.
    /VIA/   (1688)

"Postalitas de Año Nuevo." G, DiaMar, tarde, enero 2, 1924,
    p. /1/ /COS/   (1689)

"Postalitas de Navidad." G, DiaMar, dic. 5, 1947, p. 4.
    /ART/   (1690)

"Una postulación, un programa y una campaña." Boh, feb. 24,
    1952, pp. 38-39. /Acepta postulación senatorial por la
    Provincia de la Habana, por el Partido del Pueblo Cubano/
    /POL/   (1691)

"Practicismo y quijotismo." G, DiaMar, tarde, feb. 9, 1923,
    p. /1/ /COS/   (1692)

"Prado 44: Canals Ripoll." G, DiaMar, tarde, mayo 14, 1924,
    p. /1/ /ART/   (1693)

"Prado 44: González Darna." G, DiaMar, tarde, enero 15,
    1924, p. /1/ /ART/   (1694)

"Prado 44: Ricardo Bernardo." G, DiaMar, tarde, mayo 24,
    1924, p. /1/ /ART/   (1695)

"Prado y chufas." R, DiaMar, oct. 4, 1951, p. 4. Visitas
    españolas, pp. 19-23. /VIA/   (1696)

"El precio de la abstención." G, DiaMar, agosto 26, 1945,
    p. 4. /POL/   (1697)

"Precisiones a una oriental." G, DiaMar, marzo 8, 1946, p.4.
    /Sobre su glosa "La iglesia y el camino de la paz."/
    /CUL/   (1698/

"Precocidad y procacidad." G, DiaMar, tarde, feb. 14, 1923,
    p. /1/ /CUL/   (1699)

"Prehistoria cubana: españoles y criollos." R, DiaMar,
    feb. 14, 1954, p. 4. /Continuación de: "Un médico de
    antaño/ /CUL/   (1700)

"Prehistoria para /Armando/ Maribona." I R, DiaMar,
    dic. 5, 1951, p. 4. /CUL/   (1701)

_____   II R, DiaMar, dic. 7, 1951, p. 4. /CUL/   (1702)

"Preliminando un comentario." G, DiaMar, tarde, marzo 13,
    1924, p. /1/ /LIT/   (1703)

"Preludio a 'Mudos testigos'" G, DiaMar, abr. 4, 1948,
    p. 36. /De Ramiro Guerra/ /CUL/   (1704)

"Premio 'José I. Rivero: Varela, el primer revolucionario."
DiaMar, jul. 1, 1953, p. 4. /Reproducción de su artículo en Bohemia/ /PER/   (1705)

"Un premio martiano en España." La Actualidad, DiaMar,
abr. 24, 1953, p. 1 y 32. /Se le otorgó el "Premio José
Martí" al periodista Gamallo Fierro, por un artículo
publicado en el periódico Informaciones y titulado
"Sangre de Cuba y de España."/ /MAR/   (1706)

"El Premio Nobel de Literatura: La terna del idioma." Boh,
VIIIL, no. 16, abr. 16, 1950, pp. 71 y 91. /Sobre Al-
fonso Reyes, Rómulo Gallegos y José Ortega y Gasset/
/LIT/   (1707)

"Preocupación de palabras." R, DiaMar, enero 13, 1952, p.
34. /Sobre el Diccionario de Filosofía de José Ferrater
Mora/ /FIL/   (1708)

"Las preseas de Val-Flor." G, DiaMar, tarde, dic. 8, 1923,
p. /1/ /Sobre las joyas de los Marqueses de Val-Flor/
/CUL/   (1709)

"Presencia de Andrés Iduarte." G, DiaMar, agosto 18, 1946,
p. 35. /Comenta su Martí, escritor/ /MAR/   (1710/

"Presencia de Hernández Catá." Recordación de Alfonso
Hernández Catá. /La Habana/: La Verónica, /1941/
pp. 12-25. /LIT/   (1711)

"Presencia y exilio de /Félix/ Varela. (Evocación de ayer
con sentido para hoy)." Boh, dic. 26, 1954, pp. 44-45,
108. /CUL/   (1712)

"Presente y futuro." Cuadernos de la Universidad del Aire,
1933, II, pp. 597-603. /CUL/   (1713)

"La prestancia del knock-out." G.T., DiaMar, 2a. sec.,
mañana, nov. 29, 1922, p./13/ /COS/   (1714)

"El prestigio y un Congreso." G, DiaMar, feb. 9, 1949,
p. 4. /Cuarto Congreso del Instituto Internacional de
Literatura Hispanoamericana/ /LIT/   (1715)

"Pretextos sobre actualidad mayor." R, DiaMar, nov. 16,
1951, p. 4. /Crítica de Ferrater Mora sobre "Examen
del quijotismo" y "Para una filosofía de la vida" de
Mañach/ /LIT/   (1716)

"Primaveral." G, DiaMar, tarde, mayo 29, 1924, p. /1/
/Sobre traducciones de Rudyard Kipling y Jean Sarment/
/LIT/   (1717)

"Primer examen de la Cuba nueva." Boh, sept. 6, 1959,
    pp. 79 y 89. /POL/   (1718)

"Primitivismo." A.M., DiaMar, feb. 23, 1956, p. 4-A. /CUL/
                                                         (1719)

"Los principios y la fuerza." R, DíaMar, marzo 23, 1952,
    p. 52. /Sobre el golpe militar del 10 de marzo/ /POL/
                                                         (1720)

"Los principios y las fórmulas." Boh, mayo 15, 1955, pp.
    62 y 85. /POL/   (1721)

"Prío, Chibás y Bisbé." Boh, abr. 30, 1950, pp. 63 y 103.
    /POL/   (1722)

"Prío y las voces radiales." G, DiaMar, mayo 14, 1949, p. 4.
    /POL/   (1723)

Pro Varona y Sanguily." G, DiaMar, tarde, jun. 7, 1924,
    p. /1/ /CUL/   (1724)

"El problema de la docencia." G, DiaMar, jul. 5, 1946,
    p. 4. /POL/   (1725)

"El problema de la indisciplina." G, DiaMar, marzo 27,
    1945, p. 4. /CUL/   (1726)

"El problema de Puerto Rico." Boh, nov. 26, 1950, pp. 66-
    67, 93. /CUL/   (1727)

"El problema del libro." La Actualidad, DiaMar, abr. 10,
    1953, p. 1. /CUL/   (1728)

"El Problema del libro indígena." E.B., DiaMar, mañana,
    marzo 22, 1926, p. 16. /Pro "Liga de Escritores de
    América." Fin de su colaboración en el Diario en esta
    época/ /LIT/   (1729)

"El problema del retorno al orden." G, DiaMar, jun. 13,
    1947, p. 4. /POL/   (1730)

"El problema evadido." R, DiaMar, oct. 22, 1959, p. 4-A.
    /Sobre la Universidad de la Habana/ /CUL/   (1731)

"El problema universitario." G, DiaMar, dic. 14, 1949, p. 4.
    /CUL/   (1732)

"El problema universitario." R, DiaMar, oct. 4, 1959,
    p. 4-A. /CUL/   (1733)

"El proceso cubano y su perspectiva." Boh, oct. 31, 1954,
    pp. 52-54 y 90. /POL/   (1734)

"El proceso cubano y su perspectiva." Humanismo, México
      oct. 1954. /PER/   (1735)

"El proceso cultural y el Ateneo." R, DiaMar, jun. 28, 1953,
      p. 38. /Ateneo de La Habana/ /CUL/   (1736)

"Proceso de la actitud filosófica." Ultra, La Habana, V,
      1938, pp. 471-472. /FIL/   (1737)

"El proceso de nuestra cultura." Boh, mayo 4, 1952, pp. 53-
      54 y 76 /CUL/   (1738)

"La prodigalidad de Rafael Marquina." R, DiaMar, enero 30,
      1952, p. 4. /CUL/   (1739)

"El profesor /Emile/ Bréhier." G.V., DiaMar, feb. 2, 1946,
      p. 4. /VIA/   (1740)

"Un profeta ha muerto." G, DiaMar, mayo 3, 1946, p. 4.
      /El conde Hermann Keyserling/ /SEM/   (1741)

"Programa para después." Boh, nov. 15, 1953, pp. 67 y 97.
      /POL/   (1742)

_____ II: El Ejecutivo y la Administración." Boh, nov.
      22, 1953, pp. 62 y 85. /POL/   (1743)

_____ III: Freno y cauce del ejecutivo." Boh, nov. 29,
      1953, pp. 65 y 80. /POL/   (1744)

_____ IV: La Composición del Congreso." Boh, nov. 29,
      1953, pp. 55 y 80. /POL/   (1745)

_____ V: El funcionamiento del Cogreso." Boh, dic. 20,
      1953, pp. 83 y 180. /POL/   (1746)

_____ VI: El Vice-Poder Judicial." Boh, enero 10, 1954,
      pp. 39 y 82. /POL/   (1747)

"Progreso y conservación en nuestra política." Boh, VIIIL,
      no. 53, dic. 31, 1950, pp. 41 y 91. /POL/   (1748)

"Prohibiolandia." G, DiaMar, tarde, nov. 13, 1924, p. /1/
      /VIA/   (1749)

"Prólogo a 'Patria Nueva'." R, DiaMar, enero 15, 1954, p. 4.
      /Sobre libro de versos de Israel Rodríguez González/
      /LIT/   (1750)

"Prometeo en el parque." G, DiaMar, enero 15, 1950, p. 34.
      /Sobre el Grupo Prometeo/ /LIT/   (1751)

"La proyectada ubicación del Banco Nacional." Boh, oct. 18,
   1953, pp. 50 y 83. /ART/   (1755)

"El proyecto de la Isla partida." Boh, dic. 12, 1954, pp.
   64 y 88. /POL/   (1756)

"Un proyecto y sus quiebras." G, DiaMar, feb. 9, 1947, p.
   35. /Anuncia una serie de trabajos sobre historia literaria cubana/   /LIT/   (1757)

"El prurito de estar informado." G, DiaMar, sept. 20, 1946,
   p. 4. /POL/   (1758/

"Psicología de los constructores." G, DiaMar, nov. 12,
   1948, p. 4. /D. Aquilino Entrialgo/   /SEM/   (1759)

"El pueblo dominicano es otra cosa." G, DiaMar, enero 6,
   1950, p. 4. /CUL/   (1760)

"Un pueblo sin souvenirs." Arte, I, no. 1, agosto-dic.,
   1931. /ART/   (1761)

"Pueblos y parques." G, DiaMar, agosto 30, 1945, p. 4.
   /VIA/   (1762)

"Puerto Rico y nosotros." G, DiaMar, sept. 15, 1946, p. 35.
   /POL/   (1763)

"El pulso de la isla: Villaclara." Boh, agosto 5, 1945,
   pp. 37-38. /VIA/   (1764)

_____ Tierras de Oriente." Boh, sept. 2, 1945, pp. 27, 40,
   y 42. /VIA/   (1765)

_____ Fronteras, bateyes, arcadia." Boh, sept. 9, 1945,
   p. 20. /VIA/   (1766)

_____ Paisajes de alma y tierra." Boh, sept. 16, 1945,
   pp. 34 y 40. /VIA/   (1767)

_____ La juventud vacía." Boh, sept. 23, 1945, Sup. G,
   Sup. H, 40. /VIA/   (1768)

———— La juventud y sus ideales." Boh, oct. 7, 1945,
     pp. 39-47. /VIA/   (1769)

"Punto y aparte." G, DiaMar, sept. 25, 1946, p. 4. /Sobre
     Historia y destino, de Avelino Cañal/ /LIT/ (1770)

"Una puntualización necesaria." R, DiaMar, jun. 2, 1959,
     p. 4-A. /Sobre Guillermo Martínez Márquez/ /POL/
                                                    (1771)

Q

"¿Qué es poesía?" R, <u>DiaMar</u>, abr. 15, 1951, p. 48. /LIT/
(1773)

"¿Qué hacer con el pistolerismo?" <u>Boh</u>, enero 23, 1949,
pp. 61 y 70. /POL/   (1774)

"¿Qué le ocurre a la poesía?" <u>Boh</u>, sept. 19, 1949, pp.
27, 59 y 66. /LIT/   (1775)

"¿Qué pasa con los teléfonos? G, <u>DiaMar</u>, enero 19, 1949,
p. 4. /CUL/   (1776)

"¿Qué pensaría Martí de la mediación?" <u>El País</u>, jun. 25,
1933. /MAR/   (1777)

"Quebec: Un ejemplo para la Habana." <u>Boh</u>, sept. 24, 1950,
pp. 83 y 99. /VIA/   (1778)

"Querella y convivencia." R, <u>DiaMar</u>, oct. 6, 1954, p. 4-A.
/ART/   (1779)

"Queremos patria." G.T. <u>DiaMar</u>, enero 26, 1923, p. /1/
/POL/   (1780)

"¿Quién es reaccionario? Réplica a un defensor de la dictadura." <u>Boh</u>, jul. 27, 1952, pp. 67 y 77. /POL/
(1781)

R

"Radda: un artículo de André Salmón." G, DiaMar, tarde,
     dic. 19, 1924, p. /1/ /ART/   (1782)

"Radda y la ingenuidad." I G, DiaMar, tarde, dic. 23.
     1924, p. /1/ /Continúa en "El arte de Radda." /ART/
                                                      (1783)

"La radio y la tarde del domingo." G, DiaMar, enero 9,
     1949, p. 36. /Reanuda la Universidad del Aire del
     Circuito CMQ, que inauguró en 1933/ /CUL/   (1784)

"Rafael Blanco en el Salón de Humoristas." E.B., DiaMar,
     mañana, dic. 21, 1925, p. 18. /ART/   (1785)

"/Rafael/ Marquina y los ecos." G, DiaMar, feb. 4, 1948,
     p. 4. /CUL/   (1786)

"Ráfagas preelectorales." G, DiaMar, mayo 7, 1948, p. 4.
     /POL/   (1787)

"Raíces del Diez de Octubre." Boh, XLV, XLI, oct. 11, 1953,
     pp. 48-49 y 82. /CUL/   (1788)

"Las raíces del mal." G, DiaMar, sept. 17, 1947, p. 4.
     /POL/   (1789)

"Ramiro Guerra y su Historia." E.B., DiaMar, mañana, dic.
     7, 1925, p. 16. /CUL/   (1790)

          El Fígaro, a. XLII, no. 31, dic. 13, 1925, pp.
     /629/-630. /CUL/   (1791)

"Las razas y la integridad nacional." Boh, enero 27,
     1952, pp. 55 y 81. /CUL/   (1792)

"La razón de cada cual." R, DiaMar, agosto 7, 1954, p.
     4-A. /POL/   (1793)

"La razón y el grito." R, DiaMar, nov. 14, 1951, p. 4.
     /POL/   (1794)

"Razón y fuerza a la greña." R, DiaMar, mayo 27, 1953,
     p. 4. /POL/   (1795)

"'Razón y pasión de Sor Juana'" G, DiaMar, marzo 27, 1953,
     p. 4. /Sobre libro de Anita Arroyo/ /LIT/   (1796)

"Las razones de un movimiento. (Respuesta a Carlos Márquez
     Sterling)." Boh, marzo 27, 1955, pp. 64-65 y 94. /"Res-
     puesta a Jorge Mañach," Bohemia, marzo 20, 1955//POL/
                                                      (1797)

"Las razones y las armas." R, DiaMar, mayo 30, 1954, p.50.
/CUL/   (1798)

"La reacción cordial." G, DiaMar, tarde, marzo 18, 1924,
p. /1/ /Sobre Leopoldo Romañach/ /ART/   (1799)

"La reacción de los lectores." G, DiaMar, dic. 5, 1948,
p. 36. /Sobre la glosa "Los hados del Príncipe." /POL/
(1800)

"Reacciones a un diálogo literario. (Algo más sobre poesía
vieja y nueva) Boh, oct. 16, 1949, pp. 63 y 107./LIT/
(1801)

"La real gana y la libertad." G, DiaMar, jul. 10, 1946,
p. 4. /POL/   (1802)

"La realidad y promesa de nuestra política." Boh, mayo
29, 1949, p. 71 y 76. /POL/   (1803)

"Realidad y respetabilidad." R, DiaMar, abr. 10, 1952, p. 4.
/POL/   (1804)

"Realismo y decadencia." G.T., DiaMar, mañana, 2a. sec.
oct. 26, 1922, p./13/ /ART/   (1805)

"Reanudemos." R, DiaMar, marzo 7, 1959, p. 4-A. /Reanuda
su labor en el Diario/ /LIT/   (1806)

"Rebeldía de Sagua." G, DiaMar, oct. 3, 1948, p. 36.
/POL/   (1807)

"Recado final a la Ortodoxia." Boh, marzo 13, 1955, pp.
75 y 96. /Artículo con que se despide del Partido del
Pueblo Cubano (Ortodoxo) para fundar el Movimiento de
la Nación/ /POL/   (1808)

"La reclamación y el reclamo." G,M., DiaMar, tarde, sept.
2, 1924, p. /1/ /CUL/   (1809)

"Recordación vital." G, DiaMar, tarde, feb. 21, 1923,
p. 1. Glosas, pp. 195-200. /MAR/   (1810)

"Recordando a don Pedro." G. DiaMar, tarde, abr. 1, 1924,
p. /1/ /LIT/   (1811)

"Recordando a un maestro." G, DiaMar, tarde, marzo 10,
1923, p. /1/ /Sobre Henri Berthelemy/ /SEM/ (1812)

"Recorriendo los barrios." G, DiaMar, mayo 29, 1946, p. 4.
/POL/   (1813)

"Los recortes de la gloria." R, DiaMar, enero 18, 1951,
p. 4. /Sobre Carlos J. Finlay/ /CUL/   (1814)

"La rectificación de la revolución." G, DiaMar, mayo 12,
    1948, p. 4, /POL/
                                      (1815)

"La rectificación pública y sus medios." Boh, mayo 17,
    1953, pp. 39 y 93. /POL/
                                      (1816)

"Recuerdo de/Carlos/ González Palacios." R, DiaMar, dic.
    2, 1953, p. 4. /SEM/
                                      (1817)

"Recuerdo de Don Juan." R, DiaMar, jul. 11, 1954, p. 4-D.
    /Sobre Juan Gualberto Gómez/ /SEM/
                                      (1818)

"Recuerdo del Padre /Mariano G. de/ Andoín." R, DiaMar,
    feb. 8, 1953, p. 56. /SEM/
                                      (1819)

"Recuento y definición." G, DiaMar, mayo 16, 1948, p. 36.
    /POL/
                                      (1820)

"Recuerdo de Emile Bréhier." R, DiaMar, mayo 29, 1952,
    p. 4. /SEM/
                                        (1821)

"Recuerdo de Gustavo Sánchez Galarraga." G, DiaMar, nov.
    5, 1948, p. 4. /LIT/
                                      (1822)

"Recuerdo de la pintura de Osborne." G, DiaMar, jun. 14,
    1950, p. 4. /ART/
                                      (1823)

"Recuerdo de Leonor Barraqué." R, DiaMar, oct. 7, 1952,
    p. 4. /SEM/
                                        (1824)

"Recuerdo de Max Jiménez." G, DiaMar, oct. 29, 1947, p. 4.
    /SEM/
                                        (1825)

"Recuerdo de Pepín /Rivero/" G, DiaMar, abr. 1, 1948, p.4.
    /SEM/
                                        (1826)

"Recuerdo de un caballero cubano." G, DiaMar, oct. 2, 1949,
    p. 56. /Sobre don Luis Baralt y Peoli/ /SEM/   (1827)

"Recuerdo de /Pedro/ Albizu Campos." I Boh, nov. 12, 1950,
    pp. 89-90. /SEM/
                                      (1828)

_____ II Boh, nov. 12, 1950, pp. 73, 88-89. /SEM/(1829)

"Recuerdo del Dr. /Julio/ Cantala." G, DiaMar, feb. 8.
    1950, p. 4. /SEM/
                                        (1830)

"Recuerdos de Araquistaín." I R, DiaMar, agosto 13, 1959,
    p. 4-A. /SEM/
                                        (1831)

_____ II R, DiaMar, agosto 15, 1959, p. 4-A. /SEM/
                                        (1832)

"Recuerdos escolapios." G, <u>DiaMar</u>, nov. 25, 1948, p. 4.
    /CUL/   (1833)

"El recurso de insconstitucionalidad, o la prueba de la
    grandeza." <u>Boh</u>, jul. 19, 1953, pp. 62-63. /POL/
                                                               (1834)

"Redescubrimiento de España." R, <u>DiaMar</u>, abr. 9, 1954,
    p. 4. /CUL/   (1835)

"El reencuentro." G,V., <u>DiaMar</u>, dic. 12, 1945, p. 4./VIA/
                                                               (1836)

"Referéndum en Francia." G, <u>DiaMar</u>, oct. 13, 1946, p. 35.
    /POL/   (1837)

"Reflexiones ante el centenario." <u>Boh</u>, mayo 18, 1952, pp.
    83 y 113. /POL/   (1838)

"Reflexiones en torno al escándalo." <u>Boh</u>, jun. 22, 1949,
    pp. 53. /POL/   (1839)

"Reflexiones para el día siguiente." <u>Boh</u>, jun. 4, 1950,
    pp. 69. /POL/   (1840)

"Reflexiones sobre poesía y su decadencia." E.B., I,
    <u>DiaMar</u>, mañana, enero 25, 1926, p. 14. /Continúa en
    <u>"De la poesía y su decadencia."</u> /LIT/   (1841)

"La reforma educacional." R, <u>DiaMar</u>, feb. 22, 1956, p.
    4-A. /CUL/   (1842)

"Reforma en la Universidad." G, <u>DiaMar</u>, sept. 30, 1949,
    p. 4. /CUL/   (1843)

"Regalo de Araquistaín." R, <u>DiaMar</u>, abr. 15, 1956, p.
    4-A. /Sobre el <u>Manual del cocinero cubano</u> (1856), rega-
    lo de Luis Araquistaín a Mañach/ /CUL/   (1844)

"Regalo de Reyes y otros recuerdos." <u>Boh</u>, enero 8, 1956,
    pp. 55 y 112. /Sobre el cuento de ese título de O.
    Henry (William S. Porter)/ /LIT/   (1845)

"El regalo símbolo." G, <u>DiaMar</u>, tarde, sept. 26, 1925, p.1.
    /CUL/   (1846)

"El régimen de la 'deducibilidad'" R, <u>DiaMar</u>, jul. 15,
    1954, p. 4-A. /CUL/   (1847)

"El regreso de Eva." <u>RevAvance</u>, III, no. 24, jul. 15, 1928,
    p. 194. /LIT/   (1848)

"Relieve de la literatura hispanoamericana." <u>Hispania</u>,
    XIX, 1936, pp. 75-84. /LIT/   (1849)

_____ Revista cubana, V, marzo 1936, pp. 200-213. /LIT/
(1850)

"Religión y libertad en Latinoamérica." I-II Cuadernos,
París, no. 11, marzo/abr. 1955, pp. 29-40, no. 12,
mayo/jun. 1955, pp. 9-17. /CUL/   (1851)

"Religiosidad y civismo." R, DiaMar, oct. 22, 1954, p.4-A.
/CUL/   (1852)

"Una reliquia de Humboldt." R, DiaMar, mayo 10, 1959,
p. 4-A. /CUL/   (1853)

"Los remedios a la crisis de la cultura." I G, DiaMar,
tarde, jun. 23, 1925, p. 1. /CUL/   (1854)

"/René/ Portocarrero." A.M., DiaMar, feb. 4, 1956, p.4-A.
/ART/   (1855)

"Renuevo en el 12 de Octubre." Cuadernos hispanoamericanos,
Madrid, XXXII, no. 94, oct. 1957, pp. 3-7. /CUL/
(1856)

"La renuncia de Torres Bodet y la nebulosidad de la 'Unesco'"
DiaMar, jun. 16, 1950, p. 1. /CUL/   (1857)

"Reparos a propósito de Dewey." R, DiaMar, jul. 29, 1952,
p. 4. /FIL/   (1858)

"El 'Repertorio americano' de /Joaquín/ García Monge." G,
DiaMar, tarde, jun. 6, 1925, p. 1. /CUL/   (1859)

"Réplica a /Joaquín/ Aristigueta." G, DiaMar, tarde, enero
24, 1925, p. 1. /ART/   (1860)

"Réplica a Rodríguez." Boh, sept. 30, 1951, pp. 49-50 y 88.
/Pólemica con L.O. Rodríguez/ /POL/   (1861)

"Una réplica inevitable." G, DiaMar, marzo 22, 1945, p.4.
/POL/   (1862)

"Réplica para Manzanillo." G, DiaMar, feb. 13, 1947, p.4.
/Sobre Manuel E. Bermúdez Oliver/ /MAR/   (1863)

"Reportaje de Chile." Boh, jul. 4, 1954, pp. 22, 110-111.
/CUL/   (1864)

"Reportaje de la S.A.R." G, DiaMar, sept. 17, 1948, p. 4.
/Sobre la Sociedad de Amigos de la República/ /CUL/
(1865)

"Representación espirituana." G, DiaMar, tarde, dic. 14,
1923, p. /1/ Glosas, pp. 147-152. /VIA/   (1866)

JORGE MAÑACH

"La República ante el legado de Martí." Boh, feb. 15, 1953, feb, 15, 1953, pp. 59 y 80. /Sobre el centenario/ /MAR/ (1867)

"Requiem por un trabajador." A.M., DiaMar, mayo 5, 1959, p. 4-A. /COS/ (1868)

"Resabios imperiales." Boh, sept. 6, 1953, pp. 54-55. /POL/ (1869)

"Resaca de las elecciones." Boh, jun. 11, 1950, pp. 89 y 98. /POL/ (1870)

"Respeto al hombre." G.V., DiaMar, enero 20, 1946, p.4. /VIA/ (1871)

"Resplandor de San Agustín." I DiaMar, dic. 19, 1954, p. 4-D. /FIL/ (1872)

_____ II DiaMar, dic. 23, 1954, p. 4-A. /El testimonio de las Confesiones/ /FIL/ (1873)

_____ III R, DiaMar, dic. 30, 1954, p. 4-A. /FIL/ (1874)

_____ IV R, DiaMar, enero 7, 1955, p. 4-A. /FIL/ (1875)

_____ V R, DiaMar, enero 16, 1955, p.4-D. /FIL/ (1876)

_____ VI R, DiaMar, enero 19, 1955, p. 4-A. /FIL/ (1876.)

_____ VII R, DiaMar, enero 22, 1955, p. 4-A. /FIL/ (1877.)

_____ VIII R, DiaMar, enero 26, 1955, p. 4-A. /FIL/ (1878.)

_____ IX R, DiaMar, enero 28, 1955, p. 4-A. /Final/ (1879) /FIL/

"Responsabilidad de la prensa." G, DiaMar, marzo 1, 1946, p. 4. /Continúa en"Más sobre el oficio y su responsa- bilidad"/ /PER/ (1880)

"La responsabilidad de ser grande." G, DiaMar, jun. 2, 1948, p. 4. /Sobre Goar Mestre/ /CUL/ (1881)

"Respuesta a buenos entendedores." Boh, enero 10, 1960, pp. 40 y 90. /POL/ (1882)

"Respuesta a los dominicanos exilados." Boh, mayo 8, 1955, pp. 45 y 97. /POL/ (1883)

"Respuesta a los veteranos." Boh, abr. 6, 1952, pp. 51 y 82. /POL/ (1884)

"Respuesta a un recado del Dr. Lazo." Boh, jun. 26, 1955,
     pp. 55 y 77. /POL/   (1885)

"Respuesta al Embajador." G, DiaMar, nov. 6, 1949, p. 44.
     /Sobre Oscar Gans/ /POL/   (1886)

"Respuesta oblícua." R, DiaMar, agosto 22, 1959, p. 4-A.
     /Sobre José Guerra Flores/ /LIT/   (1887)

"Una restauración ejemplar." G, DiaMar, sept. 13, 1946,
     p. 4. /Sobre Iglesia de Santa María del Rosario//ART/
                                                            (1888)
"La restauración indiscreta." A.M., DiaMar, jul. 21, 1959,
     p. 4-A. /ART/   (1889)

"El retorno a nosotros mismos." G, DiaMar, oct. 22, 1947,
     p. 4./Sobre De Gaulle/ /POL/   (1890)

"Return ticket, por Salvador Novo." RevAvance, III, no. 28,
     nov. 15, 1928, p. 330. /LIT/   (1891)

"La revelación Loy." G, DiaMar, tarde, mayo 29, 1923,
     p. /1/ /ART/   (1892)

"La Revista de Occidente." I G, DiaMar, tarde, feb. 20,
     1924, p. /1/ /Recién fundada por Ortega y Gasset en
     Madrid. Continúa en "Ortega y Gasset y su revista."
     /CUL/   (1893)

"Revista del Grupo Minorista de Matanzas." RevAvance. I,
     no. agosto 30, 1927, p. 265. /LIT/   (1894)

"La 'Revista Mensual de Cuba'" G, DiaMar, tarde, oct. 2,
     1923, p. /1/ /CUL/   (1895)

"La revitalización de la fe en Cuba." Boh, marzo 15, 1959,
     pp. 26-27 y 140. /POL/   (1896)

"La revolución cubana y sus perspectivas." Boh, feb. 15,
     1959, pp. 68-69 y 93. /POL/   (1897)

        Cuadernos, París, no. 35, marzo/abr. 1959, pp. 3-9,
     /POL/   (1898)

"'Revolución' en el Ministerio." G, DiaMar, mayo 12, 1946,
     p. 4. /Alemán es nombrado Ministro de Educación/ /POL/
                                                            (1899)
"La revolución urbana." A.M., DiaMar, mayo 16, 1959, p.
     4-A. /POL/   (1900)

"La revolución y el orden." A.M., DiaMar, jun. 25, 1959,
     4-A. /POL/   (1901)

"Revolución y libertinaje." Boh, abr. 20, 1952, pp. 59 y 96.
   /POL/   (1902)

"El revolucionario Rafael Blanco." Boh, sept. 4, 1955.
   pp. 59 y 94. /SEM/   (1903)

"Revolution in Cuba." Foreign Affairs, New York, XII, no. 1,
   oct. 1933, pp. 46-56. /POL/   (1904)

"El Rheims ideal." G, DiaMar, tarde, sept. 11, 1923, p./1/
   /ART/   (1905)

"/Ricardo A./ Latcham y nuestras letras." G, DiaMar, dic.
   6, 1949, p. 4. /LIT/   (1906)

"/Richard/ Neutra y su estela." G, DiaMar, marzo 20, 1945,
   p. 4. /ART/   (1907)

"Riesgo y ventura del Duque de Osuna, por Antonio Marichalar." RevAvance, V, no. 46, mayo 15, 1930, p. 155.
   /LIT/   (1908)

"Rigor e indulgencia en la crítica." R, DiaMar, feb. 2,
   1952, p. 4. /CUL/   (1909)

"Rodulfo Tardo en el Lyceum." G, DiaMar, enero 19, 1950,
   p. 4. /ART/   (1910)

"Los rojos y Pizarro." A.M., DiaMar, marzo 31, 1959, p.4.
   /POL/   (1911)

"/Rolando/ López Dirube, o el disparate estupendo." R,
   DiaMar, abr. 27, 1952, p. 62. /ART/   (1912)

"Romañach." G, DiaMar, tarde, marzo 11, 1924, p. /1//ART/
                                                                (1913)

"El Romañach de los años patéticos." Boh, marzo 12, 1950,
   pp. 86 y 94. /ART/   (1914)

"Romañach en el Salón de 1926." I E.B., DiaMar, mañana,
   marzo 1, 1926, p. 16 /Continúa en "El Salón de Bellas
   Artes de 1926"/ /ART/   (1915)

"Roosevelt." G, DiaMar, abr. 15, 1945, p. 4. /Con motivo
   de la muerte del Presidente/ /SEM/   (1916)

"Rosa naútica de Alfonso Reyes." Asomante, XVI, abr.-jun.
   1960, pp. 9-10. /Publicado también con el título de
   "Obra y gracia de Alfonso Reyes."/ /LIT/   (1917)

"Rouen." G, D.V., DiaMar, dic. 30, 1945, p. 4. /VIA/
                                                                (1918)

"Roura Oxandaberro." G, <u>DiaMar</u>, tarde, abr. 24, 1923,
   p. /1/ /ART/   (1919)

"Un rubro de filosofía." R, <u>DiaMar</u>, dic. 28, 1951, p. 4.
   /FIL/   (1922)

"La ruta de Trinidad. G, <u>DiaMar</u>, tarde, nov. 6, 1923,
   /1/ <u>Glosas</u>, pp. 129-133. /VIA/   (1923)

"La ruta del santuario." G, <u>DiaMar</u>, tarde, nov. 1, 1923,
   p. /1/ <u>Glosas</u>, pp. 117-122. /La Caridad del Cobre)
                                                       (1924)

S

"Una sabandija al sol." G.T., DiaMar, mañana, 2a. sec.,
     oct. 29, 1922, p. /15/ Glosas, pp. 225-229. /CUL/
                                                         (1925)

"Sagua la máxima." G, DiaMar, tarde, jul. 10, 1923, p./1/
     Glosas, pp. 63-67. /VIA/   (1926)

"La Sala de Romañach." G, DiaMar, jun. 16, 1948, p. 4.
     /ART/   (1927)

"Saldo de Ortega y Gasset." Boh, marzo 18, 1956, pp. 13 y
     123. /FIL/   (1928)

"Saldo y crédito para el 10 de Octubre." Boh, oct. 10,
     1945, p. 83. /CUL/   (1929)

_____   Boh, oct. 10, 1948, pp. 83 y 137. /POL/   (1930)

"El Salón de Bellas Artes de 1926." II E.B., DiaMar,
     mañana, marzo 2, 1926, p. 16. /ART/   (1931)

_____   III E.B., DiaMar, marzo 5, 1926, p. 16. /ART/
                                                         (1932)

_____   IV E.B., DiaMar, marzo 6, 1926, p. 16. /ART/
                                                         (1933)

"El Salón de Humoristas." I G.T., DiaMar, mañana, dic. 8,
     1922, p. /24/ /ART/   (1934)

_____   II G.T., DiaMar, mañana, 2a. sec. dic. 9, 1922,
     p. /24/ /ART/   (1935)

_____   III G.T., DiaMar, mañana, 2a. sec. dic. 10, 1922,
     p. /28/ /ART/   (1936)

"El Salón de Humoristas." I G, DiaMar, tarde, nov. 29,
     1923, p. /1/ /ART/   (1937)

_____   II: Los demás valores humoristas." DiaMar, tarde,
     dic. 1, 1923, p. /1/ /ART/   (1938)

"El Salón de Humoristas." I G, DiaMar, tarde, nov. 28,
     1924, p. /1/ /ART/   (1939)

_____   II G, DiaMar, tarde, nov. 29, 1924, p. /1//ART/
                                                         (1940)

"El Salón de 1923. Generalidades." G, DiaMar, tarde,
     marzo 27, 1923, p. /1/ /ART/   (1941)

_____   Los nuevos valores." G, <u>DiaMar</u>, tarde, abr. 3,
1923, p. /1/ /Sobre Amelia Peláez, María Pepa Lamarque
y Adriano Baster/ /ART/   (1942)

"El Salón de 1924. I: Purga espiritual. G, <u>DiaMar</u>, tarde,
feb. 12, 1924, p. /1/ /Juicio sobre sus propias pinturas/
/ART/   (1943)

_____   II: Valores cardinales." G, <u>DiaMar</u>, tarde, feb. 13,
1924, p. 1. /Sobre Augusto Oliva, Roberto Caballero/
/ART/   (1944)

_____   III: Más valores cardinales." G, <u>DiaMar</u>, tarde,
feb. 14, 1924, p. /1/ /Sobre E. Caravia, M.J. Lamarque, A. Peláez, G. Tejedor/ /ART/   (1945)

_____   IV: Los menos nuevos." G, <u>DiaMar</u>, tarde, feb. 15,
1924, p. 1. /Sobre Melero, Rod. Morey, Valderrama, Velo,
Capdevila/ /ART/   (1946)

_____   V: Los dibujantes." G, <u>DiaMar</u>, tarde, feb. 16, 1924,
p. /1/ /H. Portell Vilá, J.M. Acosta, P. Valer/ /ART/
                                                 (1947)

"Saludo a la Feria." G, <u>DiaMar</u>, abr. 7, 1946, p. 4. /Feria
del Libro Maxicano/ /CUL/   (1948)

"La salvación desde el mundo." G, <u>DiaMar</u>, mayo 17, 1949,
p. 4. /CUL/   (1949)

"'El Salvador', vivero de hombres." <u>Boh</u>, abr. 4, 1948,
pp. 24 y 56. /CUL/   (1950)

"Sambugnac, de Yugoslavia." G, <u>DiaMar</u>, tarde, mayo 15,
1923, p. /1/ /ART/   (1951)

"San Cristóbal de La Habana." Impresiones, <u>DiaMar</u>, mañana, 2a. sec., oct. 13, 1922, p. /13/ /Primera colaboración para el <u>Diario de la Marina</u>/ /COS/   (1952)

"'San Lorenzo' y la 'Sociedad'" G, <u>DiaMar</u>, abr. 16, 1950,
p. 34. /CUL/   (1953)

"Sánchez Felipe en Prado 44." G, <u>DiaMar</u>, tarde, dic. 28,
1923, p. /1/ /ART/   (1954)

'Sanguily'en "Homenaje a /Manuel/ Sanguily." <u>Social</u>, X,
feb., 1925, p. 16. /SEM/   (1955)

"Santa Clara-Camagüey." G, <u>DiaMar</u>, tarde, oct. 25, 1923,
p. /1/ <u>Glosas</u>, pp. 99-103. /VIA/   (1956)

"Santa Teresa y otros ensayos, por Américo Castro." Rev
Avance, V, no. 43, feb. 15, 1930, pp. 57-58. /LIT/
(1957)

"El santo temor a lo irremediable." R, DiaMar, mayo 13,
1953, p. 4. /Sobre la Plaza de la República y el Monumento a Martí/ /ART/
(1958)

"Santo Tomás /de Aquino/ y la calle." G, DiaMar, marzo 11,
1948, p. 4. /CUL/
(1959)

"La sartén y el fuego." R, DiaMar, jun. 26, 1954, p. 4-A.
/POL/
(1960)

"Scherezada guajira." G, DiaMar, tarde, enero 19, 1924,
p. /1/ /VIA/
(1961)

"Se está movilizando la conciencia cubana." G, DiaMar,
oct. 30, 1949, p. 34. /Sobre la Universidad del Aire en
CMQ/ /CUL/
(1962)

"Se hace saber." G, DiaMar, tarde, enero, 16, 1923, p./1/
/Elogio al actor Sergio Acebal por su libro Casos y
cosas/ /LIT/
(1963)

"Seca en Oriente." G, DiaMar, jul. 7, 19-?, p. 4. /VIA/
(1964)

"Secuela a 'El mundo y su esperanza'" R, DiaMar, abr. 5,
1953, p. 54. /CUL/
(1965)

"Seda y estraza." G.T., DiaMar, mañana, 2a. sec., dic. 2,
1922, p. /24/ /COS/
(1966)

"Seducción floral." A.M., DiaMar, marzo 16, 1956, p.4.
/ART/
(1967)

"Segunda réplica a Rodríguez." Boh, oct. 14, 1951, pp.
65 y 81. /Polémica con L.O. Rodríguez/ /POL/ (1968)

"El segundo espectáculo." G.T., DiaMar, mañana, dic. 5,
1922, p. /12/ /COS/
(1969)

"Seis personajes en busca de un autor" G, DiaMar, mañana,
mayo 20, 1924, p. 3. /Sobre la representación de la
obra de Pirandello/ /LIT/
(1970)

"Selección y prefacio." Martí, José. Sus mejores páginas.
Selección y prefacio de Jorge Mañach. /1a. ed./ (Biblioteca básica de cultura cubana. 1a. ser., 2) Lima:
Organización Continental de los Festivales del Libro,
1959. 250 p. /MAR/
(1971)

"La selva y la voluntad creadora." G, DiaMar, abr. 6, 1949,
    p. 4. /COS/   (1972)

"Semblante histórico de Varona; nota bibl. E. Ardura."
    Revista cubana, XXIV, enero-jun. 1949, p. 447. /FIL/
                                                           (1973)

"El sentido de la cubanidad en Martí. (Meditaciones del
    28 de enero) Boh, enero 29, 1950, pp. 59 y 114. /MAR/
                                                           (1974)

"Sentido democrático del ABC." Cuba y el ABC. /s.l./
    1977. /POL/   (1975)

"Sentido 'político' del idioma. (En el Día de Cervantes).
    Boh, abr. 24, 1960, pp. 50 y 73. /CUL/   (1976)

"El sentido trágico de la 'Numancia'" Academia Cubana de
    la Lengua, Habana. Boletín, VIII, no. 1-4, enero-
    dic. 1959, pp. 29-49. /LIT/   (1977)

"Sentimiento y resentimiento." G, DiaMar, nov. 1, 1946,
    p. 4. /PER/   (1978)

"La señora y los veteranos." G, DiaMar, nov. 25, 1949,
    p. 4. /POL/   (1979)

"Servidumbres públicas." G, DiaMar, feb. 27, 1945, p. 4.
    /COS/   (1980)

"El sesgo que llevamos." G, DiaMar, dic. 26, 1947, p.4.
    /Sobre "Testimonio del constante progreso de Cuba",
    por Ramiro Guerra./ /CUL/   (1981)

"Sesquicentenario de Haiti." R, DiaMar, enero 3, 1954,
    p. 42. /CUL/   (1982)

"Si llegamos a tener Museo." G, DiaMar, feb. 3, 1949,
    p. 4. /LIT/   (1983)

"Si Martí levantara la cabeza." Boh, enero 30, 1949, pp.
    44 y 66. /MAR/   (1984)

"El Siglo cumplirá cincuenta años." Boh, enero 1, 1950,
    pp. 51 y 112. /CUL/   (1985)

"Un siglo de arte español." Ultramarinas, DiaMar, marzo
    7, 1957, p. 4-A. /ART/   (1986)

"'El Siglo' y la crisis cubana." Boh, oct. 17, 1948,
    pp. 42, 89-90. /Al cumplir 12 años el semanario de
    Raimundo Menocal/ /PER/   (1987)

"Significación del centenario martiano." Revista Lyceum,
    IX, nos. 33-34, marzo 1953, pp. 5-31. /Mar/   (1988)

_____ El Undoso, a. VIII, no. 90-92, 1979. /MAR/(1989)

"La 'Signora' y el 'Bembé' (Una estampa de Cuba en una
    revista italiana)." Boh, mayo 23, 1954, pp. 60-61, 85.
    /COS/   (1990)

"Signos de Waldo Frank." RevAvance, V, no. 42, enero 15,
    1930, pp. 18-21, 32. /Bases filosóficas de su "visión"
    en The Rediscovery of America/ /FIL/   (1991)

"Silueta de Monsieur Gouin." G.V., DiaMar, enero 25, 1946,
    p. 4. /VIA/   (1992)

"Silueta de Robert Frost." G, DiaMar, sept. 18, 1949,
    p. 56. /SEM/   (1993)

"Silueta del Dr. /Gregorio/ Marañón." Boh, abr. 10, 1960,
    pp. 41, 96-97. /SEM/   (1994)

"Símbolo y mensaje de la coronación." La actualidad,
    DiaMar, jun. 4, 1953, p. 1 y 26. /CUL/   (1995)

"Siquiera en Palma Soriano." G, DiaMar, sept. 21, 1949,
    p. 4. /COS/   (1996)

"Situación y destino de Puerto Rico: Una entrevista con
    Muñoz Marín." Boh, enero 16, 1949, pp. 44-47, 71-72.
    /POL/   (1997)

"Sobre el arte de /Fidelio/ Ponce." R, DiaMar, jul. 23,
    1953, p. 4. /ART/   (1998)

"Sobre el recurso y una actitud." La Actualidad, DiaMar,
    mayo 20, 1953, p. 1 y 10. /POL/   (1999)

"Sobre el menester crítico en Cuba." G, DiaMar, oct. 12,
    1949, p. 4. /LIT/   (2000)

"Sobre federalismo y otras cosas." Boh, jun. 12, 1949,
    pp. 27. /POL/   (2001)

"Sobre 'La antipatía hacia España.'" G, DiaMar, oct. 8,
    1948, p. 4. /Sobre artículo de Ramón Pérez de Ayala/
    /CUL/   (2002)

"Sobre la descriminación racial. I Boh, jun. 27, 1948,
    pp. 45, 72-73, jul. 4, 1948, pp. 24, 95-96. /Título
    de la pt. II: "La barquilla de la Caridad del Cobre"/
    /CUL/   (2003)

"Sobre la enseñanza de la Historia." R, DiaMar, abr. 7, 1954, p. 4. /CUL/   (2005)

"Sobre la historia." R, DiaMar, nov.14, 1953, p. 4. /Continúa en "El hecho filosófico y su historia" /FIL/   (2006)

"Sobre la legislación de universidades." G, DiaMar, marzo 25, 1949, p. 4. /CUL/   (2007)

"Sobre la pena de muerte" G, DiaMar, enero 12, 1949, p.4. /CUL/   (2008)

"Sobre la reforma universitaria." Boh, nov. 6, 1949, pp. 51 y 107. /CUL/   (2009)

"Sobre la unidad social." I G, DiaMar, jun. 14, 1946, p. 4. /COS/   (2010)

_____ II G, DiaMar, jun. 16, 1946, p. 4. /COS/ (2011)

"Sobre la Universidad Católica." G, DiaMar, agosto 25, 1946, p. 35. /CUL/   (2012)

"Sobre las curas de la 'Democracia'. I: Revolución, opinión o dictadura." Boh, feb. 13, 1949, pp. 35, 90. /POL/   (2013)

_____ II: Un fiscal de la República por elección popular." Boh, feb. 20, 1949, pp. 53 y 76. /POL/   (2014)

"Sobre las 'zetas' y las 'ces'." R, DiaMar, oct. 31, 1951, p. 4. /COS/   (2015)

"Sobre un alumbramiento prematuro." Boh, oct. 24, 1954, pp. 53 y 96. /POL/   (2016)

"Sobre un homenaje a /Pastor/ Argudín." G, DiaMar, marzo 18, 1949, p. 4. /ART/   (2017)

"Sobre un régimen de la expresión pública." G, DiaMar, nov. 19, 1948, p. 4. /POL/   (2018)

"Sobre una carta de la F.E.U." G, DiaMar, jul. 12, 1945, p. 4. /CUL/   (2019)

"Sobre una juvenil discrepancia." R, DiaMar, marzo 28, 1952, p. 4. /POL/   (2020)

"Sobre una tarea interrumpida." G, DiaMar, jun. 20, 1948, p. 36. /LIT/   (2021)

"Sobre unos principios." G, DiaMar, tarde, mayo 25, 1923, p./1/ /ART/   (2022)

"La sobremesa intelectual." G, DiaMar, tarde, enero 18,
    1923, p./1/ Glosas, pp. 257-261. /COS/   (2023)

"La /Sociedad/ Económica /de Amigos del País/: aniversario
    y biología." G, DiaMar, enero 9, 1948, p. 4. /CUL/
                                                    (2024)

"Sociedad Patriótica de Amigos de la República." G, Dia-
    Mar, enero 7, 1948, p. 4. /CUL/   (2025)

"La sociología de la melena." G, DiaMar, tarde, mar. 27,
    1924, p. /1/ /CUL/   (2026)

"'Solares, cuentos cubanos'; de Librado Reina." RevAvance,
    III, no. 10, feb. 15, 1928, pp. 58 y 60. /LIT/ (2027)

"Soledad de Baracoa." G, DiaMar, agosto 12, 1945, p. 4.
    /VIA/   (2028)

"Soledad y solidaridad." DiaMar, sept. 5, 1958, p. 4-A.
    /CUL/   (2029)

"La sombra de Alejandro." G.T., DiaMar, mañana, 2a. sec.,
    nov. 9, 1922, p. /13/ /LIT/   (2030)

"La sonrisa de Miguel de Marcos. (Con una nota en reverso
    sobre Roselló y su 'Libro de Cuba')." Boh, enero 9,
    1955, pp. 51 y 74. /SEM/   (2031)

"La subsistencia del intelectual." R, DiaMar, agosto 5,
    1959, p. 4-A. /Sobre una idea de Suárez Solís/ /CUL/
                                                    (2032)

"Lo sucios que estamos." G, DiaMar, dic. 11, 1946, p. 4.
    /POL/   (2033)

"¿El sueño es vida?" G,T,, DiaMar, mañana, 2a. sec., dic.
    11, 1922, p. /20/ /COS/   (2034)

"Sugerencias para el Cincuentenario." G, DiaMar, abr. 17,
    1945, p. 4. /MAR/   (2035)

"Sugerencias para la Feria del Libro." Boh, nov. 25, 1951,
    pp. 59 y 8L /CUL/   (2036)

"Sugerencias para una 'política del libro'. (En torno a
    la Feria del Parque)." Boh, dic. 11, 1949, pp. 69 y
    85. /CUL/   (2037)

"Un sumario de historia galaica." G.M., DiaMar, tarde,
    sept. 9, 1924, p. /1/ /Historia de Galicia, por Ramón
    Marcote/ /LIT/   (2038)

"Superación de la 'Cena martiana'." G, DiaMar, enero 15,
    1947, p. 4. /MAR/   (2039)

"Suplicio de los ruidos." G, <u>DiaMar</u>, abr. 19, 1946, p. 4.
    /COS/   (2040)

"Suprimido el 'show'" R, <u>DiaMar</u>, oct. 12, 1954, p. 4-A.
    /POL/   (2041)

"Sustancia del pueblo." G, <u>DiaMar</u>, jun. 24, 1945, p. 4.
    /POL/   (2042)

T

"El tabú de lo militar." Boh, jun. 22, 1952, pp. 57 y 88.
/POL/   (2043)

"Talante en España." R, DiaMar, abr. 30, 1959, p. 4-A.
/VIA/   (2044)

"La tangente y la menor resistencia." G, DiaMar, abr. 18,
1947, p. 4. /Continúa coloquio con del Riego/ /PER/
                                                         (2045)

"Tántalo." RevAvance, I, no. 10, agosto 30, 1927, pp.
258-261. /Cuento/ /LIT/   (2046)

"Tarea de estadistas." G, DiaMar, jun. 13, 1948, p. 36.
/POL/   (2047)

"Tareas cubanas para 1949." Boh, enero 2, 1949, pp. 42 y
81. /POL/   (2048)

"Té y simpatía - en otro sentido." R, DiaMar, dic. 12,
1954, p. 4-D. /LIT/   (2049)

"Temperamento y filosofía." /IV/ G, DiaMar, abr. 17,
1949, p. 36. /Sobre Enrique José Varona/ /FIL/(2050)

"Temperamentos: /Eugenio S./ Olivera." G, DiaMar, tarde,
enero 13, 1925, p. 1. /ART/   (2051)

"Temperamentos: Joaquín Mir." G, DiaMar, tarde, enero 14,
1925, p. 1. /ART/   (2052)

"El Templo y la Rampa." Boh, feb. 28, 1960, pp. 47 y 95.
/CUL/   (2053)

"La tentación de continuar." Boh, abr. 22, 1956, pp. 39 y
98. /POL/   (2054)

"La teoría del amor." R, DiaMar, abr. 1, 1951, p. 46.
/MAR/   (2055)

"Teresa la de Urbebilles." G, DiaMar, tarde, feb. 18, 1925,
p. 1. /Sobre traducción de la novela de Thomas Hardy/
/LIT/   (2056)

"Termina el Sr. Polit." G, DiaMar, marzo 22, 1946, p. 4.
/POL/   (2057)

"Termina la carta a un joven sin esperanza." II Boh,
mayo 12, 1946, pp. 34 y 59-60. /POL/   (2058)

"Termina la carta sobre el Salón /de 1925/" G, DiaMar,
    tarde, marzo 10, 1925, p. 1. /Esta glosa es la no. 4
    de "Epístola sobre el Salón /de 1925/ /ART/ (2059)

"La ternura activa." R, DiaMar, mayo 12, 1954, p. 4.
    /COS/
                                                        (2060)

"Terruño y nación." G, DiaMar, sept. 30, 1945, p. 4.
    /VIA/
                                                        (2061)

"El testamento de /Albert/ Camus." Boh, enero 31, 1960,
    pp. 75 y 82. /LIT/   (2062)

"El testimonio de un pistolero en cierne." Boh, feb. 6,
    1946, pp. 36 y 74. /POL/   (2063)

"Tierra del sol amada." G, DiaMar, tarde, jul. 13, 1923,
    p. /1/ Glosas, pp. 69-72 /Sagua la Grande/ /VIA/
                                                        (2064)
_____ El Undoso, a. 5, no. 60, oct. 1976, p. 9. /VIA/
                                                        (2065)
"Tierras de invasión." G.V., DiaMar, enero 4, 1946, p. 4.
    /Normandía/ /VIA/   (2066)

"Tierras del poeta." DiaMar, dic. 18, 1956, p. 4-A.
    Visitas españolas, pp. 103-108. /Sobre Juan Ramón
    Jiménez/ /VIA/   (2067)

"El tiro en la diana. (Sobre una carta de los estudiantes
    chilenos al presidente Eisenhower)." Boh, marzo 20,
    1960, pp. 51 y 78. /POL/   (2068)

"Titta Rufo y el 'Minorismo'" R, DiaMar, jul. 8, 1953,
    p. 4. /SEM/   (2069)

"Todo es cuestión de uñas." Boh, mayo 14, 1950, pp. 65
    y 95. /POL/   (2070)

"La tolerancia y sus límites." G, DiaMar, jun. 12, 1949,
    p. 62. /POL/   (2071)

"El torno y el buzón." A.M., DiaMar, abr. 18, 1956, p.4-A.
    /COS/   (2072)

"El Torreón y el carnaval." A.M., DiaMar, abr. 17, 1959,
    p. 4-A. /COS/   (2073)

"Torriente y la memoria pública." R, DiaMar, oct. 14, 1950,
    p. 4. /CUL/   (2074)

"Torturas de junio." G, DiaMar, jun. 11, 1947, p. 4.
    /CUL/   (2075)

JORGE MAÑACH

"Touchagues y unos guantes." G.V., DiaMar, enero 9, 1946,
p. 4. /VIA/ (2076)

"Trabajo de cancillería." G, DiaMar, abr. 29, 1948, p. 4.
/Sobre el opúsculo la "Doctrina de Grau", del doctor
González Muñoz/ /POL/ (2077)

"Trabaja, Facundo." G, DiaMar, oct. 4, 1946, p. 4. /POL/
(2078)

"La tragedia de la farsa." G, DiaMar, mayo 7, 1947, p.4.
/Manuel Fernández Supervielle/ /SEM/ (2079)

"Tramitación." A.M., DiaMar, abr. 21, 1959, p. 4-A.
/POL/ (2080)

"El trance de la pasión culta." I G, Acción, dic. 4,
1940, pp. 1 y 7. /CUL/ (2081)

_____ II G, Acción, dic. 6, 1940, pp. 1 y 7. /CUL/
(2082)

"El trasfondo del Lyceum." Boh, marzo 7, 1954, pp. 78-79.
/CUL/ (2083)

"Traslado sobre el pulso de nuestra cultura." G, DiaMar,
jun. 22, 1949, p. 4 y 35. /Evaluación de la cultura
cubana/ /CUL/ (2084)

"Los traspies de marzo y un reportaje." Boh, abr. 27,
1952, p. 49 y 87. /POL/ (2085)

"Trato justo." A.M., DiaMar, jun. 30, 1956, p. 4-A.
/CUL/ (2086)

"Traza y alma de Río." G.V., DiaMar, nov. 2, 1945, p.4.
/VIA/ (2087)

"Los tres Cristos." G, DiaMar, tarde, abr. 13, 1923, p.1.
/Sobre el "Cristo" de Ramón Mateu/ /ART/ (2088)

"Tres estampas de Castilla." RevAvance, I, no. 8, jun.
30, 1927, pp. 183-185. /VIA/ (2089)

"Tres exposiciones y una crisis." G, DiaMar, jun. 7,
1945, p. 4. /ART/ (2090)

"Tres heterodoxos brasileños." G.V., DiaMar, feb. 10,
1946, p. 4. /Silvio Julio, Ascasio Franca y Oswaldo
Aranha/ /VIA/ (2091)

"Tres mapas de lo cubano." Boh, dic. 4, 1949, pp. 51 y
111. /Atlas de Cuba, Canet; Panorama de la cultura,
Lizaso; Esquema, Fernández de Castro/ /CUL/ (2092)

"Tres notas de pintura: Ponce, Los modernos y Los clásicos."
Boh, a. 41, no. 9, feb. 27, 1949, pp. 47 y 73. /ART/
(2093)

"Tres noticias 'mexicanas'" La actualidad, DiaMar, feb.
14, 1953, p. 1. /POL/
(2094)

"Tres o cuatro 'botellas'." G.T., DiaMar, tarde, enero 11,
1923, p. /1/ /ART/
(2095)

"Los tres Parises." R, DiaMar, agosto 29, 1951, p. 4.
/VIA/
(2096)

"Tres tazas de caldo." G.T., DiaMar, enero 3, 1923, p.
/1/ /COS/
(2097)

"Tributo a Joseph Hergesheimer; un escritor americano
enamorado de Cuba." Boh, jun. 6, 1954, pp. 61, 76-77.
/Autor de: San Cristóbal de la Habana y de The Bright
Shawl, novela inspirada en la Guerra del 95/ /SEM/
(2098)

"Un tributo a la tradición." R, DiaMar, jul. 15, 1959,
p. 4-A. /Sobre Precursores y fundadores de Benigno
Vázquez Rodríguez/ /LIT/
(2099)

"'Trimestre', o las voces de la cultura." G, DiaMar, oct.
21, 1949, p. 4. /Sobre la revista dirigida por Ramiro
Guerra/ /CUL/
(2100)

"El triste debate de las responsabilidades." Boh, sept.
14, 1952, pp. 61 y 112. /POL/
(2101)

"Tristeza de Viena." R, DiaMar, sept. 8, 1951, p. 4. /VIA/
(2102)

"El triunfo de Eisenhower y sus perspectivas." Boh, nov.
16, 1952, p. 47-48 y 114. /POL/
(2103)

"Un triunfo 'moral'" G, DiaMar, oct. 16, 1946, p. 4.
/De Gaulle/ /POL/
(2104)

"Tuerto internacional." G, DiaMar, tarde, agosto 24, 1923,
p. /1/ /Sobre "Análisis y consecuencias de la intervención norteamericana en los asuntos interiores de
Cuba" por Emilio Roig de Leuchsenring/ /POL/ (2105)

U

"Ubicación cubana de Varona." III G, DiaMar, abr. 16,
    1949, p. 4. /FIL/   (2106)

"'El último evángelio', de Ricardo Pérez Alfonseca." Rev.
    Avance, III, no. 18, enero 15, 1928, p. 27. /LIT/
                                                          (2107)

"L'ultimo liberatore d'America: Jose Martí, por Pietro
    Pillepich." RevAvance, V, no. 43, feb. 15, 1930,
    p. 59. /MAR/   (2108)

"El último libro de /Rafael/ Marquina." R, DiaMar., jul.
    9, 1959, p. 4-A. /Sobre La mujer, alma del mundo/
    /LIT/   (2109)

"'Underworld'" RevAvance, III, no. 24, jul. 15, 1928,
    p. 191. /COS/   (2110)

"Los universales poéticos del Padre Gaztelu." R, DiaMar,
    enero 11, 1956, p. 4-A. /Sobre Gradual de laudes/
    /LIT/   (2111)

"Universalidad de Alfonso Reyes." Cuadernos, París, no. 15,
    nov./dic. 1955, pp. 17-25. /LIT/   (2112)

"Universalidad de Alfonso Reyes." I R, DiaMar, dic. 4,
    1955, p. 4-c /Ensayo publicado en la revista Cuadernos
    de París/ /LIT/   (2113)

_____ II R, DiaMar, dic. 7, 1955, p. 4-A. /LIT/(2114)

_____ III R, DiaMar, dic. 10, 1955, p. 4-A. /LIT/
                                                          (2115)

_____ IV R, DiaMar, dic. 14, 1955, p. 4-A. /LIT/
                                                          (2116)

_____ V R, DiaMar, dic. 17, 1955, p. 4-A. /LIT/(2117)

_____ VI R, DiaMar, dic. 18, 1955, p. 4-C. /LIT/
                                                          (2118)

_____ VII R, DiaMar, dic. 21, 1955, p. 4-A. /Final/
    /LIT/   (2119)

"La Universidad de Oriente." R, DiaMar, marzo 1, 1953,
    p. 56. /CUL/   (2120)

"La 'Universidad del Aire'" Boh, enero 9, 1949, pp. 25,
    88-89. /Anuncia el comienzo del programa 'Universidad
    del Aire' del Circuito CMQ, desde enero 9, 1949, cada
    domingo a las 3:00 P.M./ /CUL/   (2121)

"La Universidad del Pueblo." R, DiaMar, nov. 7, 1953,
   p. 4. /Función del Museo Nacional/ /CUL/   (2122)

"La universidad nueva." Crítica y reforma universitaria.
   /Habana/: Universidad de la Habana, 1959, pp. 197-
   310. /CUL/   (2123)

"La Universidad y la revolución. (Márgenes a un manifiesto de la FEU) Boh, jul. 10, 1960, pp. 51 y 82. /Ultimo
   artículo en Bohemia, La Habana/ /CUL/   (2124)

"Universidades privadas." G, DiaMar, dic. 12, 1947, p. 4.
   /CUL/   (2125)

"Universidades y frivolidades." R, DiaMar, oct. 3, 1954,
   p. 4-D. /CUL/   (2126)

"Universidades y política." R, DiaMar, marzo 13, 1955,
   p. 4-D. /CUL/   (2127)

"Uno entre muchos." A.M., DiaMar, jul. 17, 1959, p. 4-A.
   /POL/   (2128)

"Urbanismo y barbarismo." G, DiaMar, tarde, abr. 12, 1923,
   p. /1/ /ART/   (2129)

"El urbanizador." R, DiaMar, enero 13, 1956, p. 4-A.
   /Sobre Ortega y Gasset/ /LIT/   (2130)

"Utilidad de la sangre." G.T., DiaMar, mañana, dic. 7,
   1922, p. /14/ /COS/   (2131)

"Utilitarismo y cultura; conferencia." Carbonell, José
   Manuel, ed. Evolución de la cultura cubana. Vol. XI,
   La oratoria en Cuba. La Habana: Montalvo y Cárdenas,
   1928, pp. /223/-233. /CUL/   (2132)

V

"La vacación de la censura." G, DiaMar, tarde, marzo 6,
    1923, p. /1/ /COS /   (2133)

"El vaciador vaciado." G, DiaMar, agosto 7, 1946, p. 4.
    /Sobre Juan Marinello/ /POL/   (2134)

"El vacío de Ortega." R, DiaMar, enero 6, 1956, p. 4-A.
    /Sobre Ortega y Gasset/ /LIT/   (2135)

"Valedictoria a un diplomático." G, DiaMar, enero 3,
    1925, p. 1. /POL/   (2136)

"Valedictoria a Tito Livio." G, DiaMar, abr. 11, 1947,
    p. 4. /Tito Livio Foppa, cónsul de la Argentina en
    Cuba/ /POL/   (2137)

"Valéry, o la angustia de la inteligencia." G, DiaMar,
    jul. 31, 1945, p. 4. /LIT/   (2138)

"Valor, didáctica, estimación." III R, DiaMar, nov. 18,
    1953, p. 4. /Conclusión de "El hecho filosófico y su his-
    toria/ /FIL/   (2139)

"Valores en la Bienal: Aguiar." R, DiaMar, jun. 2, 1954,
    p. 4. /ART/   (2140)

        : Vázquez Díaz." R, DiaMar, jun. 5, 1954, p. 4.
    /ART/   (2141)

"Valle Inclán y la elegía de América." La literatura de
    hoy, R.H.M., a. II, no. 4, jul. 1936, pp. 302-306.
    /Sobre el libro Tirano Banderas/ /LIT/   (2142)

"Vandalismo." G.T., DiaMar, mañana, 2a. sec., nov. 10, 1922,
    p. /13/ Glosas, pp. 171-175. /COS/   (2143)

"Vanguardismo." I RevAvance, /I, no.1/, marzo 15, 1927,
    pp. 2-3. /LIT/   (2144)

        II: La fisonomía de las épocas." RevAvance, marzo
        20, 1927, pp. 18-20. /LIT/   (2145)

        III: El imperativo temporal." RevAvance, /I, no. 3/,
        abr. 15, 1927, pp. 42-44. /LIT/   (2146)

"El vapor público y la venalidad." G, DiaMar, enero 16,
    1948, p. 4. /Sobre Sociedad Patriótica de Amigos de
    la República/ /POL/   (2147)

"Varela, el primer revolucionario." Boh, marzo 22, 1953,
     pp. 52 y 74. /Artículo que ganó el premio "José I.
     Rivero/   /CUL/   (2148)

"La variación hispanoamericana." Cuadernos, París, no. 23,
     marzo-abr. 1957, pp. 6-12. /"Vigencia de lo español
     en América (la. parte). Cuadernos, París, no. 22,
     enero/feb. 1957/   /CUL/   (2149)

"Variaciones del '¿para qué?" A.M., DiaMar, mayo 27, 1959,
     p. 4-A. /POL/   (2150)

"Variantes del patriotismo." A.M., DiaMar, jun. 21, 1956,
     p. 4-A. /CUL/   (2151)

"Vasconcelos y Pocaterra." G, DiaMar, abr. 17, 1923,
     p. /1/   /Sobre la conferencia de Vasconcelos "El pro-
     blema de México", publicada en Cuba contemporánea,
     abr. 1923/   /POL/   (2152)

"Vasconia, intérprete de España." Cuba contemporánea,
     XXXVII, 1925, pp. 318-325. /CUL/   (2153)

"Los veinte años del 'Lyceum'" G, DiaMar, feb. 20, 1949,
     p. 36. /CUL/   (2154)

"El 20 de Mayo y los 'días buenos'" Boh, mayo 22, 1960,
     pp. 50 y 82. /POL/   (2155)

"24 de Febrero: Exordio en Oriente." R, DiaMar, feb. 24,
     1953, p. 4. /CUL/   (2156)

"Los velorios y otras cosas." R, DiaMar, marzo 24, 1954,
     p. 4. /COS/   (2157)

"El vellocino y la carta." G, DiaMar, jun. 8, 1949, p. 4.
     /CUL/   (2158)

"La venalidad y la Nación." R, DiaMar, jun. 2, 1955,
     p. 4-A. /POL/   (2159)

"Vender bellamente." G. DiaMar, tarde, jul. 28, 1923,
     p. /1/   /ART/   (2160)

"/Ventura/ García Càlderón: Récit de la vie américaine." I
     E.B., DiaMar, mañana, dic. 31, 1925, p. 18. /Continúa
     en "Narraciones sobre la vida americana." (1926)/
     /LIT/   (2161)

"Verdad, belleza y pornografía." Boh, agosto 9, 1953, pp.
     56 y 81-82. /ART/   (2162)

"La verdad está en medio." G, DiaMar, jul. 26, 1945, p. 4.
   /CUL/   (2163)

"Las verdades a medias." Boh, sept. 7, 1952, pp. 56 y 93.
   /POL/   (2164)

"Veremos." G, DiaMar, oct. 13, 1948, p. 4. /POL/   (2165)

"Verismo y humorismo." A.M., DiaMar, jul. 11, 1959, p. 4-A.
   /COS/   (2166)

"Versiones de José Martí." G, Excelsior-El País, ed. final,
   dic. 1, 1929. /MAR/   (2167)

"Versos de /Ernesto/ Fernández Arrondo." R, DiaMar, sept.
   27, 1950, p. 4. /Comenta Hacia mí mismo/ /LIT/   (2168)

"Versos de Felipe Pichardo Moya." G, DiaMar, tarde, jul.
   4, 1925, p. 1. /En la ciudad de los espejos y otros
   poemas/ /LIT/   (2169)

"'Versos y oraciones de caminantes', de León Felipe."
   RevAvance, V, no. 47, jun. 15, 1930, p. 188. /LIT/
                                                               (2170)

"Vértice del gusto nuevo." RevAvance, IV, no. 34, mayo 15,
   1929, pp. 130-138. /LIT/   (2170.5)

""El viaje y las alforjas." R, DiaMar, nov. 25, 1953, p. 4.
   /CUL/   (2171)

"Las vías del mundo." R, DiaMar, mayo 2, 1954, p. 50. /POL/
                                                               (2172)

"Vías para rebasar la discriminación racial." Boh, feb. 3
   1952, pp. 50 y 91. /CUL/   (2173)

"El vicio de la política y la política viciosa." Boh, jun.
   18, 1950, pp. 89. /POL/   (2174)

"El vicio de la rebeldía." G, DiaMar, oct. 15, 1948, p. 4.
   /POL/   (2175)

"El vicio de la seriedad." G.T., DiaMar, mañana, 2a. sec.
   oct. 21, 1922, p. /13/ /POL/   (2176)

"La Victoria en Tunas." G, DiaMar, agosto 21, 1945, p. 4.
   /VIA/   (2177)

"La victoria laborista." G, DiaMar, jul. 29, 1945, p.4 /POL/
                                                               (2178)

"La vida de la cultura. El Museo y un elefante blanco."
   Boh, sept. 21, 1947, pp. 42-43, 78. /CUL/   (2179)

"La vida de la cultura. Severo /García Pérez/, cubano
   de las Villas." Boh, sept. 28, 1947, pp. 33, 56-57.
   /SEM/   (2180)

"La vida feliz y el estado eficiente." G, DiaMar, abr. 2,
   1949, p. 4. /COS/   (2181)

"Vida y letra de Martí." Martí, José. Sus mejores páginas. Selección y pref. de Jorge Mañach. /Lima:
   Torres Aguirre, 1959/, 250 p. /MAR/   (2182)

"Una vieja voz por La libertad." Boh, marzo 6, 1960, pp.
   47, 97-98. /Sobre John Stuart Mill y su libro On
   Liberty/ /FIL/   (2183)

"El viejecito y la persistencia." G.M., DiaMar, tarde,
   agosto 5, 1924, p. /1/ /Sobre el Dr. Carlos J. Finlay/
   /SEM/   (2184)

"El viejo /Víctor Andrés/ Belaúnde." R, DiaMar, sept.
   17, 1959, p. 4-A. /SEM/   (2185)

"Viernes Santo... y Varadero." G, DiaMar, abr. 4, 1947,
   p. 4. /COS/   (2186)

"Vigencia de lo español en América." Cuadernos, París,
   no. 22, enero/feb. 1957, pp. 15-21. /"La variación hispanoamericana (2a. parte)." Cuadernos, París, no. 23,
   marzo/abr. 1957) /CUL/   (2187)

"Vilches y López Mezquita." R, DiaMar, dic. 10, 1954,
   p. 4-A. /Ernesto Vilches y José María López Mezquita/
   /SEM/   (2188)

La villa taciturna y heroica." G, DiaMar, tarde, nov. 2,
   1923, p. /1/ Glosas, pp. 123-128. /Bayamo/ /VIA/
                                                      (2189)
"Viñales y Trinidad." R, DiaMar, mayo 13, 1959, p. 4-A.
   /VIA/   (2190)

"Vindicación." G.T., DiaMar, mañana, 2a. sec., nov. 22,
   1922, p. /13/ /LIT/   (2191)

"El vino y la solera." G, DiaMar, dic. 10, 1948, p. 4.
   /COS/   (2192)

"Virulillología." G.T., DiaMar, tarde, dic. 14, 1922, p./1/
   Glosas, pp. 279-283. /COS/   (2193)

"Visión del Rugby: Cuarto Down." RevAvance, III, no. 27,
   oct. 15, 1928, p. 286. /COS/   (2194)

"Visita a /Gregorio/ Marañón" Insula, nos. 164-165, jul.-
    agosto, 1960, pp. 6 y 13. Visitas españolas, pp. 190-
    207. /LIT/   (2195)

"Una visita a la Audiencia." G, DiaMar, oct. 17, 1948,
    p. 36. /CUL/   (2196)

"La visita de Zuloaga." G, DiaMar, tarde, feb. 10, 1925,
    p. 1. /ART/   (2197)

"La visita y su idioma." G, DiaMar, marzo 11, 1945, p. 4.
    /CUL/   (2198)

"Un visitante." A.M., DiaMar, marzo 25, 1959, p. 4-A.
    /Sobre Juan Fernández Figueroa, director de la revista
    Indice, de Madrid/ /SEM/   (2199)

"Visitas españolas: Vicente Aleixandre." Insula, Madrid,
    162, mayo, 1960, pp. 3 y 5. Visitas españolas, pp.
    255-268. /Entrevista/ /LIT/   (2200)

"Vistazo a la Bienal." R, DiaMar, mayo 28, 1954, p. 4.
    /Ls Segunda Bienal Hispanoamericana/ /ART/   (2201)

"Vistazo a una exposición francesa." G, DiaMar, dic. 13,
    1946, p. 4. /ART/   (2202)

"Vituperio del cohete." G, DiaMar, oct. 15, 1947, p. 4.
    /COS/   (2203)

"El 'vivere' y el 'philosophare'." G, DiaMar, no. 9, 1949,
    p. 4. /Subsidios para el III Congreso Internacional
    de Filosofía/ /FIL/   (2204)

"La vocación de pueblo." R, DiaMar, marzo 4, 1951, p. 46.
    /MAR/   (2205)

"Las voces de la cultura." G, DiaMar, mayo 22, 1949,
    p. 58. /CUL/   (2206)

"Le Voleur d'enfants, de Jules Supervielle." RevAvance,
    IV, no. 35, jun. 15, 1929, p. 184. /LIT/   (2207

"'Volpone o El Zorro', de Ben Johnson. Adaptación de
    Luis Araquistain." RevAvance, V, no. 43, feb. 15,
    1930, p. 58. /LIT/   (2208)

"Voluntad de investigación." G, DiaMar, feb. 2, 1947,
    p. 33. /CUL/   (2209)

"Votos por la calle del Obispo." G, DiaMar, dic. 9, 1949,
    p. 4. /COS/   (2210)

"Vox clamantis." G.T., DiaMar, tarde, dic. 19, 1922,
    p. /1/ /COS/   (2211)

"La voz crematística." A.M., DiaMar, jul. 3, 1959, p. 4-A.
    /Sobre Cuba Económica y Financiera/ /CUL/   (2212)

"Una voz de alarma." G, DiaMar, mayo 27, 1945, p. 4.
    /POL/   (2213)

"La voz de la calle." G, DiaMar, mayo 18, 1949, p. 4.
    /ART/   (2214)

"La voz de un pedagogo." G, DiaMar, jul. 24, 1945, p. 4.
    /Carta de Luciano R. Martínez/ /CUL/   (2215)

"La voz del guerrero /Rosendo/ Collazo." G, DiaMar, jun. 4,
    1950, p. 34. /SEM/   (2216)

"Vuelta a las andadas agustinianas." V R, DiaMar, enero
    16, 1955, p. 4-D. /FIL/   (2217)

"Vulgarización científica." G.T., DiaMar, mañana, 2a.
    sec., nov. 27, 1922, p. /11/ /Sobre el Dr. José
    Ramón Xiqués/ /CUL/   (2218)

W

"The Weary Blues y Fine Clothes to the Jew, por Langston
    Hughes." RevAvance, V, no. 47, jun. 15, 1930,
    pp. 187-188. /LIT/   (2219)

"Wilfredo Lam en el Parque Central." Boh, oct. 15, 1950,
    pp. 66 y 92. /ART/   (2220)

"Wilson" G, DiaMar, tarde, feb. 6, 1924, p. /1/ /Sobre
    Woodrow Wilson/ /SEM/   (2221)

X

"/Xesús/ Corredoyra en Norteamérica." <u>Social</u>, XI, oct.
1926, pp. 19 y 80. /ART/
(2222)

Y

"Y después, ¿quién? G, _DiaMar_, feb. 1, 1947, p. 4. /POL/
                                                                     (2223)

"... Y nada más." G, _DiaMar_, marzo 25, 1945, p. 4. (POL/
                                                                     (2224)

"Y va de cuento." G, _DiaMar_, jun. 28, 1945, p. 4. /Sobre
    el Premio Hernández dató al cuentista Antonio Ortega/
    /LIT/   (2225)

"Ya que el Dr. Lazo se empeña." R, _DiaMar_, oct. 10, 1954,
    p. 4-D. /POL/   (2226)

"Yucayo." _El Undoso_, a. 7, no. 83, sept. 1978, pp. 11 y
    15. _Glosas_, pp. 77.   /COS/   (2227)

"El Yunque invertido." _Boh_, abr. 9, 1950, pp. 69 y 93.
    /"Pensamientos ante la Playa de Duaba." Antonio Maceo/
    /VIA/   (2228)

Z

"Zola y Rodin." G, DiaMar, dic. 29, 1946, p. 35. /Sobre
    libro de Mireille García de Franca/   /LIT/   (2229)

III

Traducciones

Traducciones por el autor

Hergesheimer, Joseph. "La visión de Carlos Abbot. Traduc-
     tor Jorge Mañach." Social, X, no. 5, mayo 1925, pp.
     16 y 84. /SEM/   (2230)

Traducciones del autor

Mañach, Jorge. Frontiers in the Americas: A Global Pers-
     pective, Jorge Mañach; a Translation by Philip H. Phenix
     From the Spanish of the Author's Teoría de la Frontera.
     (Publications of the Center for Education in Latin
     America). New York: Teachers College Press, Teachers
     College, Columbia University, 1975. 108 p. /Obra
     póstuma/ /POL/   (2231)

_____ Martí: Apostle of Freedom. Translated from the
     by Coley Taylor. With a Pref. by Gabriela Mistral.
     New York: Devin-Adair /c1950/ 363 p. /MAR/ (2232)

_____ "Painting in Cuba." Inter-America, New York, IX
     no. 2, dic. 1925, pp. /165/-195. /Contiene: I. From
     its beginning to 1900--II. From 1900 until the present
     time. Publicado también en español en Biblioteca del
     Club Cubano de Bellas Artes, Habana, Cuba, 1925 y
     Cuba contemporánea, sept. y oct., 1924/ /ART/ (2233)

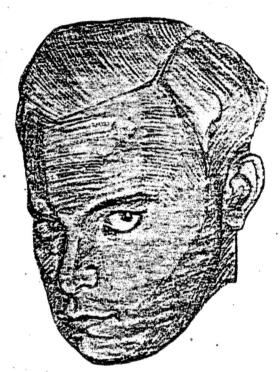

Amadeo Roldán, por Mañach

IV

Dibujos

"Alfonso Hernández Catá." RevAvance, sept. 15, 1927,
    p. 284. /ART/   (2234)

"Amadeo Roldán." RevAvance, sept. 15, 1928, p. 244. /ART/
                                               (2235)

'Apuntes a la sanguina /de Pedro Albizu Campos/.' En su
    "Recuerdo de Albizu Campos." Boh, nov. 12, 1950,
    p. 89. /ART/   (2236)

"Carlos Montenegro." RevAvance, abr. 15, 1929, p. 104.
    /ART/   (2237)

"/Dibujos/" Santovenia Echaide, Emeterio S. Bolívar y
    Martí. Dibujos de José Martí y Jorge Mañach. La Ha-
    bana: Impr. "El Siglo XX", 1934, 243 p. /ART//MAR/
                                         (2238)

"Eugenio Florit." RevAvance, abr. 15, 1929, p. 109. /ART/
                                         (2239)

        Dibujo de Jorge Mañach' "Por Florit en sus 75
    años, 1903 - 15 oct. - 1978." Poesía inter nos, Pim-
    Pam-Pum, New York, no. 101, 1978. /ART/   (2240)

"Fernando de los Ríos." RevAvance, sept. 30, 1927, p. 303.
    /ART/   (2241)

"Francisco Ichaso." RevAvance, marzo 15, 1929, p. 66. /ART/
                                         (2242)

"Francisco José Castellanos." RevAvance, agosto 15, 1927,
    p. 215. /ART/   (2243)

"Goya." RevAvance, mayo 15, 1928, p. 109. /ART/   (2244)

"Jaime Torres Bodet." RevAvance, mayo 15, 1928, p. 111.
    /ART/   (2245)

"José Manuel Acosta." Social, IX, jul., 1924, p. 15. /ART/
                                         (2246)

"José Martí." RevAvance, oct. 30, 1927, p. 40. /ART/ /MAR/
                                         (2247)

"José Z. Tallet." Social, IX, agosto, 1924, p. 35. /ART/
                                         (2248)

"Juan Marinello." RevAvance, oct. 15, 1928, p. 280. /ART/
                                         (2249)

"Ramiro Guerra." RevAvance, oct. 15, 1927, p. 11. /ART/
                                         (2250)

JORGE MAÑACH

"Regino Pedroso." <u>RevAvance</u>, jun. 15, 1928, p. 172./ART/
                                                              (2251)
"Ricardo Güiraldes." <u>RevAvance</u>, jun. 15, 1928, p. 172.
   /ART/   (2252)

V
Inconclusos e inéditos

"Historia de la filosofía." (Inconcluso) /FIL/ (2253)

"Historia de las letras en Cuba." (Inconcluso) /LIT/

"El malogro." Novela. (Inédita) /LIT/ (2254
(2254.1)

VI

Publicaciones periódicas

Acción, La Habana. /Diario oficial del Partido ABC.
Mañach colaboró y dirigió esta publicación entre 1934
y 1940/ /POL/ (2255)

Cuadernos de la Universidad del Aires. Director:
Jorge Mañach. La Habana, 1932-1933; 1949-1952.
/Primera etapa: Cuadernos de la Universidad del Aire,
1932-1933. Segunda etapa: Cuadernos de la Universidad del Aire del Circuito CMQ, 1949-1952/
Contenido--1ra. etapa: Evolución de la cultura (dic.
1932-abr. 1933)--Civilización contemporánea (mayo-
oct. 1933)--2da. etapa: Ideas y problemas de nuestro
tiempo (cuadernos 1 a 6); Artes y letras de nuestro
tiempo (cuadernos 7 al 10); Actualidad y destino de
Cuba (cuadernos 11 al 19); Afirmaciones cubanas (cuadernos 20 al 22); La huella de los siglos (cuadernos
23 al 37); Curso del cincuentenario (cuadernos 38 al
42); y Los forjadores de la conciencia nacional (cuadernos 43 al 49). /CUL/ (2256)

Revista de avance, La Habana, I-V, nos. 1-50, marzo 15,
1927-sept. 30, 1930.
/Indice de la Revista de Avance (Cuba, 1927-1930),
por Carlos Ripoll. New York: Las Américas Pub. Co.,
1969.
Directores de la Revista de Avance: Jorge Mañach,
Francisco Ichaso, Juan Marinello, Alejo Carpentier
y Martín Casanovas. Carpentier fue substituído por
José Z. Tallet y Casanovas por Féliz Lizaso.
Revista de formato ligero y de trabajos cortos. Ór-
gano en lo literario y en lo artístico del movimiento
"vanguardista." En ella colaboraron los intelectuales más distinguidos de la época. Mañach aportó 68
trabajos a la misma, dos de ellos notables: "Vanguardismo" e "Indagación del choteo."/ /LIT/ (2257)

Revista hispánica moderna, New York, 1934-
/Boletín del Instituto de las Españas. Director:
Federico de Onís, et al. Redactores: José M. Arce,
M.J. Bernardete; Juan Guerrero Ruíz; Jorge Mañach (1936)
Angel del Río/ /LIT/ (2258)

SUPLEMENTO

BIBLIOGRAFIA ACTIVA

I

Libros y folletos

Curso inicial. Evolución de la cultura. Diciembre 1932
     a mayo de 1933. La Habana, 1933.   (Sup. I)

II

Artículos varios, glosas, relieves,

cartas, discursos, entrevistas, etc.

"Camino de fe y de razón." G, Dia/Mar, jun. 26, 1946,
     p. 4. /Comienza en "Cuestión de orientación" y con-
     tinúa en "Fin de confesión"/   (Sup. 2)

"Camino de la oposición y del gobierno." Boh, abr. 19,
     1953, pp. 70-71.   (Sup. 3)

"Camino del desquiciamiento." Boh, 1946?   (Sup. 4

"Cincuentenario de la República de Cuba." Selecciones del
     Reader's Digest, N.Y., mayo 1952, contratapa de la tapa
     posterior.   (Sup. 5)

"Cuestión de orientación." I Dia/Mar, jun. 23, 1946,
     p. 35. /Continúa en "Camino de fe y de razón"/
                                             (Sup. 6)

"/Discurso en honor de 'El Mundo' en el homenaje que la
     Cámara de Representantes tributó al periódico 'El Mundo',
     en 1951, al cumplir este sus 50 años de vida/" El
     Mundo, nov. 9, 1951.   (Sup. 7)

"Epistolario de Gesta." G, DiaMar, tarde, oct. 5, 1923,
     p. /1/ /Sobre Medio siglo de historia colonial de
     Cuba, de F. de Castro/   (Sup. 8)

"La época de San Agustín." R, DiaMar, nov. 28, 1954, p. 4-D.
     /Continuación de "Nota por San Agustín"/   (Sup. 9)

"Escultura: La exposición Núñez del Prado." Notas, Revista
     Lyceum, X, no. 36, nov. 1953, pp. 61-66, láms.(Sup. 10)

"Fin de confesión." III G, DiaMar, jun. 28, 1946, p. 4.
     /Primera parte: "Cuestión de orientación". Segunda
     parte: "Camino de fe y de razón"/   (Sup. 11)

"Francisco Ichaso, Defensa del hombre." Revista hispánica
     moderna, II, 1939, pp. 34-35.   (Sup. 12)

"Hergesheimer: Un amador de Cuba." G, DiaMar, tarde, feb.
     28, 1925, p.1./Sobre el autor de San Cristóbal de La
     Habana/   (Sup. 13)

"Historia y estilo; nota bibl. J.M. Chacón y Calvo." Re-
     vista cubana, XVIII, enero-dic. 1944, pp. 183-186.
                                                    (Sup. 14)

"Item más." G, DiaMar, tarde, marzo 14, 1923, p. 1. /Con-
     tinuación de "Del cubanismo en el teatro/   (Sup. 15

"Las de Voronoff en el Diario." RevAvance, mayo 15, 1927,
     p. 123. /Suplemento literario de J.A. Fern´dez de Cas-
     tro en el Diario de la Marina/   (Sup. 16

"El Lyceum y la conciencia nacional." Revista Lyceum, XI,
     no. 37, feb. 1954, pp. 75-90. /Conferencia pronuncia-
     da en el Lyceum el 5 de marzo de 1954/   (Sup. 17)

"El mílite caído: Edwin Elmore." Social, X, dic. 1925,
     p. 18.   (Sup. 18)

"Miscelánea literaria." G, DiaMar, tarde, feb. 13, 1923,
     p. 1. /Diferencia entre el "oluff" americano y el "tu-
     pir" cubano/   (Sup. 19)

"La mujer, el Dr. /Gustavo/ Pittaluga la descubre." G,
     DiaMar, enero 5, 1947, p. 35. /Sobre su libro Grande-
     za y servidumbre de la mujer/   (Sup. 20)

"Pedro Henríquez Ureña, La Cultura y las letras coloniales
     en Santo Domingo." Revista Hispánica Moderna, II,
     (1939), pp. 38-39.   (Sup. 21)

"Ponce, los modernos y los clásicos. (Tres notas de pin-
     tura). Boh, feb. 27, 1949, pp. 47 y 73. /Muerte del
     pintor. Dos exposiciones/   (Sup. 22)

"Preocupación de un ciudadano." I Boh, abr. 26, 1953,
     pp. 59 y 70.   (Sup. 23)

"La rectificación pública y sus medios." III Boh, mayo
    17, 1953, pp. 39 y 93.   (Sup. 24)

"Recuerdo y programa." G, DiaMar, feb. 11, 1945, p. 4.
                                                   (Sup. 25)
"Reflejos, por Xavier Villaurrutia." .RevAvance, agosto 30,
    1927, pp. 264-265.   (Sup. 26)

"La reforma agraria." G, DiaMar, nov. 10, 1946, p. 35.
                                                   (Sup. 27)
"Un retrato." G, DiaMar, mañana, 2a. sec., nov. 17, 1922,
    p. /13/   (Sup. 28)

"Los ricos pobres." G.T., DiaMar, tarde, dic. 13, 1922,
    p. 1.   (Sup. 29)

"El Salón de 1924. VI: Balance." G, DiaMar, tarde, feb.
    19, 1924, p. /1/   (Sup. 30)

"Trinidad de Goethe." Revista Lyceum, V, no. 20, nov.
    1949, pp. 31-43.   (Sup. 31)

"Universalidad de París." Revista Lyceum, VIII, no. 27,
    agosto 1951, pp. 5-11.   (Sup. 32)

"Visita a Morón." G, DiaMar, dic. 1, 1946, p. 4.
                                                   (Sup. 33)

BIBLIOGRAFIA

PASIVA

BIBLIOGRAFIA PASIVA

I

Obras Generales

Bibliografías

Castro, Martha. "Mañach, Jorge." Bibliografía mínima de arte cubano. Submitted for the Nineteenth Seminar on the Acquisition of Latin American Library Materials, University of Texas, Austin, Texas, April 23-26, 1974. Amherst, Mass.: SALALM Secretariat, University of Massachussetts Library, 1974, pp. 26-33.　　(2259)

Gay Calbó, Enrique. "Bibliografía. Jorge Mañach." Cuba contemporánea, XV, abr. 1927, pp. 358-369.　　(2260)

Martí, Jorge Luis. "Bibliografía." En su El periodismo literario de Jorge Mañach. (Colección Mente y palabra) /Río Piedras/: Editorial Universitaria, Universidad de Puerto Rico, 1977, pp. /251/-321.　　(2261)

Tesis

Martí, Jorge Luis. Biografía de Jorge Mañach. /s.l.,1966/ /Tesis - The State University at Buffalo/　　(2262)

――――――― El periodismo literario de Jorge Mañach. /s.l., 1970/ /Tesis - State University of New York, Buffalo/　　(2263)

O'Cherony, Rosalyn K. The Critical Essays of Jorge Mañach. Evanston, Ill: 1970 /c1971/ 288. /Tesis - Northwestern University/　　(2264)

Torre, Amalia V. de la. Jorge Mañach: Maestro del ensayo. /Bloomington, Ind.: Indiana University/, 1975. 329. /Tesis - Indiana University/　　(2265)

Valdespino, Andrés Alberto. Significación literaria de Jorge Mañach. /New York/, 1968. /Tesis - New York University/ /Microfilm of typescript. Ann Arbor, University Microfilms, 1969. 1 rollo. 35 mm.(2266)

Homenajes

"En recuerdo a Jorge Mañach." Academia de la Lengua, La Habana. Boletín, X, no. 3-4, jul.-dic., 1961, pp. 5-45.　　(2266.1)

"Homenaje a Jorge Mañach." Revista cubana, XV, 1941, p. 272 275.　　(2267)

Jorge Mañach, 1898-1961; homenaje de la Nación Cubana.
  Portada de Rafael Mirabal. Río Piedras, P.R.: Edi-
  torial San Juan /1972/ 166 p.
  /Contenido--Hernández Meneses, J. Introducción--Mañach,
  J. Elegía a un padre difunto--Arroyo, A. Todo lo ha-
  cemos entre todos--Martí, J.L. Mañach y su legado
  cívico--Benítez, J.L. Jorge Mañach en la Universidad
  de Puerto Rico--Aguilar, L.E. La imagen de Martí
  en el horizonte cubano--Sánchez, L.A. Recuerdo de
  Jorge Mañach--Mañach, J. El estilo de la revolución.
  Martí: legado y posteridad. José Martí; rompeolas de
  América--Tamargo, A. Mañach: Una inteligencia que
  sirvió sin rebajarse--Ortega, A. Raíz y ala de Jorge
  Mañach--Braschi, W. Jorge Mañach y su paso por Puerto
  Rico.   (2268)

Publicaciones periódicas

Concurso literario Jorge Mañach. 1-   1972-   Miami, Fl.:
  Municipio de Sagua la Grande en el Exilio   (2269)

Libros y folletos

Alvarez, Nicolás Emilio. La obra literaria de Jorge Mañach.
(Studia humanitatis) Potomac, Md.: J. Porrúa Turanzas,
North American Division, c1979. 279 p.   (2270)

Martí, Jorge Luis. El periodismo literario de Jorge Mañach.
1. ed. (Colección Mente y palabra) /Río Piedras/:
Editorial Universitaria, Universidad de Puerto Rico,
1977. 333 p. /Tesis - State University of New York/
                                                  (2271)

Pinto Albiol, Angel César. El Dr. Mañach y el problema
negro /réplica/. Habana: Editorial "Nuevos Rumbos",
1949. 59 p.   (2272)

Sternlicht, Madeline. Man or Myth: Jose Martí in the Bio-
graphies of Jorge Mañach, Alberto Baeza Flores, and
Ezequiel Martínez Estrada. /New York/: Columbia University, 1976. 266 l. /Tesis - Columbia University/
                                                  (2273)

Torre, Amalia V. de la. Jorge Mañach; maestro del ensayo.
(Colección Polymita) Miami, Fl.: Ediciones Universal,
1978. 259 p. /Tesis - Indiana University/   (2274)

Valdespino, Andrés. Jorge Mañach y su generación en las
letras cubanas. (Colección Polymita, 2) Miami, Fl.:
Ediciones Universal, 1971. 264 p.   (2275)

Vitier, Medardo. Apuntaciones literarias: El ensayo, El
romanticismo, El romancero, Observaciones sobre la
literatura uruguaya. Varona, Montoro, Sanguily, Pi-
ñeyro, Acosta, Chacón y Calvo, Mañach, Llés, Echemen-
día. Habana: Editorial Minerva, 1935, 174 p. (2275.1)

Artículos, cartas, etc.

Academia Cubana de la Lengua, Habana. "En recuerdo a Jorge
    Mañach." En su Boletín, X, no. 3-4, jul.-dic. 1961,
    pp. 5-45.   (2276)

Acosta, Agustín. "Al Dr. Jorge Mañach, en La Habana."
    Academia Cubana de la Lengua, Habana. Boletín, X,
    no. 3-4, jul.-dic. 1961, pp. 14-18.   (2277)

Agramonte, Roberto. "Recordando a Jorge Mañach." Círculo:
    revista de cultura, Verona, N.J., X, 1981, pp. 41-46.
    /Oración fúnebre pronunciada junto a la tumba de Mañach
    en el Cementerio de Bayamón, Puerto Rico, el 28 de fe-
    brero de 1965/   (2278)

Aguilar, Luis E. "La imagen de Martí en el horizonte cuba-
    no; en memoria de Jorge Mañach." Jorge Mañach, 1898-
    1961; homenaje de la Nación Cubana. Río Piedras, P.R.:
    Editorial San Juan /1972/, pp. 41-62.   (2279)

Alfonso Roselló, Arturo. "El cuarto Salón de Humoristas,
    interview con un crítico." Carteles, dic. 7, 1924,
    pp. 10 y 22.   (2280)

        "La tesis de Mañach y la de Baquero." DiaMar,
    oct. 17, 1954, p. 4-D.   (2280.1)

Alvarez, Nicolás Emilio. "Martí y Mañach, análisis estilís-
    tico de un panegírico." Explicación de textos literarios,
    VII, no. 1, 1978, pp. 43-51.   (2281)

Alzaga, Florinda. "Carta." MSS, Miami, nov. 27, 1966.
                                                        (2282)

Allutis, Félix. "Descuentos de validez. Réplica a Jorge
    Mañach." Lectura, México, LXXXVI, no. 2, enero 15,
    1952, pp. 50-62./Sobre "El Día de dar Gracias," de
    Mañach, Bohemia, sept. 14, 1951/   (2283)

Ardura, Ernesto. "El ABC y la renovación de Cuba." El
    Miami Herald, 1982.   (2284)

        "Jorge Mañacn, su obra y el alma cubana; un ejemplo
    de excelencia cultural." El Undoso, a. 10, no. 117,
    jul. 1981, pp. 12-13.   (2285)

        "El Mañach de Martí." Diario Las Américas, mayo
    20, 1978, pp. 9-C-12-C.   (2286)

        "Un recuerdo para Jorge Mañach." El Mundo en el
    exilio, jul. 15, 1961, p. 5-A.   (2287)

_____ "Una síntesis cultural en América." Américas, XXV,
no. 3, marzo 1973, pp. 36-37. /Sobre Teoría de la fron-
tera/
(2288)

Arias, Augusto. "Recuerdo de Jorge Mañach." Letras del
Ecuador, XVI, no. 124, 1961, pp. 1 y 13. (2289)

Arredondo, Alberto. "Veinticuatro horas de la vida de Jorge
Mañach." Boh, mayo 26, 1946, pp. 42-47, 49, 56-58,
64-66.
(2290)

Arroyo, Anita. "Todo lo hacemos entre todos; palabras en
nombre del Comité Coordinador del Homenaje." Jorge
Mañach, 1898-1981; homenaje de la Nación Cubana. Río
Piedras, P.R.: Editorial San Juan /1972/, pp. 13-20.
(2291)

Avila, Margarita. "Mi profesor Mañach." Concurso literario
Jorge Mañach. III Miami, Fl.: Manicipio de Sagua la
Grande en el Exilio, 1974, pp. 45-63. (2292)

Baeza Flores, Alberto. "Perfil humano de Jorge Mañach."
Cuadernos, París, jun. 29, 1961, pp. 1-3. (2293)

Baquero, Gastón. "Jorge Mañach, o la tragedia de la inteligencia en la América Hispana." Cuba Nueva, Miami, Fl.
I, no. 12, sept., 1962, pp. 18-30. (2294)

_____ El Undoso, a. 7-8, no. 86-88, dic. 1978-
feb. 1979.
(2295)

Baralt Luis. "Presentación del Dr. Jorge Mañach." Ultra,
V, no. 29, 1938, pp. 470-471. (2296)

Barturen, Juan. "En torno a Jorge Mañach; pequeña reflexión
de aniversario. I
El Undoso, a. II, no. 46, agosto 1975. (2297)

_____ II: El hombre armonioso." El Undoso, a. IV,
no. 47, sept. 1975, p. 13. (2298)

_____ III: Su obra." El Undoso, a. IV, no. 48,
oct. 1975, p. 7. (2299)

_____ IV: Inteligencia, sustancia, gracia." El
Undoso, a. IV, no. 49, p. 7 y 14. (2300)

_____ "El Premio Jorge Mañach." El Undoso, a. 1, no. 4,
feb. 1972, pp. 9-14. (2301)

Benítez, Jaime. "Circular No. 25. Al Claustro y al estudiantado universitario." Río Piedras, jun. 26, 1961.
(2302)

_____ "Jorge Mañach en la Universidad de Puerto Rico." Jorge Mañach, 1898-1961; homenaje de la Nación Cubana. Río Piedras, P.R.: Editorial San Juan /1972/, pp. 35-40.   (2303)

Bohemia, La Habana. "Sección en Cuba." Marzo 12, 1944, p. 29.   (2304)

Bohemia libre, Caracas. "Mañach y el ABC de Madrid." El buzón abierto, a. 53 (2a. etapa), no. 42, jul. 23, 1961, pp. 48 y 65.   (2305)

_____ 'La muerte de Mañach'. En "4 temas editoriales." a. 53, (2a. etapa), no. 40, jul. 9, 1961, p. 50(2306)

Boti, Regino. "Letras hispánicas. Baedeker ilusionado. 'Estampas de San Cristóbal'. Editorial Minerva, La Habana, 1926. Ilustraciones de Rafael Blanco." Rev Avance, abr. 30, 1927, pp. 88-89.   (2307)

Braschi, Wilfredo. "Jorge Mañach y su paso por Puerto Rico." Jorge Mañach, 1898-1961; homenaje de la Nación Cubana. Río Piedras, P.R.: Editorial San Juan /1972/, pp. 137-140. El Nuevo día, San Juan, P.R., 1971.   (2308)

Brubaker, George Allen. "Review of Frontiers in the Americas: A Global Perspective, by Jorge Mañach, Translated by Philip H. Phenix, Introduced by Lambros Comitas." Hispanic American Historical Review, LVII, no. 1, feb. 1977, pp. 106-107.   (2309)

Caldevilla, Jaime. "Gastón Baquero o Jorge Mañach: La delincuencia del pensamiento, o La caída en el precipicio comunista." DiaMar, abr. 24, 1948, p. 4.(2311)

Camino, Juan del. "Digamos a la gente nueva de nuestra América: 'Ya tiene José Martí el relato de su vida!'." Repertorio americano, dic. 2, 1933, pp. 328-332. /Crítica de Martí, el apóstol/   (2312)

Campa, Miguel Angel. "Libros: El periodismo literario de Jorge Mañach, por el Dr. Jorge L. Martí. (Editorial Universitaria, Puerto Rico, 1977)." Diario Las Américas, marzo 6, 1983, p. 6-B. /Crítica/   (2313)

Cano, José Luis. "Jorge Mañach." Insula, XVI, nos. 176-177, jul.-agosto, 1961, p. 2.   (2314)

_____ "Jorge Mañach, en Madrid, por J.L.C." Insula,
a. XII, no. 122, enero 15, 1957, p. 10.   (2315)

_____ "El mundo de los libros. Mañach, Jorge. 'Visitas
españolas'. Editorial Revista de Occidente. Madrid,
1960." Insula, XV, jul.-agosto, 1960, p. 17. /Crítica/
(2316)

"Carta abierta de los exilados dominicanos al Dr. Jorge
Mañach." Boh, mayo 1, 1955, pp. 50 y 110. /Sobre
"La confianza en nosotros mismos", de Mañach, Bohemia,
abr. 17, 1955/   (2317)

Castellanos, Celia A. "Nuestro Mañach en nuestra portada."
Noticiero saguero, El Undoso, a. X, no. 116, jun. 1981,
p. 6.   (2318)

Contreras Saravia, Rafael. "La controversia sobre Guate-
mala. El escamoteo de una revolución. (Refutando a
Jorge Mañach)." Boh, nov. 14, 1954, pp. 52-53, 88.
/Refutación al artículo de Mañach, "Un drama americano."
Bohemia, jul. 11, 1954).   (2319)

Costa, Octavio R. "Una entrevista sincera con Jorge Mañach."
DiaMar, dic. 5, 1954, p. 1-C.   (2320)

_____ "Jorge Mañach". En su Diez cubanos. La Habana:
Ucar, García, 1945.   (2321)

_____ "Mañach intuitivo." Cuba y España, II, no. 26,
pp. 19 y 47.   (2322)

Cuadernos, París. "Jorge Mañach ha muerto." no. 53,
oct. 1961, p. /2/, retrato.   (2323)

Cuba. Ministerio de Estado. "Senador doctor Jorge Mañach
Robato." Cuba. Ministerio de Estado. Boletín Oficial,
marzo, 1944, pp. 97-98.   (2324)

Cuba en la mano, 1940, /c1969). "Mañach Robato, Jorge."
(2325)

Chacón y Calvo, José María. "El Ateneo en la cultura
cubana." Hechos y comentarios, DiaMar, jun. 30,
1953, p. 4.   (2326)

_____ "En la tarde del domingo." DiaMar, enero 11, 1949,
p. 4.   (2327)

_____ "Un estudio cervantista de Jorge Mañach: Filosofía del Quijotismo." DiaMar, marzo 12, 19, 26,
abr. 2, 9, 16, 23, 1950, pp. 51, 35, 35, 43, 47, 42.
(2328)

_____ "'Historia y estilo', por Jorge Mañach." Revista cubana, XVIII, enero-dic. 1944, pp. 183-186.   (2329)

_____ "Homenaje a Jorge Mañach." Revista cubana, XV, enero-jun., 1941, pp. 272-275.   (2330)

_____ "Un libro de Jorge Mañach." DiaMar, jul. 19, 1945, p. 4. /Sobre Historia y estilo/   (2331)

_____ "Mañach, Jorge y otros... Glosas." Repertorio americano, XXII, 1930, pp. 173-176.   (2332)

_____ "La palabra de Jorge Mañach en Madrid." I Hechos y comentarios, DiaMar, nov. 17, 1957, p. 4-A.   (2333)

_____ _____ II DiaMar, nov. 23, 1957, p. 4-A.   (2334)

_____ Academia Cubana de la Lengua, Habana. Boletín, VII, enero-jun., 1958, pp. 205-208.   (2335)

_____ "Recuerdos de un P.E.N. Club." DiaMar, sept. 27, 1945, p. 4.   (2336)

_____ "Una vida continental. Comentario al libro 'Martí, el apóstol' de Jorge Mañach." Revista de Occidente, Madrid, jun. 1933, pp. 355-360.   (2337)

_____ "Visitas españolas, (Un libro de Jorge Mañach)." Academia Cubana de la Lengua, Habana. Boletín, IX, enero-dic., 1960, pp. 133-136.   (2338)

Davis, Harold Eugene. "Jorge Mañach, maestro del ensayo, by Amalia V. de la Torre. Miami: Ediciones Universal, 1978. Notes, Appendixes. Bibliography. Pp. 259. Paper. Review, by Harold Eugene Davis." The Hispanic American Historical Review, Durham, North Carolina, The Duke University Press, LXI, no. 1, feb. 1981, pp. 159-165.   (2339)

Delahoza, Tony. "El pueblo está desposeído de todos sus medios de acción y hasta de expresión; una entrevista exclusiva. Fotos: Arias." Boh, mayo 11, 1952, sup. 12-13.   (2340)

El Día, Montevideo. "Jorge Mañach." jul. 9, 1961, p. 1.   (2341)

Diario de la Marina, Habana. "Entregado el premio 'José Ignacio Rivero' de 1953 al doctor Jorge Mañach." jul. 1, 1953, p. 1.   (2342)

_____ "Jorge Mañach en el Diario de la Marina." feb. 10, 1945, p. 1.   (2343)

_____ "Jorge Mañach fue festejado por sus amigos y compañeros, anoche, con motivo de su libro Martí." jun. 26, 1933, p. 3.
(2344)

Elmore, Edwin. "Indice de lecturas: 'La crisis de la alta cultura en Cuba'." Social, XI, enero, 1926, p. 82.
(2345)

Enciclopedia Universal Ilustrada Europeo-Americana. Suplemento anual, 1961-1962. "Mañach, Jorge."
(2346)

Fernández, José E. y Núñez, Ana Rosa. "Jorge Mañach y las artes plásticas cubanas." (Inédito)
(2347)

Fernández Caubí, Luis. "A Margot Baños con gratitud y amor." El Undoso, a. 3, no. 34, agosto 1974, p. 13.
(2348)

Fiol, Rafael, /Anita Arroyo/ "Tributo a Jorge Mañach." Diario Las Américas, sept. 6, 1961, p. 7.
(2349)

Fr. Sim. "La morte di Mañach." La Giustizia, Italia, sept. 23, 1961.
(2350)

Friedman, Charles. "Video in Havana." The New York Times, March 20, 1955, II, 11:8 /Sobre "La Universidad del Aire" y "Ante la Prensa"/
(2351)

Gaceta literaria, Madrid. "Jorge Mañach: Estampas de San Cristóbal.", mayo 15, 1927, p. 28.
(2352)

García de Castro, Ramón. "Visitas españolas, de Jorge Mañach." Cuadernos hispanoamericanos, XLIV, 1960, pp. 501-505.
(2353)

García Galán, Gabriel. "Sección pedagógica. Interesante conferencia." Boh, jul. 28, 1925, p. 21.
(2354)

García Pons, César. "Jorge Mañach vuelve a la palestra." DiaMar, marzo 13, 1956, p. 4-A.
(2355)

_____ "Yo presencié los hechos del domingo." Boh, 44. 1952.
(2356)

García Tudurí, Mercedes. "Mañach y la filosofía; conferencia en el Biscayne College." (Inédita)
(2357)

Gay Calvó, Enrique. "Jorge Mañach." Cuba contemporánea, XLIII, 1927, pp. 358-369.
(2358)

Gayol Fernández, Manuel. "Mañach, jerarca la! de! cultura." DiaMar, oct. 19, 1945, p. 4. /Sobre Martí, el apóstol/
(2359)

Gómez Reinoso, Manuel. "Mañach y el periodismo." DiaMar,
    feb. 28, 1959, p. 4-A.   (2360)

González, Manuel Pedro. "En torno a los nuevos." Hispania,
    XIII, no. 2, marzo 1930, pp. 95-104.   (2361)

_____ Revista bimestre cubana, XXV, 1930, pp. 382-
    393. /Sobre José María Chacón y Calvo, Jaime Torres
    Bodet, Jorge Mañach, Juan Marinello/   (2362)

_____ "Jorge Mañach." Nosotros, XXIV, no. 252, 1930,
    p. 282.   (2363)

Gutiérrez Delgado, Luis. "Jorge Mañach, hombre de letras."
    Américas, XIII, no. 12, 1961, pp. 26-28.   (2364)

_____ "El libro, la cultura, la filosofía y la política,
    sopesados por la proverbial agudeza del doctor Jorge
    Mañach." El Mundo de los libros, DiaMar, jul. 22,
    1956, p. 6-D. /Entrevista al salir Mañach para Europa
    en 1956/   (2365)

Habana. Biblioteca Nacional. "Jorge Mañach: Estampas
    de San Cristóbal." Habana. Biblioteca Nacional.
    Revista, VI, no. 4, 1955, p. 178.   (2366)

Horizontes. "Jorge Mañach." IV, no. 21, 1961, pp. 5-7.
                                                               (2367)

Horsman Manrara, Jorge L. "Pulso y presencia de Jorge
    Mañach en su 'Historia y estilo'." Grafos, XI, abr.,
    1945, p. 8.   (2368)

Ichaso, Francisco. "Con motivo del 'Glosario' de Jorge
    Mañach." Literatura y periodismo, DiaMar, tarde,
    marzo 13, 1924, p. /1/   (2369)

_____ "Decir bien las cosas." A.M., DiaMar, marzo 9,
    1956, p. 4-A.   (2370)

_____ "Un gran suceso literario: La versión del Martí
    de Mañach." Acotaciones, DiaMar, jun. 25, 1950, p. 48.
                                                               (2371)

_____ "El Movimiento de la Nación." Cabalgata política,
    Boh, abr. 17, 1955, pp. 55 y 95.   (2372)

_____ "El regreso de Mañach." DiaMar, oct. 11, 1955,
    p. 2-A.   (2373)

_____ "Sobre quijotismo." Acotaciones, DiaMar, oct.
    30, 1947, p. 4.   (2374)

———— "La Universidad del Aire y el Centenario de Martí."
Acotaciones, DiaMar, enero 8, 1953, p. 4.   (2375)

Infiesta, Ramón. "Nación y Patria." El Avance criollo,
mayo 4, 1962, pp. 20 y 60.   (2376)

Inter-Continental Press Guide, Habana. "Personalities of
Latin American Journalism: Dr. Jorge Mañach 'Diario
de la marina', 'Bohemia', Havana, Cuba." IX, no. 12,
jun. 1953, p. 1.   (2377)

Landa, Marco Antonio. "Desde Nueva York; dos palabras
con Andrés Veldespino." El Undoso, Miami, a. 1, no. 3,
enero 1972, pp. 5-12.   (2378)

Lazo, Raimundo. "Carta a Jorge Mañach." DiaMar, feb. 12,
1957, p. 4-A.   (2379)

———— "Un gerundio de Jorge Mañach." El Crisol, marzo
1945.   (2380)

———— "Mañach, la distancia y el distanciamiento."
DiaMar, marzo 27, 1957, p. 4-A.   (2381)

———— "Recado a Jorge Mañach." Boh, jun. 26, 1955,
pp. 35 y 98. /Sobre el Movimiento de la Nación/
                                                 (2382)

Lezama Lima, José. "Carta abierta a Jorge Mañach. Respuesta y nuevas interrogaciones." Boh, oct. 2, 1949,
p. 77.   (2383)

Lizaso, Félix. "Mañach y la biografía de Martí." El País,
jun. 1, 1933   (2384)

López Dorticós, Pedro. "El Banco Nacional, símbolo del
poder económico. Réplica a Jorge Mañach." DiaMar,
nov. 24, 1953, p. 4.   (2385)

López Morales, Humberto. "Magister et amicus." Academia
Cubana de la Lengua, Habana. Boletín, X, no. 3-4,
jul.-dic., 1961, pp. 43-44.   (2386)

El Lugareño, pseud. "Habla para 'Bohemia libre' el Dr.
Jorge Mañach." Bohemia libre, a. 53, (2a. etapa).
no. 37, jun. 18, 1961, pp. 26 y 82.   (2387)

Luz, La Habana. "La ética de Mañach." Oct., 1948 (2388)

Lles, Fernando. "La obra perdurable de un ensayista cubano, 'Estampas de San Cristóbal'." Social, XII,
abr. 1927, pp. 35 y 66.   (2389)

"Mañach, Jorge. Martí, el apóstol. Madrid, 1933. XV, May 1935, 241-242." Guide to the Hispanic American Historical Review, 1918-1945, Durham, N.C.: Duke University Press, 1950, p. 197. (2390)

Mañach Baños, Jorge. "Elegía a un padre difunto." Jorge Mañach, 1898-1961; homenaje de la Nación Cubana. Río Piedras, P.R.: Editorial San Juan /1972/, pp. 11-12. (2391)

_____ "Puedo decirle que vive por su espíritu. /Carta de Jorge Mañach Baños a Miguel Angel Quevedo/ Bohemia libre, a. 53 (2a. etapa), no. 37, jun. 18, 1961, pp. 27 y 67. (2392)

"Mañach y Robato, Jorge." Peraza Sarauza, Fermín. Personalidades cubanas.. IV (Biblioteca del bibliotecario, 54) Habana: Ediciones Anuario Bibliográfico Cubano, 1958. (2393)

Marianófilo, pseud. "Observaciones a Mañach." DiaMar, agosto 31, 1945, p. 4. (2394)

Marinello, Juan. "Notas sobre la 'Revista de Avance'.'" Indice de revistas cubanas, La Habana, 1969, I, pp. 11-18. (2395)

_____ "Sobre Mañach y su 'Glosario'." Social, IX, abr. 1924, pp. 20, 70 y 76. (2396)

Márquez de la Cerra, Miguel F. "El bautizo de Ortega y Gasset." Retratos, DiaMar, abr. 8, 1956, p. 4-A. (2397)

_____ "En el aniversario de Jules Dubois. Prensa y libertad." Diario Las Américas, agosto 10, 1968, p. 5. (2398)

_____ "Estar en Cuba." Retratos, DiaMar, feb. 13, 1958, p. 4-A. (2399)

_____ "Mañach no está de paseante en Cortes." DiaMar, feb. 7, 1957, p. 4-A. (2400)

_____ "Mañach y la fluoroscopía de Ortega." Retratos, DiaMar, abr. 4, 1956, p. 4-A. (2401)

_____ "Ortega y Gasset visto por Mañach." I Retratos, DiaMar, marzo 20, 1956, p. 4-A. (2402)

_____ "Ortega y Gasset visto por Mañach." II Retratos, DiaMar, marzo 25, 1956, p. 4-A. (2403)

_____ "Paréntesis: Mañach: imán de la vocación y de la fe del cubano." DiaMar, abr. 24, 1955, p. 4-D (2404)

Márquez Sterling, Carlos. "Punto y aparte." Boh, mayo 8,
     1955, pp. 39 y 98. /Más sobre el Movimiento de la Nación/
                                                          (2405)

_____ "Respuesta a Jorge Mañach." Boh, marzo 20, 1955,
     pp. 52-53 y 89. /Sobre la constitución del "Movimiento
     de la Nación" en "Recado final", Bohemia, marzo 13,
     1955/   (2406)

_____ "Unidos todos valemos mucho más." Boh, abr. 3,
     1955, pp. 55 y 87. /Más sobre respuesta a "Recado
     final" de Mañach, Bohemia, marzo 13, 1955/   (2407)

Martí, Jorge Luis. "Cuba en la vida de Jorge Mañach."
     (inédito)   (2408)

_____ "Mañach y su legado cívico." Jorge Mañach, 1898-
     1961; homenaje de la Nación Cubana. Río Piedras, P.R.:
     Editorial San Juan /1972/, pp. 21-33.   (2409)

Martínez Bello, Antonio. /"Estampas de San Cristóbal e
     Historia y estilo de Jorge Mañach/, por A.M.B.
     Bibliográficas, Habana. Biblioteca Nacional, Habana.
     Revista, 2a. ser., a. VI, no. 4, oct.-dic., 1955,
     p. 178.   (2410)

Massaguer, Conrado. "Notas de la Dirección." Social,
     VIII, dic. 1923, p. 5.   (2411)

_____ "Nuestros amigos los colaboradores de 'Social'."
     Social, VII, agosto 1923, p. 5.   (2412)

Medrano, Humberto. "Padrenuestro cubano." Diario Las
     Américas, jun. 24, 1963, p. 4.   (2413)

Meléndez, Concha. "La inquietud cubana en la universal
     inquietud." Ateneo Puertorriqueño, 2do. trimestre,
     1936, pp. 94-107.   (2414)

_____ "Jorge Mañach en su última frontera." La Torre,
     65, jul.-sept., 1969, pp. 11-27.   (2415)

_____ Mañach, Jorge. Teoría de la frontera.
     Puerto Rico: Editorial Universitaria, 1971, pp. 1-17.
                                                          (2416)
_____ "Jorge Mañach y la inquietud cubana." Signos
     de Iberoamérica, México, 1936, pp. 153-165.   (2417)

Meruelo, Otto. "Réplica: lo que ayer sirvió a la dicta-
     dura y hoy combate la revolución." Boh, VIL, no. 31,
     agosto 3, 1952, pp. 88-91.   (2418)

Mistral, Gabriela. "Algo sobre el 'Martí' de Jorge Mañach."
Archivo José Martí, La Habana, V, no. 2, jul.-dic., 1950,
pp. 250-252. /El texto español del bello prólogo escrito por la insigne escritora chilena para la edición
inglesa del "Martí" de Jorge Mañach/   (2418)

————— "Algo sobre Jorge Mañach." Repertorio americano,
Bogotá, XV, no. 43-44, jul./agosto, 1948, pp. 33-36.
                                                (2419)

————— "On Jorge Mañach." Mañach, Jorge. Martí: Apostle
of Freedom. New York: Davin-Adair, 1950, pp. xiii-
xvi.   (2420)

Montes Huidobro, Matías. "De rocosa violencia." El Undoso,
a. 9, no. 106, agosto 1980, p. 12.   (2421)

El Mundo, Puerto Rico. "Jorge Mañach muere de 63 años
en Hato Rey." Jun. 27, 1961, p. 2.   (2422)

The New York Times, N.Y. "ABC Leader 'Tried' and Freed
in Cuba." June 3, 1936, p. 14:6. /Dr. Mañach es juz-
gado y dejado en libertad/   (2423)

————— "Cabinet Resigns in Cuban Crisis." June 26, 1934,
p. 11:5. /Renuncia como Secretario de Educación/
                                                (2424)

————— "Cuban Cabinet Changed." March 4, 1944, p. 7:1.
/Dr. Mañach es nombrado Ministro de Estado de Cuba/
                                                (2425)

————— "Cuban Coffee Pact Extended." March 11, 1944, p.
3:4.   (2426)

————— "Cuban Crisis Near; ABC Stand Crucial." June 23,
1934, p. 4:3.   (2427)

————— "Cubans Form New Party." Apr. 8, 1955, p. 7:3.
/Sobre Movimiento de la Nación/   (2428)

————— "Dr. Jorge Mañach, Ex-Cuban Leader, Educator and
Writer, Foe of Dictators, is Dead at 63." June 27,
1961, p. 33:2.   (2429)

————— "Dr. Mañach to Head Cuban Paper." Dic. 15, 1944,
p. 3:1. /Director editorial del Diario de la Marina/
                                                (2430)

————— "Heads Cuban Assembly." May 23, 1940, p. 9:6.
/Nombrado Segundo Vice-Presidente de la Asamblea
Constituyente de Cuba, 1940/   (2431)

————— "Heads of Cuban ABC Depart for Miami." Dec. 20,
1934, p. 12:5.   (2432)

———— "Hemisphere Role of Church Sefted." Oct. 29, 1954, p. 7:1. /Mañach sobre religión en Latino América/
(2433)

———— "Honor Columbia Teacher. Cubans Give Dr. Mañach $ 1,000 Prize for Article in 1934." May 21, 1935, p. 21:7.
(2434)

———— "Pardon Asked for Puerto Rican." Apr. 22, 1941, p. 13:1. /Dr. Mañach, Senador cubano, escribe al Presidente Roosevelt pidiendo el perdón de Pedro Albizu Campos."/
(2435)

———— "Troops Rout Cuban Students." Dic. 7, 1934, p. 12:7. /Por visita de Mañach a Santiago de Cuba/(2436)

———— "U.S. Note Defends the Arrest of Prío." Dic. 12, 1953, p. 14:3. /Critica el arresto del Dr. Prío, Pres. de Cuba, en Miami, Fla./
(2437)

Obregón, Antonio. Columna "Cada día." Madrid, jul. 12, 1961, p. 5.
(2438)

Ortega, Antonio. "Raíz y ala de Jorge Mañach." Jorge Mañach, 1898-1961: homenaje de la Nación Cubana. Río Piedras, P.R.: Editorial San Juan, /1972/, pp. 129-136.
(2439)

———— Bohemia libre, a. 53, (2a. etapa), no. 41, jul. 16, 1961, pp. 42-43, 65-66. /Incluye fotografía en el féretro/
(2440)

Padilla, Marta. "Carta a Margot; fragmentos del ensayo." El Undoso, a. 2, no. 18, abr. 1973, pp. 9 y 13. (2442)

Pego, Aurelio. "Jorge Mañach, una pluma elegante!" Horizontes, revista bibliográfica, México, IV, no. 21, 1961, pp. 8-32.
(2443)

Prensa libre, Habana. "Microentrevista." Sept. 13, 1951. /Entrevista a Jorge Mañach/
(2444)

Puerto Rico. Universidad, Río Piedras. Facultad de Humanidades. Personal Docente. "Jorge Mañach Robato."
(2445)

———— Oficina del Rector. "Circular No. 25: Al Cláustro y estudiantado universitario." 26 de junio de 1961.
(2445.1)

Revista cubana, La Habana. "Jorge Mañach: Historia y estilo." XVII, 1944, pp. 183-186.
(2446)

Revista de Occidente, Madrid. "Una vida continental."
    XL, 1953, p. 356. /Comentario de Martí, el apóstol.
                                                          (2447)

Rexach, Rosario. "Mañach se ha ido." Bohemia libre,
    a. 53, (2a. etapa), no. 43, jul. 30, 1961, pp. 3 y 82.
                                                          (2448)

Riaño Jauma, Ricardo. "Jorge Mañach." Revista cubana,
    XX, jul.-dic. 1945, pp. 99-111.   (2449)

Ripoll, Carlos. "Andrés Valdespino. Jorge Mañach y su
    generación en las letras cubanas. Miami, Fla., Edi-
    ciones Universal, 1971." Revista iberoamericana, 78
    enero-marzo, 1972, pp. 173-176.   (2450)

Rovirosa, Dolores. "Jorge Mañach: El hombre y su obra."
    /I/ El Matancero libre, Miami, Fla., abr. 19-26,
    1983, p. 10.   (2452)

_____ /II/: "Mañach, el cubano que estudió en cuatro
    países." El Matancero libre, abr. 27-mayo 3, 1983,
    p. 10.   (2453)

_____ /III/: "Jorge Mañach, Senador y constituyente del
    año 40." El Matancero libre, mayo 3-10, 1983, p. 3.
                                                          (2454)

_____ /IV/: "Jorge Mañach murió a los 63 años en Puerto
    Rico." El Matancero libre, mayo 11-17, 1983, pp. 5 y
    15.   (2455)

Rubiera, Ramón. "Polémica y otras cosas." Boh, abr. 28,
    1929, p. 29.   (2456)

Ruíz del Vizo, Hortensia. "'La obra literaria de Jorge
    Mañach'." Diario Las Américas, jul. 31, 1982, p. 5,
    y 19. /Sobre la obra del mismo título de Nicolás
    Emilio Alvarez/   (2457)

Saínz de Robles, Federico Carlos. "Jorge Mañach." En su
    Ensayo de un diccionario de la literatura. 2a. ed.
    II Madrid: Aguilar, 1956, pp. 967-968.   (2458)

Sánchez, Luis Alberto. "Elogio de Jorge Mañach." La
    Nueva democracia, XLI, no. 4, 1961, pp. 24-27. (2459)

_____ "Jorge Mañach." El Nacional, jun. 29, 1961,
    p. 2.   (2460)

———— "Jorge Mañach, moribundo." El Nacional, abr. 28, 1961, p. 2.   (2461)

———— "Recuerdo de Jorge Mañach, 1961 - 25 abril - 1971." Jorge Mañach, 1898-1961; homenaje de la Nación cubana. Río Piedras, P.R.: Editorial San Juan /1972/, pp. 63-64.   (2462)

Sánchez de Bustamante y Montoro, Antonio. "Contestación al discurso del académico doctor Jorge Mañach y Robato." Adademia Nacional de Artes y Letras, La Habana. Anales, a. XXX, vol. XXV, 1944, pp. 90-98.   (2463)

Santovenia, Emeterio S. "La nación y Jorge Mañach; diccurso de contestación." Mañach, Jorge. Discursos leídos en la recepción pública del Dr. Jorge Mañach y Robato la noche del 11 de febrero de 1943. Contesta en nombre de la Corporación el Dr. Emeterio S. Santovenia, académico de número. (Publicaciones, 33) La Habana: Impr. "El Siglo XX", 1943, pp. /55/-74/Acad.Hist./   (2464)

Social, La Habana. "Notas del Director literario. Los nuevos. Jorge Mañach." X, nov. 1925, pp. 7-8.(2465)

Souvirón, José María. "Conversación con Jorge Mañach." Cuadernos hispanoamericanos, XLVIII, no. 139, 1961, pp. 79-83.   (2466)

———— "Palabras sobre Jorge Mañach." Cuadernos hispanoamericanos, XXXI, 1957, pp. 409-411.   (2467)

Suarée, Octavio de la. "Carta." Miami Beach, abr. 14, 1969.   (2468)

———— "El caso Mañach." I El Día, La Habana, 1925.   (2469)

Suárez Solís, Rafael. "Ahora o nunca." Crónica, DiaMar, mañana, feb. 10, 1925, p. 28.   (2470)

———— "Lo extraordinario en el caso de Jorge Mañach." El Fígaro, a. XL, no. 26, 1923, pp. /452/-/453/(2471)

———— "Jorge Mañach en el exilio." De las letras y las artes, DiaMar, feb. 17, 1953, p. 4.   (2472)

———— "Jorge Mañach en el 'Pepín Rivero'" De las letras y las artes, DiaMar, mayo 29, 1953, p. 4.   (2473)

———— "Mañach: pintor de sueños." Las pequeñas causas, DiaMar, agosto 8, 1959, p. 4-A. /Sobre dibujos gallegos a la pluma, de Mañach, en una exposición en el Centro Gallego/   (2474)

Tamargo, Agustín. 'Jorge Mañach...' En "Vistazo a Puerto Rico: Contra esto y aquello." Bohemia libre, a. 53, (2a. etapa), no. 39, jul. 2, 1961, p. 37. /Mañach rechazó ofrecimiento de ir a morir a Cuba/ (2475)

_____ "Mañach: una inteligencia que sirvió sin rebajarse." Bohemia libre, a. 53 (2a. etapa), no. 40, jul. 9, 1961, pp. 44-46 y 64. (2476)

_____ Jorge Mañach, 1898-1961; homenaje de la Nación Cubana. Río Piedras, P.R.: Editorial San Juan /1972/, pp. 121-127. (2477)

Torre, Roberto de la. "Dr. Jorge Mañach." DiaMar, feb. 28, 1954, p. 41. (2478)

Ugarriza de Vaillant, Carmen. "Sobre Mañach." El Buzón abierto, Bohemia libre, a. 53 (2a. etapa), no. 44, agosto 6, 1961, p. 46. (2479)

El Undoso, Miami, Fla. "Actos en el Cementerio Arc-en-Ciel, en San Juan, Puerto Rico." A. 6, no. 65, marzo 1977, p. /10/ (2480)

_____ "Entrega de premios del Concurso Literario Jorge Mañach, 1972." A. 1, no. 5, marzo 1972, pp. 6-7. (2481)

_____ "Entregados los premios Jorge Mañach, 1973." A. 2, no. 19, mayo 1973, pp. 4 y 14. (2482)

_____ "Gráficas de la visita a San Juan, Puerto Rico, para la inauguración de la Biblioteca y Taller de Arte 'Jorge Mañach'." A, 6, no. 65, marzo 1977, pp. 8-9. (2483)

_____ "Jorge Mañach, 1976; entrega de premios." A. 5, no. 55, mayo, 1976, pp. /8/-/9/ (2484)

_____ "Nuestro Mañach; portada." A. 10, no. 116, jun. 1981. (2485)

_____ "Premio literario Jorge Mañach, 1974. Convocatoria." A. 2, no. 24, oct. 1973, p. 15. (2486)

Universidad de Puerto Rico. Oficina del Rector. "Circular No. 25: Al Claustro y estudiantado universitario." 26 de junio de 1961. (2487)

Urrutia, Gustavo E. "Comentando a Mañach." Armonías, DiaMar, enero 10, 1948, p. 4. /Sobre la Sociedad Patriótica de Amigos de la República/ (2488)

Valle, Rafael Heliodoro. "Diálogo con Jorge Mañach." Universidad de México, México, IV, no. 48, dic. 1950, pp. 19-21.
(2489)

_____ _____ El Tiempo, Bogotá, marzo 4, 1951, p. 5.
(2490)

Villoldo, Julio. "Bibliografía. Jorge Mañach. 'Glosario', Ricardo Veloso, editor. Habana, 1924. 8vo., 380 pags. Con caricatura del autor, por Carlos." Cuba contemporánea, XII, agosto 1924, pp. 357-358.
(2491)

Vitier, Cintio. "Jorge Mañach", poema. Asomante, XXI, enero-marzo, 1965, p. 47.
(2492)

_____ _____ Martí, Jorge Luis. El periodismo literario de Jorge Mañach. la. ed. (Colección Mente y palabra) /Río Piedras/: Editorial Universitaria, Universidad de Puerto Rico, 1977, p. 40.
(2493)

_____ "Jorge Mañach y nuestra poesía." DiaMar, oct. 26, 1949, p. 4.
(2494)

Vitier, Medardo. "Carta abierta a Jorge Mañach." Polémica, Boh, mayo 26, 1946, pp. 20 y 63.
(2495)

_____ "Jorge Mañach". En sus Apuntaciones literarias. La Habana: Editorial Minerva, 1935, pp. 159-164(2496)

_____ "Un juicio del Dr. Mañach." Valoraciones, DiaMar, jun. 13, 1952, p. 4.
(2497)

_____ "Un juicio del Dr. Mañach." Valoraciones, DiaMar, feb. 27, 1955, p. 4-D.
(2498)

_____ "Un libro de Mañach." Valoraciones, DiaMar, oct. 24, 1950, p. 4. /Sobre Examen del quijotismo/ (2499)

_____ "Un libro de Jorge Mañach." Valoraciones, DiaMar, jun. 17, 1951, p. 50.
(2500)

_____ "Mañach en la Universidad Central de Las Villas." Valoraciones, DiaMar, feb. 3, 1955, p. 4-A. (2501)

_____ "Más sobre el discurso de Mañach." Valoraciones, DiaMar, feb. 18, 1955, p. 4-A. (2502)

_____ "Sobre Dewey." Valoraciones, DiaMar, jul. 24, 1952, p. 4.
(2503)

_____ "Sobre la conferencia de Mañach." Valoraciones, DiaMar, agosto 5, 1952, p. 4. (2504)

JORGE MAÑACH

_____   "La Universidad del Aire."   Valoraciones, DiaMar,
     sept. 21, 1952, p. 58   (2505)

Walsh, Donald D.   "Mañach, Jorge. Martí, Apostle of Freedom.
     Translated by Coley Taylor. With a Preface by Gabriela
     Mistral. New York: The Devin Adair Co., 1950, XVI,
     363 p. Ilus." Hispania, XXXIII, 1950, p. 384.(2506)

Zavala, Luis de. "La ilusión del Dr. Mañach." Lectura,
     México, LXXXI-LXXXII, no. 1, marzo 15, 1951, pp. 50-60.
                                                         (2507)

SUPLEMENTO

BIBLIOGRAFIA PASIVA

I

Artículos, cartas, etc.

Álzaga, Florinda. "Mis recuerdos de Jorge Mañach." Diario Las Américas, mayo 12, 1971, p. 5.   (Sup. 34)

Baquero, Gastón. "El Manifiesto del Movimiento." DiaMar, abr. 15, 1955, p. 4-A.   (Sup. 35)

Diario de la Marina. "Entregarán el día 30 al Dr. Jorge Mañach el José I. Rivero." Jun. 13, 1953, p. 1.
(Sup. 36)

Espina, Antonio. "Mañach, Jorge. El sentido trágico de la 'Numancia'." Nueda, Luis. Mil libros. 6a. ed. Ed. rev. y aum. por Antonio Espina. Vol. 2. Madrid: Aguilar /c1972/, pp. 1028-1030. /Reseña/(Sup. 36.1)

Esténger, Rafael. "Al vado o a la puente." 1946.
(Sup. 37)

Ferrán y Rivero, Francisco R. "Mañach y la inquietud de la juventud cubana." Crónica católica, DiaMar, jun. 21, 1946, p. 10.   (Sup. 38)

García Tudurí, Mercedes. "Un libro y un comentario." Dia Mar, dic. 23, 1951, p. 60.   (Sup. 38.1)

Grismer, Raymond L. y Rodríguez Saavedra, Manuel. "Jorge Mañach y Robato." Vida y obras de autores cubanos. Vol. 1. Habana: Editorial "Alfa", 1940, pp. 13-15.
(Sup. 39)

Lazo, Raimundo. "Nuevo partido: Legítima defensa." Dia Mar, oct. 9, 1953, p. 4-A.   (Sup. 40)

Martínez Fraga, Pedro. "Carta del Dr. Pedro Martínez Fraga al doctor Jorge Mañach." DiaMar, mayo 19, 1953, p.1.
(Sup. 41)

Navarro Luna, Manuel. "Mañach, crítico y biógrafo." Orto XXII, no. 9-10, pp. 42-45.   (Sup. 42)

Peraza y Sarausa, Fermín. "Mañach y Robato, Jorge." Diccionario biográfico cubano. (Biblioteca del bibliotecario, 79) XIII Coral Gables, Fla. 1968, pp. 52-54.
(Sup. 42.1)

Rivero Agüero, Andrés. "Ansia de rectificación." Boh, marzo 18, 1951, pp. 58-59 y Sup. 26.   (Sup. 43)

_____ "Ni reincidente ni incauto: hombre sincero." Boh, abr. 1, 1951, pp. 44-45 y 83.   (Sup. 44)

Social. "Declaración del Grupo Minorista." XIII, jun. 6, 1927, p. 7.

BIBLIOGRAFIA

COMPLEMENTARIA

BIBLIOGRAFIA COMPLEMENTARIA

I

Libros, folletos, artículos, etc.

ABC. Al Pueblo de Cuba. Manifiesto-Programa. La Habana, 1932. (2508)

Bojórquez, Juan de Dios. "Los Minoristas de Cuba." Social, XII, no. 6, jun. 1927, p. 35. (2509)

Casanovas, Martín. Orbita de la "Revista de Avance." La Habana, 1965. (2510)

Diario de la Marina, La Habana. "Expone el 'Movimiento de la Nación' puntos básicos de su programa." Abr. 8, 1955, pp. 1 y 14-B. (2511)

Guiral Moreno, Mario. Auge y decadencia del vanguardismo literario en Cuba. La Habana, 1942. (2512)

Lizaso, Félix. "Un homenaje continental a Alfonso Reyes." El Mundo, agosto 24, 1954, p. 6-A. (2513)

_____ "La Revista de avance." Academia Cubana de la Lengua, Habana. Boletín, X, iii-iv, jul.-dic. 1961, pp. 19-43. (2514)

Movimiento de la Nación, La Habana. (Partido político). "Manifiesto." Boh, abr. 10, 1955, pp. 77-79. /La Habana, 9 de abril de 1955. Por el Comité Gestor Nacional: Jorge Mañach, José Pardo Llada, Justo Carrillo, Vicente Rubiera, Jorge Quintana, Rufo López Fresquet, Luis Botifoll, Enrique Huertas, Anita Arroyo, Angel del Cerro/ (2515)

Ripoll, Carlos. La generación del 23 en Cuba y otros apuntes sobre el vanguardismo. New York, 1968. (2516)

LISTA DE PUBLICACIONES PERIODICAS

Academia Cubana de la Lengua, La Habana. Boletín.
Academia Nacional de Artes y Letras, La Habana. Anales.
Acción, La Habana.
Alerta, La Habana.
Américas, Washington. D.C.: Panamerican Union.
Archivo José Martí, La Habana.
Arte, La Habana.
Asomante, San Juan, Puerto Rico.
Ateneo de la Habana. Publicaciones.
Ateneo Puertorriqueño, San Juan, Puerto Rico.
El Avance criollo, La Habana.
Avisor, Holguín, Cuba.
Biblioteca Nacional José Martí, La Habana. Revista.
Bohemia, La Habana.
Bohemia libre, Caracas, Venezuela.
Carteles, La Habana.
Círculo; revista de Cultura, Verona, N.J.
Combate, San José, Costa Rica.
Concurso literario Jorge Mañach, Miami, Fla.
Contemporáneos, La Habana.
El Crisol, La Habana.
Crónica, La Habana.
Cuadernos, del Congreso por la Libertad de la Cultura, París.
Cuadernos americanos, México, D.F.
Cuadernos de la Universidad del Aire, La Habana.
Cuadernos hispanoamericanos, Madrid.
Cuba. Congreso. Senado. Diario de Sesiones.
Cuba. Ministerio de Estado. Boletín oficial.
Cuba contemporánea, La Habana.
Cuba nueva, Miami, Fla.
Cuba nueva en acción, La Habana.
Cuba y España, La Habana.
Cultura, San Salvador.
El Día, La Habana.
El Día, Montevideo, Uruguay.
Diario de la Marina, La Habana.
Diario Las Américas, Miami, Fla.
El Eco de Tunas, Victoria de las Tunas, Cuba.
Ecos de K-Listo, La Habana.
La Epoca, Tegucigalpa, Honduras.
Epocas, Panamá.
El Federado Escolar, La Habana.
Foreign Affairs, New York.
Gaceta literaria, Madrid.
La Giustizia, Italia.

Grafos, La Habana.
Guide to the Hispanic American Historical Review, 1918-
    1945, Durham, N.C.
Habana. Biblioteca Naciona, v. Biblioteca Nacional José Martí.
El Habanero, Miami, Fla.
Hispania, Willingford, Conn.
Hispanic American Historical Review, Durham, N.C.
Horizontes, México, D.F.
Horizontes, Ponce, Puerto Rico.
Humanismo, México, D.F.
Indice de revistas cubanas, La Habana.
Insula, Madrid.
Inter-América, New York.
Intercontinental Press Guide, La Habana.
Islas, Cuba, La Habana.
Lecturas, México, D.F.
Letras del Ecuador, Quito.
Lux, México, D.F.
Luz, La Habana.
El Matancero libre, Miami, Fla.
Mercurio peruano, Lima.
El Miami Herald, Miami, Fla.
El Mundo, La Habana.
El Mundo, Puerto Rico.
El Mundo, en el exilio, Miami, Fla.
Mundo hispánico, Madrid.
La Nación, Tegucigalpa, Honduras.
El Nacional, Lima, Perú.
The New York Times, New York
Nosotros, Buenos Aires.
Novedades, México, D.F.
La Nueva democracia, N.Y.
Orto, Manzanillo, Cuba.
Páginas, Bahía Blanca, Argentina.
El País, La Habana.
El País gráfico, La Habana.
Papeles de Son Armadans, Madrid.
Pim-Pam-Pum, New York.
Pueblo, La Habana.
Repertorio americano, San José, Costa Rica.
Revista bimestre cubana, La Habana.
Revista cubana, La Habana.
Revista cubana de filosofía, La Habana.
Revista de avance, La Habana.
Revista de la Habana, La Habana.
Revista de la Universidad, La Habana.
Revista de Occidente, Madrid.
Revista hispánica moderna, New York.
Revista iberoamericana, Iowa City, Iowa.
Revista Lyceum, La Habana.
Río Piedras, Puerto Rico. Universidad de Puerto Rico.
    v. Universidad de Puerto Rico.

Selecciones, del Reader's Digest, N.Y.
Semanario católico, La Habana.
Signos de Iberoamerica, México, D.F.
Social, La Habana.
El Tiempo, Bogotá.
Tierra firme, Caracas.
La Torre, Río Piedras, Puerto Rico.
Ultra, La Habana.
El Undoso, Miami, Fla.
Universidad de Chile. Anales.
Universidad de México, México, D.F.
Universidad de Puerto Rico. Bulletin.
Viajantes, La Habana.
La Voz, New York.

INDICES

INDICE DE MATERIAS

A

El Caballero de París, pseud., 1045
Cabello, 2026
Cabrera, Lydia, 353, 711, 1303, 1700
Cabrera Moreno, Servando, 80
Caciquismo, v. Corrupción política
Calumnia, v. Difamación
Calle Línea, La Habana, 1654
Camagüey, Cuba - Descripcion, 376, 1956
Cambio, Letras de, v. Letras de cambio
Camino, Miguel A., v. León Felipe
Campesinos cubanos, 492, 545, 1961
Campo-Hermoso, Guillermo - Exposiciones, 858
Camus, Albert, 372, 778, 1312, 2062
Canal Vía Cuba, 113, 279, 1283, 1756
Canals Ripoll, Hipólito - Exposiciones, 1693
Canaricultura, 280
Canasta (Juego), 281
Cancela, Arturo. "Palabras socráticas a los estudiantes",
     1512
Canciones rusas, 1061
Canet, Gerardo. Atlas de Cuba, 2092
Caney, Cuba - Descripcion, 1300
Cantala, Julio, 1830
Capacho, Padre (Fray José Rodríguez Ucres), 1586
Cañal, Avelino. Historia y destino, 1770
Capdevila, María - Exposiciones, 1946
Características nacionales, v.t. como subdivisión bajo
     nombres de continentes, países y estados, etc.
Caravia, Enrique - Exposiciones, 1945
Carbó, Sergio, 720
Carbonell, Miguel Angel, 1674
Carbonell, Néstor. Martí: Su vida y su obra, 1461
Cárdenas, Cuba - Descripcion
Cárdenas, Raúl, 426
Cárdenas Hernández, Juan de, 1546
Cardoza Aragón, Luis. Carlos Mérida, 1173
La Caridad del Cobre, 234, 1924, 2003
Caridad del Cobre, Santuario de la, Oriente, Cuba, 1924
Carlos, Príncipe de Gales, 1017, 1800
Carlyle, Thomas, 287, 739
Carnaval, 530-531, 892, 2133
Carpentier, Alejo, 106
Carrière, Eugène, 148
Carrión, Miguel de, 1369
"Carta abierta de los exilados dominicanos al Dr. Jorge
     Mañach", 1883
Carteles, 1304
Carter, Jacob, 580
Carteros - Cuba, 993
Casa de Beneficencia y Maternidad, La Habana, 2072
Casa de Cuba, París, Francia, 434
Casado, Ricardo A. Perlas y piruetas, 1612

CH

D

G

Guerra, Ramiro. Historia de Cuba, 1790-1791
Guerra, Ramiro. Mudos testigos, 1295, 1704
Guerra, Ramiro. Testimonio del constante progreso de Cuba,
    1981
Guerra, Ramiro. "Concepto del patriotismo", 1113
Guerra, Ramiro. "Secular abolengo español de los Guerra",
    1112
Guerra, Ramiro - Retratos, 2250
Guerra de Corea, 813
Guerra Flores, José, 1887
Guerra Fría, v. Política mundial (1945-1955);Política
    mundial (1955-1965),etc
Guerra Mundial II (1939-1945),230
Guerra Mundial II, 1939-1945 - América, 1672
Guerra Mundial II, 1939-1945 - Atrocidades, 414
Guerra Mundial II, 1939-1945 - Cuba, 435, 1425
Guerra Mundial II, 1939-1945 - Ensayos, conferencias, etc,
    1376
Guerra y cristianismo, v. Guerra y religión
Guerra y religión, 1072
Güiraldes, Ricardo - Retratos, 2252
Guizot, Francisco, 1657
Gutiérrez, Osvaldo - Exposiciones, 1480

                            H

La Habana, Cuba - Abastecimiento de agua, 1400
La Habana, Cuba - Calles, 835, 1654, 2210
La Habana, Cuba - Descripción, 182, 497, 591, 798, 817,
    850, 1006, 1345, 2033
La Habana, Cuba - Exposiciones, 850
La Habana, Cuba - Historia, 1502
La Habana, Cuba - Monumentos históricos, 1952
La Habana, Cuba - Nombre, 1405
La Habana, Cuba - Vida social y costumbres, 8
Hado, v. Fatalismo
Hague, Frank, 852
Haiti - Historia, 1510, 1912
Harding, Warren, Pres. U.S., 63
Hardy, Thomas. Teresa la de Urbervilles, 2056
El Havre, Francia - Descripción, 1020
Hayworth, Rita, 881
Hechicería, v. Brujería
Henríquez Carvajal, Federico, 640, 661, 676
Henríquez Ureña, Max, 1300
Henríquez Ureña, Max. Breve historia del modernismo, 1301
Henríquez Ureña, Pedro, 1128
Heredia, José María - Crítica e interpretación, 1027, 1440-
    1445
Heredia, Nicolás. Leonela, 1172
Hergesheimer, Joseph, 967, 2098
Hernández, Ivette, 1159

JORGE MAÑACH

J

Juana de Arco, Santa, 103
Juana Inés de la Cruz, Hermana, 334, 1796
Juárez, Benito, Pres. México, 161
Judíos - Persecuciones, 76
Judith, 1040
Juegos - Cuba, 1153
Juegos deportivos, v. Deportes
Julio, Silvio, 2091
Jústiz y del Valle, Tomás, 618
Juventud - América, 371
Juventud - Cuba, 369, 1920

K

Keaton, Buster, 272
Kesselman, Louis S., 365
Keyserling, Hermann, 1741
Kinsey, Alfred Charles, 1102
Kipling, Rudyard, 1717
Kleiber, Eric, 1159
Koestler, Arturo, 174
Kuchilán, Mario, 746

L

Labrador Ruíz, Enrique. Trailer de sueños, 1160
Ladrón de Guevara, María Fernanda, 793
Lam, Wilfredo, 1631, 2220
Lamar Schweyer, Alberto. La palabra de Zarathustra, 1162
Lamarque, María Josefa, 1233
Lamarque, María Josefa - Exposiciones, 869, 1942, 1945
Lamas, Carlos, 158, 1798
Langevin, Paul, 1540
Laski, Harold, 1536
Latcham, Ricardo A., 1906
Latinoamérica, v. América Latina
Lázaro, Angel, 83-84
Lazo, Raimundo, 309, 636, 960, 1176, 2041
Lazo, Raimundo. "Un gerundio de Jorge Mañach", 1862, 2224
Lazo, Raimundo. "Nuevo partido: Legítima defensa", 2226
Lazo, Raimundo. "Recado a Jorge Mañach", 1885
Lectura - Selección, v. Libros y lectura
Lectura y libros, v. Libros y lectura
Lecuona, Ernesto, 75
Lee, Trijgve, 612
Leeds, Mary, 1033
Legión de la Decencia, Cuba, 1356
Lenguaje y cinematografía, v. Cinematografía y lenguaje
León, Ponce de 231
León Felipe. Versos y oraciones de caminantes, 2170
Leonor Pérez (Calle), 1056
Letras de cambio - Cuba, 1057

O. Henry (William S. Porter), 1845
Obelisco del 10 de Octubre (Propuesto), 1457-1459
Obras públicas, v.t. como subdivisión bajo nombres de países,
    estados, ciudades, etc
Ochoa, Millo, 746
Ochoa, Severino, 1355
Oliva, Augusto, 1944
Olivera, Eugenio S., 2051
Omnibus, v. Autobuses
Onís, Federico de. Antología de la poesía española e his-
    panoamericana, 160
Opera - Cuba, 202
Opinión pública, 462
Opinión pública - Encuestas, 365
Orden Carlos Manuel de Céspedes, Cuba, 1212
El Organillo (Película), 584
Organización de Estados Americanos. Congreso (1954), 1469
Organizaciones, v. Asociaciones
Orgullo, 483
Orientación cívica, 296, 2058
Un Oriental, pseud., 805, 1698
Oriente, Cuba - Descripciones y viajes, 1647, 1964
Origen del hombre, v. Hombre - Origen
Orígenes, La Habana, 2385
Orquesta Filarmónica de la Habana, 165, 210, 1474
Ors, Eugenio d', 1132, 1201
Ortega, Antonio, 263, 2225
Ortega, Luis, 1544
Ortega y Gasset, José, 15, 672, 1079, 1475-1477, 1685, 1893,
    1928, 2130, 2135
Ortega y Gasset, José. La razón vital, 1222
Ortíz Saralegui, Juvenal. Palacio Salvo, 1515
Osborne (pintor inglés), 1823
Oxandaberro, Roura, 1919

                              P

Países pequeños, 1563-1564
Palabras - Historia, v. Español - Palabras - Historia
Palacio de Bellas Artes, La Habana, 1346, 1514
Palenque, Heriberto, 402
Palma, José Joaquín, 178
Palma Soriano, Cuba - Descripción, 1996
Pampas, 1082
Panamá - Política y gobierno (1945-1965), 791
Papel periódico, La Habana, 621
Pardo Llada, José, 142
París, Francia - Descripción, 436, 821, 1182, 1230, 1338,
    1398, 1532-1533, 1646, 1836, 1871, 2096
Paro forzoso, v. Desempleo
Partido ABC, Cuba, 49, 651, 1975, 2284
Partido del Pueblo Cubano (Ortodoxo), Cuba, 314, 627, 1334,
    1478, 1691, 1808

U

SUPLEMENTO

INDICE DE MATERIAS

INDICE ONOMASTICO

A

B

C

F

G

SUPLEMENTO

INDICE ONOMASTICO

SOBRE LA AUTORA

Dolores F. Rovirosa recibió un Doctorado
en Filosofía y Letras de la Universidad
de la Habana en 1955, un Título de Biblio-
tecología de la Universidad de la Habana
en 1956, y un Master of Education de la
Universidad de Miami en 1975.